逻辑学基础 与 思维训练

The Basics of Logic and Logical Thinking Training

周艳玲 冯婕 编著

化学工业出版社

·北京·

图书在版编目（CIP）数据

逻辑学基础与思维训练/周艳玲，冯婕编著 . —北京：化学工业出版社，2020.10（2023.11 重印）
　ISBN 978-7-122-37530-8

Ⅰ. ①逻… Ⅱ. ①周…②冯… Ⅲ. ①逻辑学 Ⅳ. ① B81

中国版本图书馆 CIP 数据核字（2020）第 149096 号

责任编辑：龙　婧　　　　　　　　　装帧设计：史利平
责任校对：宋　玮

出版发行：化学工业出版社（北京市东城区青年湖南街 13 号　邮政编码 100011）
印　　装：北京科印技术咨询服务有限公司数码印刷分部
710mm×1000mm　1/16　印张 25¼　字数 396 千字
2023 年 11 月北京第 1 版 第 4 次印刷

购书咨询：010-64518888　　　　　　售后服务：010-64518899
网　　址：http://www.cip.com.cn
凡购买本书，如有缺损质量问题，本社销售中心负责调换。

定　价：58.00 元　　　　　　　　　　版权所有　违者必究

前言

思维素质是人的基本素质。逻辑学作为思维学科，专门研究思维的逻辑形式及规律，研究推理有效性的理论、规律与方法。学习逻辑学，可以提高思维能力，提高思维素质，提高创新能力。本书的编写，旨在培养学习者的逻辑意识、逻辑精神，提高其思维素质和思维创新能力。

本书将逻辑学基础知识的学习与思维训练紧密结合，在讲授逻辑知识点的基础上，在各章都提供了各种逻辑知识在MPA、MBA、MPACC等逻辑试题中的应用范例，强调学生正确思维方法的运用。本书的撰写受益于国内逻辑学界的有关讨论，受益于国外的有关逻辑学教科书，受益于作者多年来在逻辑学教学过程中所使用过和参考过的国内各种逻辑教科书和参考书，受益于在教学过程中与学生的共同探讨与提高。全书体系科学规范，内容取舍得当。

随着高等院校素质教育的全面展开，学生思维素质的培养越来越受重视，特别是在学生的就业考试和公务员考试中，在MPA、MBA、MPACC等考试中逻辑与思维创新方面题型的大量出现，学习逻辑学知识成为各专业学生的共同需要。本书可以作为学生学习逻辑学的基本教材或参考资料，可以作为备考MBA、MPA、MPACC等入学考试的逻辑辅导材料，也可作为逻辑思维训练的教本。

此书的写作和出版，得到了许多同志的指导和帮助，在此表示感谢。感谢责任编辑龙婧，认真、细心、高效的工作保证了本书的出版，感谢化学工业出版社对本书出版给予的大力支持。

欢迎广大读者，特别是高等院校的教师、学习本教材的学生以及社会研究者，对教材中的疏漏之处进行批评指正。我们会继续做好教材的修订工作，以更好地为读者服务！

目录

第一章　绪论　// 1

第一节　逻辑学的研究对象　/ 2
一、逻辑学的含义　/ 2
二、逻辑学的研究对象　/ 2

第二节　逻辑学的性质　/ 7
一、基础性　/ 7
二、工具性　/ 7
三、全人类性　/ 8

第三节　逻辑学发展历史　/ 9
一、苏格拉底逻辑思想　/ 9
二、柏拉图逻辑思想　/ 10
三、亚里士多德逻辑思想　/ 10
四、弗兰西斯·培根逻辑思想　/ 13
五、穆勒逻辑思想　/ 13
六、莱布尼兹逻辑思想　/ 14
七、康德逻辑思想　/ 15
八、黑格尔逻辑思想　/ 16

第四节　学习逻辑与提高现代竞争力　/ 17
一、逻辑学的作用　/ 17
二、逻辑思维能力和人的能力素质的关系　/ 19

第五节　思维形式结构知识在逻辑试题训练中的应用　/ 20

第二章 概念 // 23

第一节 概念的概述 / 24
一、概念的含义 / 24
二、概念与语词 / 25
三、概念的内涵与外延 / 26

第二节 概念的种类 / 27
一、单独概念、普遍概念与空概念 / 27
二、集合概念与非集合概念 / 29
三、正概念与负概念 / 29
四、实体概念与属性概念 / 30

第三节 概念间的关系 / 30
一、全同关系 / 31
二、真包含关系 / 32
三、真包含于关系 / 32
四、交叉关系 / 33
五、全异关系 / 34

第四节 定义 / 36
一、定义的含义及结构 / 36
二、定义的种类和方法 / 37
三、定义的规则 / 39

第五节 划分 / 41
一、划分的含义及结构 / 41
二、划分的种类 / 42
三、划分的规则 / 43

第六节 概念的限制和概括 / 45
一、概念内涵与外延的反变关系 / 45
二、概念的限制 / 45
三、概念的概括 / 46

第七节　概念知识在逻辑试题训练中的应用　/ 48

　　一、例题讲解　/ 48

　　二、同步练习　/ 51

第三章　简单命题　// 61

第一节　命题的概述　/ 62

　　一、命题的特征　/ 62

　　二、命题与语句　/ 62

　　三、命题的种类　/ 63

第二节　直言命题　/ 64

　　一、直言命题的定义与结构　/ 64

　　二、直言命题的种类　/ 65

　　三、直言命题词项的周延性　/ 69

　　四、同一素材直言命题间的真假关系　/ 70

第三节　关系命题　/ 76

　　一、关系命题的含义、结构　/ 76

　　二、关系命题的种类　/ 77

第四节　简单命题知识在逻辑试题训练中的应用　/ 79

　　一、例题讲解　/ 79

　　二、同步练习　/ 82

第四章　简单命题的推理　// 93

第一节　推理的概述　/ 94

　　一、推理的含义　/ 94

　　二、推理的组成　/ 95

　　三、推理的有效性　/ 95

　　四、推理的种类　/ 96

第二节　直言命题的直接推理　/ 97

　　　　一、直言命题直接推理的含义　／　97

　　　　二、对当关系直接推理　／　98

　　　　三、直言命题变形直接推理　／　99

　　第三节　直言三段论　／　103

　　　　一、直言三段论的定义和结构　／　103

　　　　二、直言三段论的公理　／　104

　　　　三、直言三段论的一般规则　／　105

　　　　四、直言三段论的格　／　110

　　　　五、直言三段论的式　／　113

　　　　六、直言三段论的省略式　／　114

　　第四节　关系推理　／　116

　　　　一、关系推理的含义　／　116

　　　　二、纯关系推理　／　116

　　　　三、混合关系推理　／　119

　　第五节　推理知识在逻辑试题训练中的应用　／　120

　　　　一、例题讲解　／　120

　　　　二、同步练习　／　125

第五章　复合命题和模态命题　∥　137

　　第一节　联言命题　／　138

　　　　一、联言命题的含义　／　138

　　　　二、联言命题的真假　／　139

　　第二节　选言命题　／　139

　　　　一、选言命题的含义　／　139

　　　　二、选言命题的种类　／　140

　　　　三、选言命题选言肢的穷尽问题　／　141

　　第三节　假言命题　／　143

　　　　一、假言命题的含义　／　143

　　　　二、假言命题的种类　/　143

　　　　三、假言命题的运用与表达　/　146

　　第四节　负命题　/　147

　　　　一、负命题的含义　/　147

　　　　二、各种命题的负命题及其等值命题　/　148

　　　　三、一般复合命题的真值形式　/　152

　　第五节　模态命题　/　154

　　　　一、模态命题的含义　/　154

　　　　二、模态命题的种类　/　155

　　　　三、同一素材的模态命题之间的逻辑关系　/　156

　　第六节　复合命题和模态命题知识在逻辑试题训练中的

　　　　　　应用　/　157

　　　　一、例题讲解　/　157

　　　　二、同步练习　/　164

第六章　复合命题的推理　//　177

　　第一节　联言推理　/　178

　　　　一、联言推理的含义　/　178

　　　　二、联言推理的分解式　/　178

　　　　三、联言推理的合成式　/　179

　　第二节　选言推理　/　180

　　　　一、选言推理的含义　/　180

　　　　二、相容选言推理　/　180

　　　　三、不相容选言推理　/　182

　　第三节　假言推理　/　186

　　　　一、假言推理的含义　/　186

　　　　二、充分条件假言推理　/　186

　　　　三、必要条件假言推理　/　189

四、充分必要条件假言推理　/　192

第四节　二难推理　/　195

一、二难推理的含义　/　195

二、二难推理的形式　/　196

三、二难推理的破斥方法　/　201

第五节　推理知识在逻辑试题训练中的应用　/　203

一、例题讲解　/　203

二、同步练习　/　209

第七章　归纳与类比推理　//　233

第一节　归纳推理的概述　/　234

一、归纳推理的含义　/　234

二、归纳推理与演绎推理的关系　/　235

第二节　完全归纳推理　/　237

一、完全归纳推理的含义　/　237

二、完全归纳推理的特点、逻辑要求和作用　/　237

第三节　不完全归纳推理　/　239

一、不完全归纳推理的含义　/　239

二、简单枚举归纳推理　/　240

三、科学归纳推理　/　241

四、科学归纳推理与简单枚举归纳推理的联系与区别　/　242

第四节　探求因果联系的方法　/　243

一、求同法　/　245

二、求异法　/　246

三、求同求异并用法　/　248

四、共变法　/　249

五、剩余法　/　250

第五节　类比推理　/ 252
　　一、类比推理的含义　/ 252
　　二、运用类比推理应注意的问题　/ 253
　　三、类比推理的作用　/ 255
第六节　归纳与类比推理知识在逻辑试题训练中的应用　/ 256
　　一、例题讲解　/ 256
　　二、同步练习　/ 272

第八章　逻辑思维基本规律　// 283

第一节　逻辑思维基本规律的概述　/ 284
　　一、什么是逻辑思维基本规律　/ 284
　　二、逻辑思维基本规律的特点　/ 285
第二节　同一律　/ 286
　　一、同一律的基本内容和要求　/ 286
　　二、违反同一律的逻辑错误　/ 287
　　三、正确理解与运用同一律　/ 290
第三节　矛盾律　/ 291
　　一、矛盾律的基本内容和公式　/ 291
　　二、遵守矛盾律的逻辑要求　/ 292
　　三、违反矛盾律的逻辑错误　/ 293
　　四、正确理解和运用矛盾律　/ 294
　　五、关于悖论　/ 297
第四节　排中律　/ 299
　　一、排中律的内容和公式　/ 299
　　二、违反排中律的逻辑错误　/ 301
　　三、正确理解和运用排中律　/ 301
第五节　充足理由律　/ 303
　　一、充足理由律的内容和公式　/ 303

二、违反充足理由律要求的逻辑错误 / 304

三、正确运用充足理由律 / 305

第六节 逻辑思维基本规律知识在逻辑试题训练中的应用 / 306

一、例题讲解 / 306

二、同步练习 / 312

第九章 论证 // 319

第一节 论证的概述 / 320

一、论证及其特征 / 320

二、论证的作用 / 327

第二节 证明 / 328

一、什么是证明 / 328

二、证明的结构 / 328

三、证明的方法 / 328

第三节 反驳 / 332

一、什么是反驳 / 332

二、反驳的结构 / 332

三、反驳的种类 / 333

第四节 论证的规则 / 338

一、关于论题的规则：论题应当清楚明白 / 338

二、关于论题的规则：论题应当保持同一 / 339

三、关于论据的规则：论据应是已知为真的命题 / 339

四、关于论据的规则：论据的真实性不应当靠论题的真实性来论证 / 340

五、关于论证方式的规则：从论据应能推出论题 / 340

第五节 论证知识在逻辑试题训练中的应用 / 342

一、例题讲解 / 342

　　　　二、同步练习　　　/ 348

第十章　谬误　// 353
　　　　第一节　谬误的概述　　/ 354
　　　　　　一、什么是谬误　　/ 354
　　　　　　二、谬误的种类　　/ 355
　　　　第二节　几种常见的非形式谬误　/ 358
　　　　　　一、歧义性谬误　　/ 359
　　　　　　二、关联性谬误　　/ 360
　　　　　　三、论据不足的谬误　/ 367
　　　　第三节　谬误的避免　　/ 372
　　　　第四节　谬误知识在逻辑试题训练中的应用　/ 373
　　　　　　一、例题讲解　　/ 373
　　　　　　二、同步练习　　/ 380

参考文献　// 386

习题答案　// 387

逻辑学基础与思维训练

第一章

绪论

第一节 逻辑学的研究对象

人如何进行有效合理的思维，如何更好地分析问题和解决问题，如何将自己的思想正确地表达给他人，并能够使他人理解。这是逻辑学要研究的核心内容。

一、逻辑学的含义

"逻辑"一词由英语Logic音译而来，导源于希腊文λόγοζ（逻各斯），最初的意思是"词语"或"言语"，引申出"思维"或"推理"等意思，1902年严复译《穆勒名学》，将其意译为"名学"，音译为"逻辑"。

"逻辑"一词在现代汉语中有多个意义，例如：在"历史的逻辑是无情的"里，"逻辑"指客观事物发展变化的规律；在"霸权主义奉行的是强盗逻辑"里，"逻辑"指某种特殊的理论、观点或看问题的方法；在"说话、写文章要讲逻辑"里，"逻辑"指人们思维的规则、规律；在"培养和提高思维能力必须学习、掌握逻辑"里，"逻辑"指逻辑学这门学科。本书就是在这种逻辑学科意义上使用"逻辑"一词的。

逻辑学有狭义与广义的理解。狭义的逻辑学就是研究推理有效性的科学。广义的逻辑学就是研究思维的形式及其规律的科学。

二、逻辑学的研究对象

逻辑学就是研究思维的形式及其规律的科学。

（一）思维及其特征

思维是具有意识的人脑对客体的反映，来自于客观存在的事物，客体进入人脑后，通过人脑对各个不同领域和不同层次的内容进行综合处理，在人脑中形成一个大致的模糊的思维。这时，大脑再进行最后的筛选和强化，最后形成思维。

思维是专属于人类的。即使是最被人看好的类人猿、猴子、海豚等都不能有思维的属性，因为思维是和语言相连接的，没有语言的动物是不能有思维的。当然，也有人会说，动物有动物的语言，只是你不懂罢了。但是动物没有文字，只有文字才能说明思维的存在，文字表达了感知者对客观事物的见解和感受，它已经不是简单的对客体的反映，除了反映客体之外已经打上了感知者本人的烙印，并能够把这种烙印传达、表述出来，这是任何聪明的动物都没有的能力。在这个意义上说，思维专属于人类。

就人的整体发展来看，人在许多具体方面不如动物，人类的嗅觉、视力、体能、反应速度等均不能和某些动物相比，但人是世界的主宰，原因就是人有思维。

许多著名的科学家做了大量的试验，试图从动物中找出它们能够思维的根据，但是到目前为止还没有这方面的证据。在最早的巴甫洛夫试验中，首先把食物放在箱子中锁好，再在食物箱前燃起一堆火，旁边放好开箱的钥匙和一杯水。在人的多次引导和演练中，黑猩猩能够在多次被烫到爪子的情况下，取水浇灭火苗开箱取食。这是相当精彩的试验，已经反映出黑猩猩对取食的分析过程，但是这仅仅说明黑猩猩具有较强的模仿能力和较高的智力水平，并不能说明它有思维，巴甫洛夫用了第一信号系统和第二信号系统来区别动物的反应特征和人类特有的意识、思维能力。黑猩猩的这种能力在某种意义上仅仅是较为聪明的本能表现形式。

亚里士多德说："人是有理性的动物。"其实动物和人共同具有感性知觉的能力，记忆的能力，甚至某些动物已经开始具有智能。这是一种原始的学习能力，是进化的产物。仅仅是适应行为，这种适应行为是在有机体（动物）对可能产生什么样的结果毫无预见，而且对它的行为或行为习惯的成败原因毫无认知的情况下进行的，这种行为是出于本能，出于通过一系列的适应与刺激而形成的习惯性的反映模式。

因此，思维是思和想，是在人的认识的基础上，经过头脑加工对客观世界直接或间接的反映过程。

1. 思维的起源

从低等动物的刺激感应性到脊椎动物的感觉知觉，再到高级动物的低等意识，人类是如何在变化万千的世界中发展了自己的思维能力？达尔文的生物进化观点给我们描绘了一幅生物世界发展变化的途径和图景。但是就思维的具体发展途径，还没有一个非常明确的或是令所有人信服的说法，这在很多人心中是一个迫切想明确的问题。

目前绝大多数人可以接受的说法是：人的思维是在动物的感觉知觉的基础上发展而来的，从最低等的动物的刺激感应性到脊椎动物的感觉知觉，再到高级动物的萌芽意识状态，这些都为人类思维的发生发展提供了非常好的基础和前提条件。动物的心理发展可分为三个阶段。第一，感觉阶段。它是最低阶段，表现为对信号刺激物的稳定反应。如蜘蛛能反映蛛网同食物（落入蛛网里的苍蝇）振动的联系；蜜蜂能够反映事物的气味与颜色等。第二，知觉阶段。动物演化到脊椎动物时，出现了知觉的反映形式，脊椎动物不仅能对信号的个别刺激物进行反应，而且还能够把标志着一个完整客体的各种属性作为一个整体进行反应。第三，具体思维阶段。哺乳动物的心理发展水平已经到达思维的萌芽阶段。

动物达到思维的萌芽状态，但终究不是思维。动物的这种发展过程给人类思维的进化提供了非常好的基础和模板，也为人类思维的科学发展提供了量的准备过程。

2. 思维的发展

人类思维的发展经历了漫长的过程。物质的发展是基础，在客观物质世界的发展基础上人类产生了意识，在这个过程中有两个方面起到关键作用：第一，人的劳动促进了大脑的发展；第二，语言的产生为思维的发展提供了可能。这两方面为人类思维的全面发展和完善起到了质的改变作用。

在高级动物的萌芽思维状态下，人类的劳动促进了人自身的器官特别是脑器官的发育，语言的产生，使人类学会了交流，传达了各自的感受和对事物的不同见解，在这个基础上人类积累了直接和间接的经验，并把这些经验流传到后代人身上，后代又进行了创新和发展，以此反复，提升推进了人类的思维进程。

3. 思维的特征

思维是人们长期实践的产物。人们在生产实践中促进了人脑的进化，加深了人与人之间的联系，语言的产生加速了人们对客观世界的反应能力，因而人类认识的第一阶段就产生了，那就是人在接触外界事物的过程中，在人脑中产生的感觉、知觉和表象，这就是人的认识的感性阶段。在这个阶段中直接感受性是它的基本特征。

人的认识的第二阶段就是理性思维阶段。在感性认识的基础上人们加工、整理和改造，逐步把握事物的本质和规律性，形成概念，构成命题和推理。这实际上也就是人们的思维阶段。与感性认识不同，思维有三个基本特征。

第一，思维具有概括性。人的思维具有从个别的事物中总结出它的本质特征，然后再推广到这一类事物中去的能力。

第二，思维具有间接性。人的思维可以借助于经验、知识，不必事必躬亲，同样可以获得间接性知识，并凭借已有的经验对未知的事物进行认识和猜想。

第三，思维与语言密不可分。人的思维不可能离开语言。因为思维只有在语言材料的基础上才能产生和存在，只有通过语言材料才能进行和表达。语言是思维的表达形式，思维是语言的思想内容。

（二）思维的形式结构

所谓思维的形式结构是思维形式（概念、命题、推理）的组成要素之间一定的联系方式，是其内容各不相同的各种具体思维形式中最一般的共同的东西。我们先分析一下命题这种思维方式。例如：

① 所有金属是导体。
② 所有商品是劳动产品。
③ 所有货币资金都是流动资产。

这是三个命题（或判断）。它们分别断定三类不同对象（即金属、商品、货币资金）各自具有的相应属性（即导体、劳动产品、流动资产）。虽然这三个命题的具体内容是不相同的，但它们却有着共同的一般的形式结构，即它们都是由一个反映命题对象的概念（主项）和一个反映命题对象属性的概念（谓项），以及一个表示对主项概念所反映的所有对象都做了断定的概念（量项）通过联系词"是"（联项）而构成的。如果我们用 S 表示主项概念，用 P 表示谓项概念，那么这种命题或命题的逻辑结构及逻辑形式就可以用公式表示如下：

所有S是P。

这就是最常见的一种命题形式：全称肯定的直言命题形式。

我们再分析一下推理这种思维形式。例如：

④ 凡金属都是导体，铁是金属，所以，铁是导体。

⑤ 所有货币资金都是流动资产，银行存款是货币资金，所以，银行存款是流动资产。

这是两个推理。虽然它们推理的具体内容各不相同，但是却有着一般的共同的推理结构，即都是由三个概念两两组合形成的三个命题而构成的。如果我们用S、P、M分别表示推理中的三个不同概念，那么这种推理的逻辑结构就可以用公式表示如下：

所有M都是P，

所有S都是M；

所以，所有S都是P。

这是最常见的一种推理形式，即直言三段论推理的逻辑结构，也叫作直言三段论推理的逻辑形式。

（三）逻辑常项和逻辑变项

在思维形式结构中有其构成的固有因素或是框架分子，也就是逻辑常项和逻辑变项。

逻辑学是研究思维形式结构的。而思维形式结构是由逻辑常项和逻辑变项构成的。正如上面所举的例子，虽然我们表述了不同的对象和内容，但都可以有一部分是共通的。这其实就是逻辑学中的常项与变项。

逻辑常项是指思维的形式结构中含义不变的词项，如公式"所有S是P"中的"所有……是……"，无论其中S和P代之以什么具体内容（概念），它都保持不变，因而它是区分各种不同种类的逻辑形式（如命题）的唯一依据。

逻辑变项是指思维的形式结构中含义可变的词项，如公式"所有S是P"中的"S"和"P"。它们在思维的形式结构中可以表示任一具体的内容，不管人们用什么具体内容去替换它们，都不会改变其确定的逻辑形式。

必须指出，在逻辑学所研究的逻辑形式中，推理性形式是最主要的。这是因为命题不过是推理形式的组成部分，是作为构成正确推理形式的要素、前提而被研究的。因此，逻辑学的重要任务之一，就是要揭示这种推理中各个命题形式之间必然的合乎规律的关系，以使人们在思维过程中能正确地运用这种逻辑形式，从真实的前提必然地推出真实的结论。因此，对思维的各种形式结构的研究，特别是对推理形式的研究，就成为逻辑学的主要研究对象。

第二节　逻辑学的性质

一、基础性

逻辑学的基础性非常强，是人们认识自然和自我，进行思维的最基本的方法。在文明最早的发祥地，人们一经了解这门学科的本质后，就把它列为最基础科目。在中世纪，逻辑、语法和修辞学被列为神学院的三大基础课之一。在现代科学分类中把逻辑与数学并列为基础学科。在联合国教科文组织编制的学科分类中，逻辑学与数学、天文学和天体物理、地球科学和空间科学、物理学、化学、生命科学并列为七大基础科学。

思维能力的培养就是对逻辑能力的培养，因为逻辑是关于思维形式及其规律的科学。逻辑思维能力是人的智能创造性开发及创新的标志。现代研究表明，智能创造性开发及创新的程度包括三个方面的能力，即：逻辑思维能力、口头书面表达能力和创造性思维能力，这三方面都和人的逻辑思维有极大关系。

二、工具性

逻辑学从建立伊始，就被当作工具性的科学。亚里士多德的逻辑理论就以

《工具论》的题目出现。后来的培根依然把他的逻辑学著作命名为《新工具》。前人的理论都是把逻辑学视为思维、认识、辩论、发现真理的工具。

首先，逻辑学研究的思维形式，不是指某一个具体的内容，它所指的仅仅是命题形式和推理形式，它所研究的规律也仅仅是这些命题和推理形式所要遵循的规则。

就此而言，它与我们所熟知的语法科学很相似，即所有的语言规则和规律都不是针对某个字或词，而是规范整个语法形式和规则的。就这一点而言，逻辑学很像是"思维的语法"，即只有遵守逻辑学的规律和规则，才能使思维具有条理，并且容易使人理解和应用。因此，如同语法具有工具性，是表达思维、有效交际的工具一样，逻辑学作为思维的语法也同样具有工具的性质。

其次，逻辑学的工具性还表现在它是我们人类获得正确知识的必要条件。因为逻辑学主要是研究推理形式是否合理并有效的，也就是说我们在实践中虽然遵循了关于思维的形式及规律，但不一定能保证我们获得正确的或可靠的知识，但是一旦我们违反了思维形式及其基本规律，就一定不能得出正确的结论。这就清楚地表明逻辑学所研究和所提供的知识乃是一种工具性的知识，它是一切人无论在其日常生活还是科研活动中都必须运用的一种手段，离开了这个工具，就不能进行正常、正确的思维。

三、全人类性

逻辑学是没有阶级性或是种族性的，各个阶层、各个人种、执各种语言的人们均可应用。逻辑学的这个特点又和工具性紧密相连。既然是工具，就说明人人都可用。不管人们所属的国家、民族、阶级等有何不同，只要是一个正常的人，要进行正常的思维，要表达和交流思想，就必须遵守逻辑学的规律和规则，如果不能这样做，他的思维就会混乱，并且也不能与任何人沟通。虽然思维的内容可以有阶级性或民族性，表达思维的语言可以有民族性，但是，共同支配这种思维存在的逻辑形式及其规律是没有民族性和阶级性的。因此，逻辑学具有全人类性。

第三节 逻辑学发展历史

逻辑学的发展正如人的思维发展史一样，是漫长和艰辛的。任何一门较为成熟的科学都有自己的历史，逻辑学也不例外。当人类开始知道自己的思维能力以后，就不断地在追求这种能力的最优化。人如何才能思维得更好、更完美是我们的前辈最为关注的问题。思想之地古希腊是这种思维方法的最早产生之地。在这种思维方法产生之前人们是在宗教的统治下生活的，神的权力统治了一切，人们没有能力关注也不敢关注自己的思维能力，因为所有的能力均是神赋予的，任何怀疑和不按照神灵旨意的做法都是大不敬。

完成这项艰巨工作的是著名的大师亚里士多德。这位伟大的学者以超人的智慧和勇气创建了至今不改的逻辑学框架。因此中国大百科全书在介绍传统逻辑时这样说，传统逻辑就是指由亚里士多德开创、经历2000多年历史、至19世纪进入现代发展阶段前所发展起来的形式逻辑体系和理论。

从逻辑学的发展过程中可以知道，早期的逻辑有着非常宽泛的研究对象，它的含义有时候可以包括整个哲学，甚至一般认识都被称为逻辑，它可以包括形而上学、心理学、认识论、数学、美学等。因此有专家认为如果逻辑学不包含哲学内容，那么逻辑史也就不会包括哲学内容，这样的历史就会忽略许多的哲学家和他们的光辉思想。为此我们要介绍包括亚里士多德之前之后的有关逻辑思想，这样可以对逻辑学的发展全貌有一个较为详细的了解。

一、苏格拉底逻辑思想

苏格拉底（前469—前399）是古希腊最著名的哲学家。它的逻辑思想是：知识是关于普遍（一般）属性的概念。人们研究所要研究的东西，引导到一般概念，又以这一般概念为基础来判断对象，这是寻求真理的一种特殊的方法，还有一种最可靠的方法，就是去发现论敌的命题中的矛盾。虚假的知识，就是概念中存在着矛盾，要去掉虚假的知识，就应当揭露矛盾，真理的一般概念，是以不变的、对所有的人都是一样的形式永远留在真理知识之中的。

在苏格拉底的谈话录中，存在着归纳的推断。由日常生活的个别事例，上升到一般概念，就是归纳法。首次提出归纳和定义，是苏格拉底在逻辑上的贡献。他把这种方法叫作"精神接生法"，"能帮助产生思想"。这种方法是助产士的艺术。在苏格拉底看来，事物的本质是不可认识的，人只能认识他自身。

二、柏拉图逻辑思想

柏拉图（前427—前347）是古希腊著名的哲学家，也是苏格拉底的学生。他认为普遍概念是永恒不变的"绝对理念"，是"真实存在"，是第一性的，可感觉的物质世界不过是理念世界的影子，认识的源泉是人的不灭的灵魂对理念世界的回忆。命题是思维的基本要素，包括三个方面：主词和宾词的统一；诸概念的相互结合；或是肯定、或是否定的命题。在命题中把毫不相关的概念联系起来，则这个命题为假。概念的基础，是永恒不变的理念。

关于定义（释义）问题，柏拉图着重研究过。下定义时不容许有循环论法，他初步研究了形式逻辑基本规律中的矛盾律，任何确定的事物在同一时间和同一关系下，不可能具有相互矛盾的特性，"不能既是又不是同一样的东西"，在思维过程中必须不矛盾。

在上述二者的论述中不难发现，古典逻辑关于概念、定义、命题，关于矛盾规律均被提到，这实际上就是后来逻辑理论中关于思维形式中最基础的部分。但是，正如前面所说，宽泛的逻辑研究对象范围，特别是与哲学研究的并行，使得逻辑学作为一门独立学科存在的条件并不明显，而使这项工作具体化的就是亚里士多德。

三、亚里士多德逻辑思想

亚里士多德（前384—前322）学识渊博得超乎想象，是古希腊著名的哲学家、逻辑学家、科学家，是形式逻辑或是传统逻辑的奠基者。三段论法及其一般规则是他提出来的，主要贡献在演绎推理方面。三段论法有三个术语（名词），不能多，也不能少。由真的前提不能得出假的结论。如果两个前提都是否定的，或者都是特称的，不能推出必然结论。在任何一个三段论法中，一个前提应是全称的，一个应是肯定的。三段论法有一、二、三格，他没有详细研究第四格，后来由他的门人德奥佛拉斯特（约前372—前288）提出了第四格。

亚里士多德发现并准确地描述传统逻辑的基本规律。他在《形而上学》中这样描述矛盾律和排中律。

1. 矛盾律

应当认为最确实的原理是万无一失的原理。这样的原理并非空无一物的语言，应该让大家都知道，这个原理就是：同样属性在同一情况下不能同属于又不属于主题。

2. 排中律

假如关于每一事物必须承认或是否定它，这就不可能都是错的。凡否定一个属性就等于肯定其相对的另一端，中间体是不存在的，就比如在数理数学中称既非"奇"又非"非奇"的一种数，这显然是不可能的。

同一律和充足理由律，虽然亚里士多德没有多做论述。但从他的著作中仍表达了对这两个规律的一些要求。

亚里士多德研究了概念问题。在他看来，概念是某一个种或类的一切对象所固有的，表达了事物的本质。概念之间存在着各种不同的关系，即同一关系、反对关系、矛盾关系、从属关系、并列从属关系等。还提出了十个范畴，即：实体、数量、性质、关系、地点、时间、姿态、状况、活动、遭遇。

命题也是亚里士多德研究的重要课题。他把一种东西具有某种本质或不具有某种本质的命题，叫作命题，命题是句子，但不是任何句子都是命题。按质划分，有肯定命题和否定命题；按量划分，有普遍命题、特称命题、单称命题；按模态划分，有实然命题、必然命题和或然命题。

亚里士多德写了代表他逻辑思想的六篇逻辑论文，但有专家认为这仅仅是后人编撰而成且命名其为《工具论》，是否能够代表亚里士多德的真正逻辑思想还有待考证。这个问题不在我们这本书的讨论范围之中。简单来说，这六篇论文的题目和具体内容是这样的：

《范畴篇》：论述概念、范畴问题；

《解释篇》：论述命题问题；

《前分析篇》：系统地阐述三段论式问题；

《后分析篇》：论述证明、定义等问题；

《论辩篇》：论述证明方法；

《辩缪篇》：论述反驳。

此外，《修辞学》《形而上学》也是亚里士多德的重要逻辑著作。亚里士多德的逻辑思想之所以重要，最本质的表现就是他强调了逻辑的本质和核心就是推理，思维的过程就是要必然地得出结论，得出正确的结论。亚里士多德的工作，尤其是他的三段论思想（三个格，十四个有效式）就为这种正确的结论找到了方法上的支持。由此说来逻辑主要是研究推理的，并且是从形式方面研究推理的，因此后来这门学科也叫作形式逻辑。

在亚里士多德建立了传统逻辑的框架之后，自然科学有了长足的进步，特别是近代数学和实验科学的发展，使人们在进行思维的过程中越来越强调从个体到一般的过程，在这个时期弗兰西斯·培根根据他在实验科学和哲学方面的研究，形成了区别于亚里士多德归纳方法的新归纳法。1620年，培根出版了他的巨著《新工具论》。他批判了亚里士多德的逻辑方法，认为三段论不能帮助人们认识真理，无助于人们认识自然，只有他的新工具才是最好的方法。虽然在亚里士多德时期也提出过归纳方法的研究，但是终究没有像培根这样形成系统。亚里士多德关于归纳的论证有两个比较显著的特点，其一是他不专门也不是任意地谈论归纳，他认为演绎的方法要比归纳的方法重要得多而且也优秀得多，他只重视探讨论证的方法，而且仅仅是在与三段论推理相比较时来探讨归纳，因此他并不强调归纳。其二是除了完全归纳之外，他的主要关注点就是简单归纳法，这种归纳法显然比较简单，远不如后来的古典归纳法更加科学和完善。因此有专家将培根归为古典归纳逻辑的重要创始人。古典归纳逻辑与亚里士多德所说的归纳法不同，最初是培根提出了以"三表法"和"排斥法"相结合的消除法，后来在这个基础上，穆勒发展出求因果五法,从而建立了古典归纳逻辑体系。求因果五法是古典逻辑归纳法的主要内容。

四、弗兰西斯·培根逻辑思想

弗兰西斯·培根(1561—1626)是英国著名的哲学家、逻辑学家、自然科学家。他全面研究了归纳法,为归纳逻辑奠定了基础。在他看来,科学的任务是发现和发展新的东西,因而逻辑学应当成为发明的逻辑、发现的逻辑。亚里士多德的演绎逻辑没有完成这个任务,因此培根要以他的《新工具》代替亚里士多德的《工具论》来完成发现与发明的任务。

培根为了清除阻碍科学发展的各种偏见,批判了经院哲学,提出著名的偶像说,他把偶像分为:

种族偶像——源于人的本性的错误观念;

洞穴偶像——源于个人的特殊偏见;

市场偶像——源于语言的滥用而引起的谬误;

剧场偶像——源于迷信权威,如为经院哲学所迷惑而产生的谬误。

他认为推倒这些偶像只是第一步,更重要的是给予人们寻求真理的认识方法,这就是归纳法。依靠经验观察实验,由单个事实逐步上升到一般原理。培根虽然对归纳逻辑贡献很大,但他过高估计了归纳法在认识论中的作用,低估了演绎法的作用,他没有认识到演绎法和归纳法是相互补充、有机统一的。

五、穆勒逻辑思想

穆勒(1773—1836)是英国著名的逻辑学家。他主张将演绎逻辑放在实验和归纳逻辑的基础上加以改造,认为思维过程就是归纳过程。逻辑不是形式的科学,而是验证的科学。他写的《逻辑学体系:演绎和归纳》由中国的严复翻译,更名为《穆勒名学》。这是一部反映十九世纪后叶西方经验主义的最有代表性的逻辑著作。在这部著作中,穆勒的"穆勒方法"就是继承了培根的归纳逻辑而提出的最著名的归纳五法,即求同法、求异法、求同求异共用法、共变法和剩余法。

培根和穆勒是古典归纳逻辑的主要代表人物，对古典归纳逻辑的形成和发展做出了卓越的贡献。培根提出并创建了归纳法，从而为人们提供了一种新的工具，而穆勒把这部分内容固定了下来，使它成为逻辑理论中与演绎逻辑并重的部分，为人们提供了学习逻辑和研究逻辑的完整框架。

六、莱布尼兹逻辑思想

莱布尼兹（1646—1716）是德国著名的哲学家、数理逻辑的创始人。他把"理性直觉"作为认识的基础，把纯演绎视为认识最完美的形式，认为归纳不能得出真理性的命题。他解释过形式逻辑的充足理由律，肯定一切存在着的东西都是有其存在的充足理由。但是他确认这条规律是经验主义的真理标准。在他看来，同一律、矛盾律、排中律是正确思维不可缺少的规律。他特别研究了类的逻辑和命题的演算法，以代数的形式作为现代数理逻辑的基础。莱布尼兹对亚里士多德进行了深入的研究，而且这种研究的范围非常宽泛。他对现代逻辑的重要贡献就是提出了建立形式语言和演算的思想，他认为人们可以建立一种普遍的没有歧义的语言系统，并且可以像数学演算一样，比如人们在思维中发生的问题，无须争论，只要拿出纸笔静下心来算算就可以了。他的这种思想非常著名并且受到现代逻辑学家的高度肯定和赞赏。但是较为遗憾的是，虽然他提出了现代逻辑的思想却没有系统地完成，这项工作是后人完成的。

真正完成现代逻辑的是弗雷格。1879年弗雷格发表了著名的论著《概念文字——一种模仿算术语言构造的纯思维的形式语言》。在这本书中弗雷格创建了形式语言，并用这种语言形式建立了一阶谓词演算系统，这标志着现代逻辑的诞生。最初，现代逻辑是用来解决数学基础问题的，因此也叫"数理逻辑"。这种逻辑是以符号的方式表达的，所以也叫"符号逻辑"。这种逻辑与过去的逻辑在表达方法、证明方法、能力和作用、应用范围等方面都有根本性的不同，因此人们把这种逻辑叫作"现代逻辑"。

人们一般都知道自然语言有歧义，而形式语言没有歧义，因此现代逻辑使用形式语言可以消除自然语言的歧义性，使表达更精确。但形式语言仅仅是为建立演算系统做准备的基础,也就是为一阶逻辑的演算系统做准备。简单地说一阶逻辑也被称为经典逻辑,它的主要特征有两个,一是外延的,另一个是二值的,因为我们的重点不涉及现代逻辑的介绍和讨论,在此我们就不多表达了。但是我们知道自弗雷格开创现代逻辑至今已有百年的历史,经过一个多世纪的发展,现代逻辑有了长足的进步,已经成为一门成熟的科学。

在了解了逻辑发展的历史之后,还要提到两个伟大的人物,那就是康德和黑格尔。有人可能会问他们和逻辑发展史有什么关系?的确如此,在逻辑发展史中很少有人将他们列为逻辑学家,对他们更多的认可是从哲学上。但是康德是一位对逻辑概念和逻辑问题非常关注的哲学家,在他的许多著作中均可看到关于逻辑问题的阐述。

七、康德逻辑思想

康德(1724—1804)是德国著名的哲学家和德国古典哲学的集大成者。他的逻辑思想是跟主观唯心主义和不可知论息息相关的。在他看来,命题是纯主观的产物,人的主观只能认识依存于主观的"现象",同客观世界"物自体"没有什么关系,"自在之物"是不可知的,一切联系都是人的"知性"自身活动加上去的。他提出了命题的分类系统,即:

按量划分可以分成单称命题、特称命题、全称命题;
按质划分可以分成肯定命题、否定命题、无限命题;
按关系划分可以分成直言命题、假言命题、选言命题;
按模态划分可以分成或然命题、实然命题、必然命题。

他在《纯粹理性批判》中又提到按宾项对主项的关系来划分可分成分析命题和综合命题。

对形式逻辑的基本规律康德也有自己的看法。他认为,同一律和矛盾律是指导人们进行推论、获得可能知识的重要原理;排中律是指导思维获得必要的知识的阶梯;充足理由律是指导思维获得真实知识的阶梯。在三段论中,康德认为只有第一格才是正确的形式。

从上述的论述中不难发现,康德对逻辑理论没有新的观点和方法,但是他就思维形式中的命题做了较为系统和更加完善的划分，同时他对思维方法在人的认识中的地位是给予肯定的。

说到黑格尔，有一个非常有趣的现象，那就是他写了两卷本的《逻辑学》，但是没有人承认他是一位逻辑学家。只有少数研究辩证逻辑的人才把他当作辩证逻辑的创始人，其他人仅仅把他当作哲学家。这和西方有人认为辩证逻辑不是逻辑有很大的关系。

八、黑格尔逻辑思想

黑格尔（1770—1831）是德国古典哲学集大成者。他在《逻辑学》一书中把逻辑分为主观逻辑和客观逻辑。主观逻辑即概念论，包括三个部分。

第一是主观概念——形式的概念，思辨逻辑中概念的性质和概念、命题、推理的辩证观点；第二是客体——概念的形式化，主观和客观矛盾统一的辩证思想；第三是理念发展的最高的终极阶段——绝对的真理。黑格尔把概念看作第一性的东西，他把从抽象到具体，从非本质到本质的过程都视为主观的过程。

他的客观逻辑包括两部分。

第一是有论——阐述了质量互变规律；第二是本质论——在论述本质和现象、内容和形式、必然和偶然、可能和现实、原因和结果等范畴时，贯穿了对立统一思想。

黑格尔的逻辑和亚里士多德的逻辑是不一样的。亚里士多德的逻辑是关于必然推出的理论和方法，即是形式的问题。但是黑格尔却忽视了这一重要的方面，甚至对这种观点进行了批判。黑格尔只重视内容而忽略形式，他强调逻辑研究的内容是"纯粹思维科学，它以纯粹的知为它的本原，它不是抽象的，而是具体生动的统一"[1]。这种过程是纯主观的理念，是在人的头脑当中发生的正反合。

其实黑格尔是看到了逻辑学发展过程中的局限性，认为只知形式是不够的，必须完善内容才是最完满的，但是他没有完成这项工作，黑格尔的逻辑是思维形式的辩证法，在他的《逻辑学》中充分体现了这种辩证法的观点，因此在世界范围，人们公认他是最为著名的哲学家。

---

[1] ［德］黑格尔.《逻辑学》上卷［M］.北京：商务印书馆，1977：44-45.

上面所说的都是西方逻辑学发展的脉络，中国有无逻辑发展的过程？中国古代和古印度、古希腊差不多同时期也产生了这门科学，并形成了各自的逻辑传统，但是没有像西方那样有更深入的发展。西方的逻辑学传入我国较晚，是从17世纪初（明末）李之藻翻译葡萄牙人带入的半部逻辑书开始的。金岳霖先生是我国逻辑学研究的前辈。

中国是与古希腊、古印度并列的三大逻辑发源地之一，早在春秋战国时期，古代思想家就对逻辑进行过深入的研究，并在《墨经》中达到高峰。但逻辑学被认为是西方人的创造，原因之一就是西方建立了系统的体系和非常有操作性的方法。中国的逻辑思想只是较为零散的论述，并没有形成真正的学科。

第四节　学习逻辑与提高现代竞争力

一、逻辑学的作用

逻辑学具有基础性、工具性和全人类性，它对以往业已形成的科学体系和人类智慧的结晶有着不可低估的作用。而今，在科学技术高度发展的过程中，它依然起着非常重要的作用。逻辑学无论是在日常生活中，在人与人交流辩论中，还是在科学研究中，都每时每刻地支持着我们，它几乎渗透在生活的每一个层面中。世界发展到今天，高素质的人才是支持知识经济的中流砥柱，而在人才的各项素质中，逻辑思维素质是一种极为重要的素质。它教会人们正确地思考，准确地选择，提升经验与智慧，较为从容地应对客观世界的科学研究，理性地面对生活。

（一）学习逻辑有助人们正确地认识客观世界，获取新知识

毫无疑问，人的一切认识均来自于客观世界，来自于直接经验，这是科学业已证明的真理。但人类一代代地繁衍、壮大，人的生命的有限性，决定了人不可能把所有知识的获得完全建立在直接经验上，人们必须在有限的时空中获得

更多的知识，以促进世界及人类自身的发展。这就需要人们通过间接的途径获得更多的知识。而逻辑思维就为人们获得这种间接知识提供了必要的手段。因为人们在获得新知的过程中是在大量地运用推理这种形式，推理是从已知推出新知的思维过程。在推理中，作为前提的已有知识是由实践和各门具体科学提供的，逻辑则给人们提供推理过程有效性的规则，以便由前提合乎逻辑地得出结论，获取新知识。例如居里夫人发现镭，歌德发现人类颚间骨都是通过推理而完成的。

（二）学习逻辑有助人们论证真理，反驳谬误和揭露诡辩

逻辑学不仅可以帮助人们获得新知，而且还可以帮助人们论证这种知识是否可靠和合理。人们在生活中不仅要捍卫真理、论证已知的东西，还要不断地揭露和批判错误的东西。只有掌握了逻辑学的基本内容，才可以知己知彼，可以有助于人应用适当的、有效的逻辑形式，合乎逻辑地论证正确的思想和观点，做到论旨明确、条理清楚、论证严密而有说服力，同时，也有助于人们正确地运用逻辑规律和规则，去有力地揭露和批判由于违反逻辑规则和规律的要求而产生的形形色色的逻辑谬误和诡辩，使逻辑学成为坚持与论证真理、揭露和反驳谬误与诡辩的有力工具。

（三）学习逻辑有助人们提高逻辑思维能力，准确地表达思想

人们在所有的生活中都在循环往复地进行概念、命题、推理的过程，但这种过程不是一种简单地重复，而是不断发展和深化的。而且在这个过程中有一个重要的环节，那就是把你所了解和知道的东西准确地传达给他人，这就是语言的表述能力。在这一切中都会要求概念明确，命题准确，推理有逻辑性，论证严谨而有说服力。特别是论辩表述集中反映了一个人的知识、智慧、口才、反应能力、气质风度和心理素质，其中最重要的方面就是逻辑思维能力。其实不管是古希腊、古印度还是中国，逻辑学的发展从来就没有离开过论辩。当一个人要把自己的观点表述清楚时，他必须在思想中先要做到条理清晰、层次分明，否则就能从"说"中看到"想"的不足。

《古今谭概》中有一个故事。吴门张幼于，使才好厅，日有闯食者，佯作

一谜粘门云：射中者许入。谜云："老不老，小不小，羞不羞，好不好。"无有中者。王百谷射云："太公八十遇文王，老不老；甘罗十二为丞相，小不小；闭了门儿自独吞，羞不羞？开了门儿大家吃，好不好？"张大笑。张幼于贴出的这个谜语，是由四对相互矛盾的概念组成的，这使许多人都无法猜中。后来，王百谷把这个谜语破了。他的窍门就在于把原来的相互矛盾的概念，组合成没有逻辑矛盾的命题。"太公八十遇文王，人老心不老；甘罗十二为丞相，人小志不小"，然后再把"羞不羞"和"好不好"都处理成疑问句。这样一来，不仅避免了逻辑矛盾，破了谜语，而且向主人反将了一军，使主人也只好一笑了之。这说明王百谷有较强的逻辑思维能力和较高的随机应变本领。

（四）学习逻辑，有助于人们思维创新

创造意味着人们发现或是提出新问题、新思想、新方法、新技术，也代表人们发现了已有认识与事物发展客观规律间的矛盾，并不断地积极解决这些矛盾。创造性思维能力是一个综合创造过程在各个环节中所需能力的总称。因而将这些环节具体分解就可包括这样几种能力：敏锐发现问题的能力，统摄思维活动的能力，侧向思维和形象思维的能力，评价能力等多种能力。从这些能力分解过程中可以看到，每一个能力都和逻辑能力有关，因此，学习逻辑学对思维创新的帮助是显而易见的。

二、逻辑思维能力和人的能力素质的关系

目前，世界上各个国家都非常注重对国民的逻辑能力的培养训练和考核。从小学教育就会出现逻辑的课程，而且在教育体系中会自始至终贯穿逻辑培养的中心和重点。

从目前国际上流行的考核类型来看，GRE、GMAT、雅思等多种考试中均有逻辑问题的出现。在世界著名的大学或是大公司，比如哈佛大学和通用公司的面试考试中，都会出现逻辑问题的试题。在我国也开始引入国际惯例，对人进行逻辑能力测试，比如我们的MBA、MPA、MPACC的考试中均要求考生达到一定的逻辑能力水准。

考察人们的逻辑思维能力就是要求人们能够运用给出的信息和已掌握的综合知识进行推理、论证和分析，这包括对识别、比较、分析、综合、命题、归纳、支持、反驳、评价等多方面能力的考察。逻辑学的核心内容就是进行推理、论证，因此学习逻辑学必然对这些考试的准备会有一定的针对性，对逻辑学知识的熟练掌握是应对这种能力测试的有效准备。这种知识的学习、积累和深入必然会加大自我竞争的适应性和机会，因此现在越来越多的人开始重视逻辑学学习，这是社会发展和自我发展需要的必然要求。

第五节　思维形式结构知识在逻辑试题训练中的应用

1. "只有 p，才 q"与"如果 p，则 q"这两个命题形式，它们含有（　　）。

A. 相同的逻辑常项，相同的变项

B. 相同的逻辑常项，不同的变项

C. 不同的逻辑常项，相同的变项

D. 不同的逻辑常项，不同的变项

2. 海拔越高，空气越稀薄。因为西宁的海拔高于西安，因此，西宁的空气比西安稀薄。

以下哪项中的推理结构与题干的最为类似？（　　）

A. 一个人的年龄越大，他就变得越成熟。老张的年龄比他的儿子大，因此，老张比他的儿子成熟

B. 一棵树的年头越长，年轮越多，老张院子中槐树的年头比老李家的槐树年头长，因此，老张家的槐树比老李家的年轮多

C. 今年马拉松冠军的成绩比前年好，张华是今年的马拉松冠军，因此，他今年的马拉松成绩比他前年的好

D. 在激烈竞争的市场上，产品质量越高并且广告投入越多，产品需要就越

大。甲公司投入的广告费比乙公司的多,因此,对甲公司产品的需求量比对乙公司的需求量大

3. 韩国人爱吃酸菜,翠花爱吃酸菜,所以,翠花是韩国人。

以下哪个选项最明确地显示了上述推理的荒谬?( )

A. 所有的克里特岛人都说谎,约翰是克里特岛人,所以,约翰说谎
B. 会走路的动物都有腿,桌子有腿,所以,桌子是会走路的动物
C. 西村爱翠花,翠花爱吃酸菜,所以,西村爱吃酸菜
D. 所有金子都闪光,所以,有些闪光的东西是金子

思考题

1. 什么是思维?思维的特征是什么?
2. 人类思维的发展过程是怎样的?
3. 逻辑的含义是什么?逻辑学的研究对象是什么?
4. 逻辑学的基本特征有哪些?
5. 学习逻辑学的作用是什么?

第二章

概念

第一节 概念的概述

从思维形态看,概念是思维的最小单位,它是构成命题、推理的基础。因此,正确思维首先必须准确使用概念,做到概念明确。

一、概念的含义

概念是反映对象本质属性的思维形式。

概念所反映的对象指一切能被思考的事物。事物无不具有一定的属性,如形态、颜色、气味、质量等。事物无不与其他事物发生一定的关系,如上下、轻重、对称等。事物的性质与关系在逻辑学中统称为事物的属性。事物的属性可分为本质属性和非本质属性。所谓本质属性,就是决定一事物之所以为该事物并区别于其他事物的属性;而非本质属性,就是对该事物不具有决定意义的属性。概念舍去了对象的非本质属性,抽象地反映对象的本质属性。

人们认识事物的目的就是要把握事物的本质和规律,而要认识事物的本质,就必须先把事物的本质属性和非本质属性区别开来,再把事物的本质属性抽象出来,并用适当的语词表达出来,这便成了概念。

人的认识是一个不断深化的过程。首先,在实践中通过感官去感知对象,获得感性认识。然后随着实践的发展、认识的深入,在感性认识的基础上,运用比较分析、综合、抽象、概括等方法,逐步认识到事物的本质属性,并借助于语词形成概念。概念的产生是认识过程的质变。在认识事物本质属性的过程中,开始往往只能把握事物比较初级的本质,这时形成的概念只能是初步的概念。把握的本质越深刻,形成的概念也就越深刻。如古代人是从"直立行走""有语言"等来把握"人"这个概念的,近代、现代人则从"能制造和使用工具"来把握"人"

这个概念。马克思认为"人是一切社会关系的总和",这样,才更深刻地把握了"人"的概念的本质。正如列宁所说:"(抽象的)概念的形成及其运用,已经包含着关于世界客观联系的规律性的看法、信念、意识。"❷

概念是思维的基本形式,概念与其他的思维形式——命题、推理是有密切联系的。一方面,概念是思维的起点,是人们进行命题、推理的基本要素,没有概念就无法形成命题与推理,也就无法进行思维活动;另一方面,概念又是命题、推理的结晶,人们通过命题、推理获得新的认识,又会形成新的较深刻的概念。因此,逻辑学十分重视概念的研究,研究概念为进一步研究命题、推理奠定良好的基础。

二、概念与语词

概念与语词具有密切的联系。概念只有借助语词才能产生、存在和表达,不依赖语词的赤裸裸的概念是不存在的。语词是表示客观事物的一种符号,表现为特定的声音、笔画或手势等,这些约定俗成的符号之所以能交流思想,是因为在人们头脑中有相应的概念。因此,概念是语词的思想内容,语词是概念的语言表达形式。

概念与语词又是有区别的,不是一一对应的。

(一)同一概念可以用不同语词来表达

语词的产生是约定俗成的,因而,语词具有民族性和地方性;而概念是思维对象特有属性的反映,具有全人类性。这就导致了不同民族、不同地区的人对同一概念的语词表达各不相同。在实际思维和表述中,我们应该尽量去选择那些比较恰当的语词来表达我们要表达的概念,所谓恰当的语词实际上也就是指那些与特定的语境相一致的语词。

(二)同一语词在不同的语境中表达不同的概念

例如,"案子"这个概念,在不同的语境中含义就不同,它可以用来表示一

---

❷《列宁全集》第38卷.北京:人民出版社,1972:189.

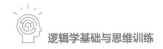

种狭长的桌子,而在司法工作者的口语中又可以表示为案件。这种一词多义现象,如不注意,会导致逻辑错误。

概念和语词间的关系给我们许多启示。

1. 丰富语汇发展思维

爱因斯坦说:"一个人的智力发展和他形成概念的方法,很大程度上取决于语言。"这正说明了语汇的丰富对思维发展的重要作用。例如,掌握了"草绿""果绿""墨绿""葱心绿""国防绿",比只知道"绿",思维显然丰富了;从只知道"颜色"到掌握"色泽""色调",思维无疑是发展了。因此,应当努力积累和丰富词汇,以促进思维的发展。

2. 准确把握概念,避免用词不当

说话写文章出现用词不当的毛病,往往是由于对语词表达的概念不够明确。例如,"他的意志很坚决"中"坚决"一词用得不恰当,应改为"坚强"。"坚决"是"态度或行动确定不移,不犹豫",而"坚强"才是"意志强固有力,不可动摇或摧毁"。因此,我们应当准确把握概念,搞清概念的内涵和外延,以免用词不当。

3. 谨慎用词,避免歧义

多义词可以表达多个概念,但在具体的语境中一般是单义的。如果到了具体的语境中仍然是多义的,那就成了歧义,就会给对方的理解造成困难,从而影响正常的交际。例如,"我喜欢杜鹃"这句话中的"杜鹃"究竟是指一种花,还是指一种鸟,是应该明确的。

为了准确地表达概念,避免思维混乱,必须了解概念和语词的联系和区别,掌握语词表达形式,以便在说话、写文章时做到概念明确,用词恰当。

三、概念的内涵与外延

怎样明确概念?从逻辑角度来说,就是要明确概念的内涵与外延。

概念的内涵是指反映在概念中的对象的本质属性,也就是概念的含义。

概念都有内涵。如，"能制造和使用生产工具的动物"是"人"的内涵；"学校"这一概念的内涵是"有计划、有组织进行系统教育的机构"。

概念的外延是指具有概念所反映的本质属性的那些事物，也就是概念的适用范围。如"人"这个概念的外延指古今中外的一切人。"国家"这一概念的外延就是世界上的一切国家。

概念的内涵和外延具有确定性和灵活性。概念内涵、外延的确定性是指在一定的条件下，概念的含义和适用范围是确定的，不能任意改变或混淆不清。概念内涵、外延的灵活性是指在不同的条件下，随着客观事物的发展和人们认识的深化，概念的含义和适用对象是可以变化的。任何概念都是确定性和灵活性的统一。

任何概念都有内涵和外延两个基本特征。我们平时说的概念要明确，就要求概念的内涵、外延明确，这是正确思维所要求的。只有概念明确了，才能准确地使用它。如"结婚"和"婚礼"是两个不同的概念。"结婚"的内涵是指男女双方依照法定条件和程序结为夫妻关系的法律行为；而"婚礼"则是指为结婚行为举行的仪式。有人把"集体婚礼"说成是"集体结婚"，就是对这两个概念的内涵和外延不明确而混淆了两个不同的概念。因此，在我们的思维过程中，要注意从内涵和外延两个方面检查我们所使用的概念是否明确。

第二节 概念的种类

为了更好地明确概念的内涵与外延，更好地使用概念，逻辑学根据概念内涵与外延的一般特征，把概念分成若干种类。研究这些概念的种类，有助于我们准确地使用概念。

一、单独概念、普遍概念与空概念

根据概念外延的数量情况，可以将概念分为单独概念、普遍概念和空概念。

单独概念是反映某一单个对象的概念，它的外延只有一个分子。例如："2005年1月1日""1949年10月1日"等是表达时间的单独概念；"孙中山""马克思"等是表达人的单独概念；"南京""中国"是表达地点的单独概念；"香港回归""五四运动"等是表达事件的单独概念。单独概念的外延反映的是独一无二的对象。

从语言学上看，表达单独概念的语词有两种：一种是专有名词，例如"毛泽东""黄河""二万五千里长征""《联合国宪章》"等，都是单独概念；另一种是摹状词（通过对某一个对象的某方面特征的描述来指称该对象的语词），例如"世界上最高的山峰""汉朝的第一个皇帝""《狂人日记》的作者"等，都是表达单独概念的，因为它们表示的是在特定的时间与空间中的个别事物或个别事件，这也是独一无二的。

普遍概念是反映两个或两个以上对象的概念。普遍概念的外延是由两个或两个以上对象组成的类，如"城市""大学""工人""原子""自然数"等。其中，"城市""大学"这样的概念是有限普遍概念，因为它们包括的对象是有限的；"原子""自然数"这样的概念是无限普遍概念，因为它们包含的对象是无限的。

从语言学角度来看，语词中的普通名词、动词、形容词，一般来说都是表达普遍概念的。例如"商品""劳动""跳跃""勇敢"等都是普遍概念。

普遍概念反映的是许多分子组成的类，作为类的属性，其子类与分子必然具有。类与组成类的分子的关系是一般与个别的关系。

在分辨单独概念与普遍概念时，有一种情况必须注意。例如，"1963年毛主席发出了'向雷锋同志学习'的号召"，其中的"雷锋"是个单独概念，因为他特指某个单一对象；"在毛主席的号召下，千万个雷锋在成长"，其中的"雷锋"则是普遍概念，因为他指称的并非某一特定对象，而是泛指一类对象。可见，某个语词究竟表达什么种类的概念，通常需要借助一定的语境才能确定。

空概念是反映空类的概念。空类是指外延为零、不包括任何一个现实分子的类。如"UFO"、理想实验室、上帝、鬼、神、孙悟空、永动机、绝对真空、人造太阳等。

二、集合概念与非集合概念

类与集合是不同的。一个类是由许多事物组成的。属于一个类的任何分子，都具有这类事物的属性。如"曹操""杜甫""鲁迅"……都具有人这个类的本质属性。但是，一个集合体，却是由许多事物作为部分有机地组成的。一个集合体的部分却不必具有这个集合体的属性。如"森林"是一个集合体，它由许多树木作为其有机的组成部分，树木并不具有森林所具有的属性。如森林能改变气候、平衡生态，作为个体的树木则不能。

根据概念所反映的事物是否为集合体，我们把概念分为集合概念和非集合概念。

反映集合体的概念称为集合概念，反映类的概念称为非集合概念，也称类概念。

例如，"中国人是勤劳勇敢的"中的"中国人"是集合概念，"树是植物"中的"树"是非集合概念。

我们在使用语词表达概念时，应当特别注意区分集合概念与非集合概念，避免混淆使用。例如，"人是世间万物中最宝贵的，我是人，所以，我是世间万物中最宝贵的"这个推理，就是混淆了概念。第一个前提中的"人"是集合概念，第二个前提中的"人"则是非集合概念。

三、正概念与负概念

根据概念所反映的对象是否具有某种属性，可以将概念分为正概念和负概念。

正概念是反映对象具有某种属性的概念，也叫肯定概念。例如，"世界""国家""正义战争""赞成""批评""合法""先进""勇敢""健康"，等等。

负概念是反映对象不具有某种属性的概念，也叫否定概念。例如，"非正义战争""非党员""非本单位人员""无脊椎动物""无轨电车""不赞成""不合理""不健康"，等等。

负概念总是相对于某个特定范围而言的，这在逻辑上叫作论域。如果把"非哺乳动物"的论域看作脊椎动物，则包括鸟类、爬行类、两栖类和鱼类。如果把"非哺乳动物"的论域看作动物,则不限于脊椎动物,蚂蚁、蚊、蝇、虾、海蜇等无脊椎动物也包括在内了。因此,论域不同,负概念所指的对象范围也不同。确定论域是明确负概念外延的必要条件。

在实际思维中,有时为突出对象具有某种属性,运用正概念;有时为突出对象不具有某种属性,则运用负概念。

四、实体概念与属性概念

根据概念所反映的对象是否为具体事物,概念可分为实体概念和属性概念。

实体概念是反映具体事物的概念。例如"泰山""长城""工厂""学校"等,都是实体概念,它们可以用名词或名词词组来表达。

属性概念是反映事物属性的概念。属性包括事物本身的性质和事物之间的关系。例如,"正义""进步""优良""耐久"等是反映性质的概念,它们可以用形容词来表达;"等于""大于""剥削""压迫"等是反映关系的概念。性质概念和关系概念统称为属性概念。在实际运用中,不能混淆实体概念和属性概念。

对概念的上述分类,是根据不同的标准进行的,目的在于明确概念不同方面的逻辑特征,从而更准确地使用概念。

第三节 概念间的关系

概念间的关系是复杂多样的。这里,我们不从内容上去研究概念之间的关系,而是把概念作为一种思维形态,从外延方面来加以研究。概念的外延是一个类,概念外延之间的关系也可看作是类与类之间的关系。借助欧拉图可以对概念外延间的关系做直观的解释。欧拉图是一种圆圈图形,由瑞士数学家欧拉(Leonhard Euler,1707—1783)创制。以两个概念间的关系为例,概念外延之间的关系主要有下列五种。

一、全同关系

概念间的全同关系是指两个概念的外延完全重合的关系，全同关系又叫同一关系。设 A、B 为两个概念，如果 A 的全部外延正好是 B 的全部外延，那么 A 和 B 具有全同关系。例如：

等边三角形（A）与等角三角形（B）

法院（A）与国家审判机关（B）

北京（A）与中华人民共和国首都（B）

全同关系可以用欧拉图示如下：

具有全同关系的概念，两者只是外延全部相同，但内涵并不一样或不完全一样。如"规定国家根本制度的法律"和"具有最高法律效力的法律"反映的是同一事物即宪法，但前者强调的是内容方面的属性，后者强调的是效力方面的属性，二者内涵不相同，它们是全同关系。如果内涵和外延都一样，那是同一概念，而不是具有全同关系的概念。如"土豆"和"马铃薯"。

在实际运用中，全同关系概念可以互换使用，这样有助于人们从不同方面揭示出同一对象的多种属性，同时也可避免词语的简单重复，使语言表达更加生动活泼。如《在马克思墓前的讲话》中的一段话："3月14日下午两点一刻，当代最伟大的思想家停止思想了，这位巨人逝世以后形成的空白，在不久的将来就会使人感觉到。正像达尔文发现有机界的发展规律一样，马克思发现了人类历史的发展规律。这位科学巨匠就是这样……"这段话中的"当代最伟大的思想家""这位巨人""马克思""这位科学巨匠"等语词表达的是全同关系的概念，这有助于人们从不同方面深刻认识马克思伟大的一生。

二、真包含关系

真包含关系是指一个概念的部分外延与另一个概念的全部外延重合的关系。设A、B为两个概念，如果A概念的外延包含B概念的全部外延，而B概念的外延仅仅是A概念的外延的一部分，那么，A概念与B概念之间具有真包含关系。例如：

动物（A）与马（B）

文学（A）与古典文学（B）

阶级（A）与工人阶级（B）

在"动物"（A）和"马"（B）这两个概念中，"动物"的外延包含了"马"的全部外延，而"马"的外延仅仅是"动物"的外延的一部分，"动物"和"马"之间具有真包含关系。在真包含关系的概念中，外延大的概念叫属概念，外延小的概念叫种概念。

概念A和概念B之间的真包含关系可以用欧拉图示如下：

三、真包含于关系

真包含于关系是指一个概念的全部外延与另一个概念的部分外延重合的关系。设A、B为两个概念，如果B概念的外延包含A概念的全部外延，而A概念的外延仅仅是B概念的外延的一部分，那么，A概念与B概念之间具有真包含于关系。例如：

矿工（A）与工人（B）

高等院校（A）与学校（B）

行星（A）与星球（B）

拿"高等院校"与"学校"这两个概念来说，所有的高等院校都是学校，但是，有的学校（小学校、中学校）不是高等院校，这样，"高等院校"与"学校"的关系就是真包含于关系。在真包含于关系的两个概念中，外延小的概念叫种概念，外延大的概念叫属概念。

概念 A 与概念 B 之间的真包含于关系可以用欧拉图示如下：

真包含于关系与真包含关系是一种逆关系：如果 A 真包含于 B，那么，B 就真包含 A；反之，如果 A 真包含 B，那么，B 就真包含于 A。

在实际运用中，把外延较大的属概念对于外延较小的种概念之间的关系（即真包含关系）叫作属种关系。属种关系是反映类与子类或类与分子的关系，种概念必然具有属概念的属性。如"大学"必然具有"学校"的属性。

掌握属种关系的概念，善于区别属概念与种概念，可以帮助我们准确而恰当地使用概念，正确反映事物之间的范围关系。

四、交叉关系

两个概念之间有并且只有一部分外延重合，这两个概念之间的关系是交叉关系。设 A、B 为两个概念，如果有的 A 是 B，有的 A 不是 B，而且，有的 B 是 A，有的 B 不是 A，那么，A 与 B 之间的关系就是交叉关系。例如：

团员（A）与大学生（B）

女青年（A）与团员（B）

管理干部（A）与科技人员（B）

拿"团员"和"大学生"来说，"团员"的外延中包含"大学生"的部分外延（即部分大学生是团员），"大学生"的外延中包含"团员"的部分外延（即部分团员是大学生），它们之间具有交叉关系。

具有交叉关系的两个概念 A 与 B 的关系可以用欧拉图示如下：

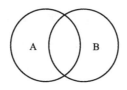

具有交叉关系的概念有而且只有部分外延是重合的，所以，既不能把它们当成不相容关系的概念，也不能当成全同关系或属种关系的概念。我们不能说"杀人犯都不是抢劫犯"，也不能说"杀人犯都是抢劫犯"。我们只能说"有些杀人犯是抢劫犯"或"有些杀人犯不是抢劫犯"。两个概念的外延部分交叉，说明它们从不同方面反映了同一个事物。部分相异表明，这两个概念反映的不只是一个事物。

上述两个概念之间的全同关系、真包含关系、真包含于关系、交叉关系有一共同点，即 A 与 B 两个概念至少有一部分外延是重合的，逻辑上把它们统称为相容关系。

五、全异关系

全异关系是指两个概念的外延没有任何一部分重合的关系。全异关系又叫不相容关系。设 A、B 为两个概念，如果所有的 A 都不是 B，那么，A 与 B 之间的关系就是全异关系。例如，"偶数"和"奇数"，这两个概念的外延完全互相排斥（即所有的偶数都不是奇数，并且所有的奇数都不是偶数），它们之间具有全异关系。

全异关系可以用欧拉图示如下：

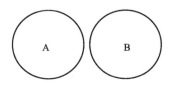

如果具有全异关系的两个概念属于同一个属概念，则全异关系又可分为以下两种情况。

（一）矛盾关系

具有全异关系的两个概念的外延之和等于其属概念的外延，这两个概念之间的关系是矛盾关系。即如果两个全异关系概念 A 与 B 的外延之和等于其属概念 C 的外延，那么，A 与 B 的关系就是矛盾关系。例如：

正义战争（A）与非正义战争（B）

军人（A）与非军人（B）

有理数（A）与无理数（B）

矛盾关系可以用欧拉图示如下：

（二）反对关系

具有全异关系的两个概念的外延之和小于其属概念的外延，这两个概念之间的关系是反对关系。即具有全异关系的两个概念 A 与 B 同时真包含于 C，而且 A 与 B 的外延之和小于 C 的外延，那么，A 与 B 是反对关系。例如：

无产阶级（A）与资产阶级（B）

名词（A）与动词（B）

正数（A）与负数（B）

反对关系可以用欧拉图示如下：

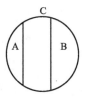

矛盾概念和反对概念在实际运用中常用来作对比，可以鲜明地表达思想和说明问题。但需要把两者严格区分开来，不能混为一谈。

这里讲述的是两个概念之间的关系，而且任何一对概念的关系只能是其中的某一种。在实际应用中，涉及的概念之间的关系可能很多，我们在考察概念间的关系时，仍要从两两关系分析入手，才能依次把多个概念间的关系分析清楚。

第四节 定义

给概念下定义也是一种明确概念的方法，它是使用精练简明的语言揭示出概念内涵的一种方法。

一、定义的含义及结构

定义是揭示概念内涵的逻辑方法。或者说，定义是用精练的语言把概念所反映对象的本质属性高度概括地揭示出来。例如：

生产关系就是人们在物质资料生产过程中结成的人与人之间的社会关系；

所谓新民主主义的革命，就是在无产阶级领导之下的人民大众的反帝反封建的革命。

这就是"生产关系""新民主主义革命"的定义，这些定义揭示了"生产关系""新民主主义革命"的本质属性，分别明确了"生产关系""新民主主义革命"的内涵。

定义由被定义项（被定义概念）、定义项（定义概念）和定义联项三部分组成。被定义项就是被揭示其内涵的概念，通常用 Ds 表示；定义项是用来揭示被定义项（Ds）内涵的概念，通常用 Dp 表示；定义联项是把被定义项（Ds）和定义项（Dp）联结起来的概念。在"生产关系是人们在物质资料生产过程中结成的人与人之间的社会关系"这个定义中，"生产关系"是被定义项，"人们在物质资料生产过程中结成的人与人之间的社会关系"是定义项，"是"是定义联项。

定义的逻辑形式为：Ds 是 Dp

由于对象情况不同，有的定义比较简单，如"商品是用来交换的劳动产品"；而有的定义则比较复杂，如"海关是根据国家法令，对进出国境的货物、邮递物品、旅客行李、货币、金银、证券和运输工具等进行监督检查、征收关税并执行查禁走私任务的国家行政管理机关。"

在思维过程中,定义起着重要作用。定义可以确定概念的内涵,从而可以总结巩固人类对于事物本质的认识成果;它可以揭示已有概念的内涵,从而帮助人们把握概念所反映的事物的本质,将不同的事物区别开来;它还可以帮助别人了解自己所使用的概念的内涵,以便顺利地交流思想。但是,一个定义只能揭示事物某个或某些方面的本质,并不能完整地反映具体事物的全部内容。因此,决不能用下定义代替对具体事物的具体分析。

二、定义的种类和方法

最常用的定义有实质定义和语词定义两类,它们在科学研究和交流思想中,是被经常而普遍地采用的。

(一)实质定义

实质定义是揭示概念所反映的事物的本质的定义。例如:

方程是含有未知数的等式。

商品是用来交换的劳动产品。

以上定义都是种概念的实质定义。定义分别揭示了"方程""商品"的本质属性。

要给一个概念做出科学的定义,必须通过实践掌握概念所反映的思维对象的特有属性。在实际思维活动中,最常用、最常见的定义方法是属加种差定义的方法。

用属加种差定义的方法给概念下定义时,首先是找出被定义概念的邻近属概念,揭示被定义项(Ds)的"邻近属概念",然后找出被定义项与其他同级种概念之间的差别——"种差",最后把"邻近的属概念"与"种差"加在一起,组成定义。例如:

政治经济学是研究人类社会生产关系发展规律的科学。

属加种差定义可用公式表示为:

被定义概念 = 种差 + 邻近的属概念。

由于事物的属性是多方面的,种差也可以是不同方面,因而对某一个概念用属加种差定义方法做出的定义也是多种多样的,这样属加种差定义有以下几种。

有的种差是直接揭示被定义项所反映的对象的性质，如"帝国主义就是垄断的资本主义""刑法是规定犯罪和刑罚的法律"等。这样的定义叫作性质定义。

有的种差是揭示被定义项所反映的对象是如何产生或形成的，如"折线是把不在一条直线上的若干点用线段逐点连接起来的图形""核能，亦称原子能，指在核反应过程中，原子核结构发生变化所释放出来的能量"等。这样的定义叫发生定义。

有的种差是揭示被定义项所反映的对象的功用，如"船是在水面上进行运输的交通工具""温度计是测量温度的仪器""灯是用来照明的工具"等。这样的定义叫作功用定义。

有的种差是揭示被定义概念所反映的对象同其他对象的关系，如"偶数就是能被2整除的数""原子量就是一个原子的重量和氢原子重量相比的数量"等。这样的定义叫关系定义。

属加种差方法是人们给概念下定义时常用的方法，它有助于人们从各个不同方面去认识事物。我们学习各门科学知识时接触到的定义多数是属加种差定义。但是，这种定义也有局限性。哲学上的范畴，如物质、意识、内容、形式等，都是外延最广的普遍概念，它们没有属概念，不可能用属加种差的方法下定义。我们可以用描述其对象的共同属性的方法加以定义，也可以用指出这个范畴与相对应的范畴所反映的对象之间的关系加以定义。如哲学中的"物质"范畴，我们可以指出其共同属性是"客观存在"，是"标志客观存在的哲学范畴"。

对单独概念也难以用属加种差的方法下定义。单独概念所反映的对象是一个单独的事物，而不是一个种，不能概括地列出种差，因而常用特征描述的方法来表述。如给"北京"下定义，可以表述为"北京是中华人民共和国的首都，是中国共产党中央委员会的所在地，是中国政治、经济、文化、交通的中心，是一座历史悠久、名胜古迹甚多的名城"。特征描述是通过描述的方法，把单独对象的最突出的特征揭示出来，以达到辨认这一单独对象的目的。在寻人启事、尸体通报、侦缉通报、通缉令中，都需要特征描述的方法。

由于事物是普遍联系和不断变化的，而定义只是用概括的形式揭示概念所指称对象某个方面的特征，以反映人们在一定阶段上的认识。因此，它不可能揭示对象全部的丰富内容。正如列宁所指出的："所有的定义都只有有条件的、相对的意义，永远也不能包括充分发展的现象的各方面的联系。"（《列宁选集》

第 2 卷，人民出版社 1972 年版，第 808 页）

（二）语词定义

语词定义是说明或规定语词的意义、用法的定义。这种定义的任务不在于揭示概念的内涵，只是指明一个语词表达什么概念或表示什么事物，在一定程度上起着明确概念、区别事物的作用。

语词定义有两种：说明性语词定义和规定性语词定义。

说明性语词定义是对某个语词已经确定的意义做出说明。例如"於菟就是虎"，表示了"於菟"是虎的一种名称，同时也确定地说明"於菟"是用来表示虎这类对象的。所以，说明性语词定义有对错问题，如果一个说明性语词定义符合已确定的意义就是对的，反之就是错的。例如，若说"于菟"是兔子，这个说明性语词定义没有正确反映已确立的意义，便是错的。

规定性语词定义是给某个语词表示的意义作出规定。它可以规定一个新造词的含义，也可以给已有的词赋予新的含义，以帮助人们总结和巩固认识成果，顺利地交流思想。这种定义在科学论著、法律条文、规章制度、合同、条约中应用广泛。例如，"三个代表"重要思想，就是中国共产党"代表中国先进生产力的发展方向，代表先进文化的前进方向，代表中国最广大人民的根本利益"等。

规定性语词定义是创立新语词或组成新语词时，对一个可能产生歧义的语词或词组加以明确的规定。这种规定有相当大的随意性，但并不是任意的，一旦规定之后就有了确切的意义，不能任意解释或引用，它必须合乎某些规律和人们的日常习惯。

三、定义的规则

要做出一个正确的定义，除了具有正确的观点和有关的具体知识外，还必须遵守下定义的规则。

（一）定义项的外延必须和被定义项的外延完全相等

在一个正确的定义中,定义项概念的外延和被定义概念的外延必须是全同关系。

违反这条规则,会犯"定义过宽"或"定义过窄"的逻辑错误。

(二)定义项不能直接或间接地包含被定义项

给概念下定义,是用定义项去揭示被定义项内涵的。如果定义项直接或间接地包含被定义项,这就是说定义项又要用被定义项加以揭示,等于用被定义项来揭示它自身的内涵,自然达不到揭示内涵的目的。所以,定义项不能直接或间接地包含被定义项。

违反这条规则,会犯"同语反复"或"循环定义"的逻辑错误。

(三)定义必须确切、清楚

定义项是用来明确被定义项内涵的,定义项清楚确切才能起到定义的作用。反之,如果定义项含混不清,就不能明确概念的内涵。例如:

什么是列宁主义?作为革命行动体系的列宁主义,就是由思维和经验养成的革命嗅觉,这种社会领域里的嗅觉,就如同体力劳动中肌肉的感觉一样。

看了或听了这个定义以后,使人感到费解,甚至在不看、不听这个定义时还明白一些什么,当看了、听了这个定义之后,反而什么也不明白了。其原因在于定义项含混不清,使用了许多莫名其妙的词语,例如"由思维和经验养成的革命嗅觉"、"体力劳动中肌肉的感觉"、去刻画作为一种理论体系的列宁主义。这样的定义,犯"定义含糊"的逻辑错误。

比喻是一种积极的修辞手法,但如果用比喻来代替下定义,同样不能起到定义的作用。例如:

生活是最生动的河流,最丰富的矿藏。

爱情是一条流动的河。这条河中也许有壮观的激流,但也必然会有平缓的流程;也许有明显的主航道,但也会有支流和暗流。除此以外,天上的云彩和两岸的景物会在河面上映出倒影,晚来的风会在河面上吹起涟漪,打起浪花。但我们承认,所有这一切都是这条河的组成部分,共同造就了我们生命中美丽的爱情风景。

要真正明白一个事物、概念是什么,需要下面去说明、刻画它,而不是形容、比喻它。通过比喻，不能真正认识一个事物，或者弄清一个概念的适用范围。这样的定义，犯了"以比喻代定义"的逻辑错误。

（四）定义一般不能用否定式

下定义是揭示概念的内涵，指出被定义项所反映的对象的本质属性。如果在定义中不用正概念，而用负概念，不用肯定的语句，而用否定的语句，则只能从反面说明这个对象不具有某种属性，而不能从正面说明其具有哪些属性，达不到下定义的目的。例如：

商品是不供生产者本人消费的产品。

给正概念下定义不得用负概念，但是，如果被定义项本身是负概念，那么，可以用否定式下定义。例如，"无效婚姻就是因欠缺婚姻成立的法定要件而不发生法律效力的婚姻"。

第五节 划分

一、划分的含义及结构

概念的外延有大有小。单独概念的外延只包含单独的一个思维对象，概念的外延很清楚。普遍概念则反映一类事物，分子数有多有少，有的有限，有的无限。对于分子数无限的概念如果用一一列举的方法，不仅办不到也没有必要，这种情况下，我们就需要采用划分的方法来明确概念的外延。

划分是把属概念分为若干种概念，从而揭示属概念外延的逻辑方法。例如：

① 犯罪分为故意犯罪和过失犯罪。

② 句子可以分为陈述句、疑问句、祈使句、感叹句。

例①是将属概念"犯罪"，划分为"故意犯罪"和"过失犯罪"两个种概念。

例②是把"句子"这一属概念，划分为"陈述句""疑问句""祈使句""感叹句"四个种概念。

划分由划分母项、划分子项、划分标准三部分构成。

划分母项就是被划分的属概念，划分的子项就是划分后得到的种概念，划分的标准就是划分所依据的对象的某个或某些属性。

作为划分的标准，就是母项所指对象的属性。由于对象的属性是众多的，因此作为划分的标准也是多种多样的。按不同标准所进行的划分，反映了对对象的不同分类，因此，各种划分具有不同的认识意义。例如：

戏剧，根据其艺术形式和表现手法的不同，可以分为话剧、歌剧和舞剧；根据剧性的繁简和结构的不同，可以分为独幕剧和多幕剧；根据题材所反映的时代的不同，可以分为现代剧和历史剧；根据矛盾冲突的性质和结局的不同，可以分为喜剧和悲剧。

划分与分解不同。分解是把一个整体对象分成若干组成部分，对象整体所具有的属性，部分不必具有，它们之间不是属种关系。划分是将一个属概念分成几个种概念，母项与子项是属种关系。例如"计算机可以分为台式计算机和笔记本计算机"，这是划分，"台式计算机"或"笔记本计算"具有"计算机"的属性；而"计算机由运算器、存储器、输入装置、输出装置等部分组成"，这是分解，"运算器"不具有"计算机"的属性。

划分是明确概念、正确使用概念的重要逻辑方法。通过划分可以明确属概念的全部外延，有助于人们准确地理解和运用属概念及其种概念。这不但对科学研究十分重要，而且在日常生活中也经常使用。如商店售货时要对商品进行划分，体育竞赛要对比赛项目进行划分，档案管理工作也要对文件进行划分等。

二、划分的种类

（一）一次性划分和连续划分

按划分次数不同，划分可分为一次性划分和连续划分。

一次性划分就是根据划分标准对母项一次划分完毕，划分的结果只有母项和子项两个层次。例如，把"小说"分为"长篇小说、中篇小说、短篇小说"，这就是按小说的篇幅和容量进行的一次性划分。

连续划分是把母项划分为若干子项后，再将子项作为母项继续进行划分，直到满足需要为止。例如，将"科学"划分为"自然科学和社会科学"，再将"自然科学"划分为"数学、物理学、化学、生物学、天文学、地理学"，将"社会科学"再划分为"经济学、法学、历史学、教育学、语言学"等。然后还可以继续划分，如将"数学"划分为"初等数学和高等数学"，将"初等数学"划分为"算术、初等代数、平面几何"等。

（二）二分法划分和多分法划分

按划分的子项数目不同，划分可以分为二分法划分和多分法划分。

二分法划分是依据对象有无某种属性把一个母项划分为具有矛盾关系的两个子项的划分方法。二分法划分所得的子项往往是一个正概念和一个相应的负概念。例如，把"人口"分为"农业人口"和"非农业人口"，把"教师"分为"专任教师"和"非专任教师"等。也可以两个子项都是正概念，如把"文学作品"分为"中国文学作品"和"外国文学作品"等。二分法的优点是简便易行，不易发生错误，易于突出工作的内容；缺点是对负概念的内涵和外延揭示得不够清楚。

多分法是将一个母项分成三个或三个以上子项的划分。如把"小说"分为"长篇小说、中篇小说、短篇小说"，把"句子"分为"陈述句、疑问句、祈使句、感叹句"，这些都是多分法划分。

三、划分的规则

对概念进行划分，在逻辑上，不仅要掌握正确的划分方法，还必须遵守划分的规则。一个正确的划分，必须遵守下列规则。

（一）划分所得各子项外延之和应当与母项的外延相等

这是由划分的目的所决定的。划分的目的是要明确属概念是由哪些种概念组成，如果子项（种概念）外延之和与母项（属概念）外延不相等，说明属概念的外延是不明确的。违反这条规则，就会犯"划分不全"或"多出子项"的逻辑错误，例如：

①重工业有冶金工业、机器制造工业、造纸工业、采掘工业。

②汉语的代词有指示代词、人称代词两种。

例①中把不属于重工业的造纸工业划入了"重工业"的范围，这样，子项外延之和大于母项的外延，犯了"多出子项"的错误。例②中汉语的代词，除了指示代词和人称代词外，还有疑问代词，这样，子项的外延之和小于母项的外延，犯了"划分不全"的逻辑错误。

（二）每次划分必须根据同一标准

划分标准可以根据实践需要的不同而有所不同，但每次划分只能按一个标准进行，否则，一定会混杂不清，达不到明确概念的目的。违反这条规则，就会犯"划分标准不同一"的逻辑错误。例如：

①战争可分为世界大战、局部战争、正义战争、非正义战争。

②高等学校有全日制高等院校、业余高等院校、理科、工科、农科、医科和文科高等院校。

例①同时以"战争的规模"和"战争的性质"两个不同标准对"战争"做一次划分，子项外延出现交叉，难以明确"战争"的外延。例②对"高等学校"的划分，也是同时采用"学习时间"和"学习专业"两个不同标准。

（三）划分后子项的外延应当互相排斥

划分后获得的几个子项，它们之间的关系应该是互不相容的全异关系，不能有一些事物既属于这个子项又属于另一个子项。违反这条规则，就会犯"子项相容"的逻辑错误。例如：

①文件有绝密文件、军事文件。

②这家商场的商品很多，有服装、鞋帽、家电和儿童用品。

例①中"绝密文件"与"军事文件"是交叉关系，犯了"子项相容"的错误。例②中"儿童用品"的外延与"服装""鞋帽"也是相容的。

如果子项是相容的，就会出现一些对象既属于这一子项，又属于另一子项，这必然引起混乱。子项之间不相容，就能够把属于母项的任何一个对象划分到一个子项中去，而且也只能划分到一个子项中去，从而明确概念的外延。

第六节 概念的限制和概括

一、概念内涵与外延的反变关系

概念的内涵与外延是相互联系、相互制约的。概念的内涵确定了，外延也就确定了；同样，概念的外延确定了，在一定条件下内涵也跟着确定了。在有包含关系的大小概念之间，如果一个概念的内涵属性越多，其外延就越小；如果一个概念的内涵属性越少，其外延就越大。这在逻辑上叫"反变关系"。

例如，"学生"这一概念是指在学校读书的人。若在其内涵中增加一个属性，如"就读中学的学生"，这样随着内涵的增加，其外延便由"学生"缩小为"中学生"。反之，如果在"中学生"的内涵中抽掉"中学"这一属性，这样随着内涵的减少，其外延便由"中学生"而扩展为"学生"。即内涵越多的概念其外延越小，内涵越少的概念其外延越大。

这种反变关系只适用于具有属种关系（真包含关系）或种属关系（真包含于关系）的概念之间。这种内涵与外延之间的反变关系，是对概念进行限制和概括的逻辑依据。

二、概念的限制

概念的限制是通过增加概念的内涵以缩小概念的外延，从属概念过渡到种概念的逻辑方法。例如，对"学生"增加"三好"的内涵，就可以限制为"三好学生"，相对于"学生","三好学生"增加了内涵,缩小了外延。

限制可以进行一次,也可以连续进行。例如:

学生→三好学生→我们班里的三好学生

这就是一个连续限制过程,也是从属概念过渡到种概念的过程。每一次限制,内涵都增加了一层,同时外延也缩小了一层,使表达的思想更明确。

对一个属概念是否需要进行限制,以及限制到什么程度,都必须根据思维实际需要。从逻辑上讲,限制的极限是单独概念。因为限制是在属概念与种概念之间进行,单独概念的外延只反映某一个特定的对象,它是外延最小的种概念,所以,不能再进行限制。例如,中学语文教材中的《赵州桥》一课,就使用了限制的方法:

桥→拱桥→石拱桥→中国石拱桥→赵州桥

这是一个连续限制,限制的极限是单独概念——赵州桥。

在语言表达中,为了明确概念,常常需要对一个过宽的概念加以限制。缺少必要的限制,常常影响人们的思想交流。例如,说"爱迪生发明了灯"就是不准确的,应对"灯"加以限制,表达为"爱迪生发明了电灯"才恰当。

概念的限制要运用恰当,才能达到明确概念的目的。如果给概念加上不适当的限制,反而容易使人产生误解,影响表达效果。例如,"工会应当解决职工提出的一切要求。"在这句话中,用"一切"限制"要求"是不恰当的,应把"一切"改为"合理"。

概念的限制是思维重点由一般转向特殊,由概括转为具体的过程,为的是使概念明确,认识具体,表意准确。当我们对事物的认识不满足于一般的认识而要求具体化时,就用限制的方法。例如,我们说:"我们现在正从事精神文明建设,我们的精神文明建设是社会主义精神文明建设,而且是中国特色的社会主义精神文明建设。"这样,我们对"精神文明建设"进行了两次限制,由"精神文明建设"推演到"社会主义精神文明建设",再由"社会主义精神文明建设"推演到"中国特色的社会主义精神文明建设",这样就使我们对"精神文明建设"的认识具体化了。

三、概念的概括

概念的概括是通过减少概念的内涵以扩大概念的外延,从种概念过渡到属概念的逻辑方法。例如，鲁迅先生说过，有缺点的战士终究是战士，完美的苍蝇也终究是苍蝇。由"有缺点的战士"到"战士"，由"完美的苍蝇"到"苍蝇"都是概念的概括。

概括是扩大概念外延的方法，即由外延较小的概念过渡到外延较大的概念，或者说，概括是由一个种概念推演到它的属概念的逻辑方法。

对一个概念是否要进行概括，以及概括到什么程度，必须根据实际思维的需要。概括的极限是范畴。因为范畴是一定领域的最高的属概念，如"物质""意识""原因""结果""时间""空间"等，都是外延最大的属概念，不能再进行概括了。

在语言表达上，概括表现为去掉起限制作用的成分，或者将一个表达种概念的词直接换成一个表达属概念的词。前者如把"油料作物"中起限制作用的"油料"去掉，概括成"作物"；后者如把"诗歌"这个种概念，直接概括成"文学作品"这一属概念。

要正确进行概念的概括，必须弄清概念间的种属关系，否则会出现"概括不当"的逻辑错误。例如，"为了脱贫致富，他家养了许多鸡、鸭、鹅、虫等家禽"。显然，"虫"不是家禽，属于"概括不当"。

对概念进行概括，能揭示认识对象的普遍性和一般意义，反映事物的共同本质，让人们"站得高，看得远"，把具体的问题提高到原则的高度来认识，使认识从个别、特殊上升到一般、普遍，加深对事物的理解。例如，中国共产党第十六次代表大会的报告中指出："要尊重和保护一切有益于人民和社会的劳动。不论是体力劳动还是脑力劳动，不论是简单劳动还是复杂劳动，一切为我国社会主义现代化建设做出贡献的劳动，都是光荣的，都应该得到承认和尊重。"这里，将"一切为我国社会主义现代化建设做出贡献的劳动"概括到"一切有益于人民和社会的劳动"之中，进而更加深化了我们在全面建设小康社会的过程中，对各种劳动的理解和应该采取的正确态度。

总之，通过运用概念的限制和概括，有助于我们明确概念，巩固认识成果，促进人们之间的沟通与理解。

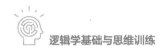

第七节 概念知识在逻辑试题训练中的应用

一、例题讲解

例题 1 在美国出生的正常的婴儿在 3 个月大的时候平均体重在 12～14 磅（1 磅≈0.45 千克）之间。因此，如果一个 3 个月大的小孩体重只有 10 磅，那么他的体重增长低于美国平均水平。

以下哪一项指出了上项推理中的一处缺陷？

A. 体重只是正常婴儿成长的一项指标

B. 一些 3 个月大的小孩体重有 17 磅

C. 一个正常的小孩出生时体重达到 10 磅是有可能的

D. 平均体重增长同平均体重并不相同

[解题分析] 正确答案：D

该结论基于的论据仅考虑了平均体重，但该结论考虑的是平均体重增长。其实，平均体重增长和平均体重这两者之间并没有必然的联系，该论述是有缺陷的。因此，本题属于偷换概念，将平均体重增长和平均体重混为一谈，事实上，它们是两个不同的概念。D 项指出了其推理错误。A 没有指出短文中的推理错误，B 和 C 同短文中的论述并不矛盾，但没有指出论述中的缺陷，故不能为答案。

例题 2 对同一事物，有的人说"好"，有的人说"不好"，这两种人之间没有共同语言。可见，不存在全民族通用的共同语言。

以下除哪项外，都与题干推理所犯的逻辑错误近似？

A. 甲："厂里规定，工作时禁止吸烟。"乙："当然，可我吸烟时从不工作。"

B. 有的写作教材上讲，写作中应当讲究语言形式的美，我的看法不同。我认为语言就应该朴实，不应该追求那些形式主义的东西

C. 有意杀人者应处死刑，行刑者是有意杀人者，所以行刑者应处死刑

D. 这种观点既不属于唯物主义，又不属于唯心主义，我看两者都有点像

[解题分析]　正确答案：D

题干前后出现的两个"共同语言"是两个概念，本题的逻辑错误是偷换概念。

与题干推理错误最近似的是 A 和 B，工作既是一个时段概念，也可以是一个动作的概念，A 把这两个概念混为一谈，B 中的语言也有这个问题；选项 C 中两个"有意杀人者"也不是指同一概念。之所以选择 D，是因为 D 的逻辑错误是自相矛盾，与题干的逻辑错误离得最远。

例题3　"世间万物中，人是第一宝贵的。我是人，所以，我是世间万物中第一宝贵的。"这个推理中的逻辑错误，与以下哪项中出现的最为类似？

A. 作案者都有作案动机，某甲有作案动机，所以某甲一定是作案者

B. 各级干部都要遵守纪律，我不是干部，所以我不要遵守纪律

C. 群众是真正的英雄，我是群众，所以，我是真正的英雄

D. 人贵有自知之明，你没有自知之明，因此，你算不得是人

[解题分析]　正确答案：C

题干中出现的两个"人"不是一个概念，有误用集合概念的错误。选项 C 中包含有类似错误。

例题4　过去，我们在道德宣传上有很多不切实际的高调，以至于不少人口头说一套、背后做一套，发生人格分裂现象。通过对此种现象的思考，有的学者提出，我们只应该要求普通人遵守"底线伦理"。

根据你的理解，以下哪一选项作为"底线伦理"的定义最合适？

A. 底线伦理就是不偷盗、不杀人

B. 底线伦理是作为一个社会普通人所应遵守的一些最起码、最基本的行为规范和准则

C. 底线伦理不是要求人无私奉献的伦理

D. 如果把人的道德比作一座大厦，底线伦理就是该大厦的基础部分

[解题分析]　正确答案：B

选项 A 与 C 为否定句，如以此作为对"底线伦理"的定义，则违反"定义不能否定"的规则。选项 D 是一个比喻，也不能作定义。只有选项 B 可作为对"底线伦理"的定义。

例题 5 张先生买了块新手表。他把新手表与家中的挂钟对照,发现手表比挂钟一天慢了3分钟;后来他又把家中的挂钟与电台的标准时间对照,发现挂钟比电台标准时一天快了3分钟。张先生因此推断:他的手表是准确的。

以下哪项是对张先生推断的正确评价?

A. 张先生的推断是正确的,因为手表比挂钟慢3分钟,挂钟比标准时快3分钟,这说明手表准时

B. 张先生的推断是正确的,因为他的手表是新的

C. 张先生的推断是错误的,因为他不应该把手表和挂钟比,应该是直接和标准时比

D. 张先生的推断是错误的,因为挂钟比标准时快3分钟,是标准的3分钟;手表比挂钟慢3分钟,是不标准的3分钟

[解题分析] 正确答案:D

张先生把手表与家中的挂钟比,一天慢了3分钟的"3分钟"是"不标准的3分钟"。而张先生后来把家中的挂钟和电台的标准时比,一天快了3分钟的"3分钟"是"标准的3分钟"。两个"3分钟",虽然语词是一个,但前后却表达了不同的概念。张先生的推断违反了同一律,犯了"偷换概念"的逻辑错误。对于张先生的推断,选项A和B都认为是正确的,显然不对。选项C虽然指出了张先生的推断是错误的,但是关于错误的原因的说明却不正确。所以,正确答案是D。

例题 6 共同犯罪是指两人以上共同故意犯罪。共同犯罪必须具备以下要件:第一,犯罪主体必须是两人以上达到刑事责任年龄并且具有刑事责任能力的人;第二,有共同的犯罪故意;第三,有共同的犯罪行为。

据此定义,下列属于共同犯罪行为的是哪项?

A. 某人对社会不满,一次进入超市,趁人不备,在装食品的货柜里放了毒药,恰巧被旁边过路人看见,此人并未吭声

B. 乙公司是甲公司最大的客户,甲公司为了与乙公司续签合同,甲公司的两位正副老总商议从公司账上取走30万元,私下送给乙公司项目负责人

C. 两个初中学生,一个13岁,一个14岁,经常在路边抢劫低年级的学生

D. 某人一天夜里潜进一户人家,盗走价值几万元的首饰。为了安全起见,

他把首饰托放到哥哥家，其哥哥并不知情

[解题分析] 正确答案：B

解答这道题目关键是要掌握共同犯罪的构成要件，定义中已给了我们三个要件，只需对比每种情况是否都具备以上三个要件。

事件 A 中，二人事先并不认识，不存在共同犯罪故意，也无共同行为；

事件 B 符合共同犯罪的三个构成要件；

事件 C 中，虽然都有犯罪行为，也是共同故意，但未达刑事责任年龄；

事件 D 中二人虽有兄弟关系，但犯罪一人实施，其哥哥并不知情。

二、同步练习

1. 概念与语词的关系是（　　　）。

A. 所有的语词都是表达概念

B. 所有的语词都不表达概念

C. 所有的概念都要通过语词来表达

D. 有的概念不通过语词来表达

2. "历史上先后产生的国家有奴隶制国家、封建制国家、资产阶级国家、无产阶级国家，无论何种类型的国家都是阶级专政的工具。"这几个命题对"国家"这个概念是从（　　　）来说明的。

A. 仅从内涵方面　　　　　B. 仅从外延方面

C. 先从内涵，再从外延方面　　D. 先从外延，再从内涵方面

3. "人民是历史的主人"这一语句的"人民"属于（　　　）。

A. 集合概念　　B. 非集合概念　　C. 负概念　　D. 空概念

4. "这个商店的商品琳琅满目"中的"这个商店的商品"属于（　　　）。

A. 单独概念　　B. 普遍概念　　C. 属性概念　　D. 非集合概念

5. "中国人连死都不怕，还怕困难吗？"中的"中国人"属于（　　　）。

A. 单独概念　　B. 属性概念　　C. 集合概念　　D. 非集合概念

6. "中国人是勤劳勇敢的"这一命题的主项"中国人"是（　　　）。

A. 集合概念　　B. 非集合概念　　C. 负概念　　D. 单独概念

7. "文盲"这个概念属于（　　）。

   A. 单独概念　　　B. 普遍概念　　　C. 集合概念　　　D. 负概念

8. 在"知识分子是国家的宝贵财富"和"书是知识的海洋"这两个命题中，"知识分子"和"书"这两个概念（　　）。

   A. 都是集合概念

   B. 都是非集合概念

   C. 前者是集合概念；后者是非集合概念

   D. 前者是非集合概念，后者是集合概念

9. "孙中山先生诞生地在广东省"这个语句中，"孙中山先生诞生地"是（　　）。

   A. 单独概念　　　B. 普遍概念　　　C. 集合概念　　　D. 负概念

10. "大学生"与"共青团员大学生"这两个概念的外延之间是（　　）。

    A. 交叉关系　　　　　　　　　B. 真包含于关系

    C. 真包含关系　　　　　　　　D. 全异关系

11. 下列两概念中具有矛盾关系的是（　　）。

    A. 黑、白　　　　　　　　　　B. 对称关系、非对称关系

    C. 马克思主义、非马克思主义　D. 资本主义国家、社会主义国家

12. 在"鲁迅是《狂人日记》的作者"这个命题中，"鲁迅"和"《狂人日记》的作者"这两个概念是（　　）。

    A. 同一个概念　　　　　　　　B. 同一关系的概念

    C. 真包含关系的概念　　　　　D. 真包含于关系的概念

13. "所有的鲸都不是鱼"这一命题中主项"鲸"和谓项"鱼"两概念外延之间具有（　　）。

    A. 全同关系　　　B. 属种关系　　　C. 交叉关系　　　D. 全异关系

14. "工厂"和"工人"两个概念外延之间的关系是（　　）。

    A. 全同关系　　　B. 属种关系　　　C. 交叉关系　　　D. 全异关系

15. "红"与"白"两个概念外延之间的关系是（　　）。

    A. 属种关系　　　B. 交叉关系　　　C. 矛盾关系　　　D. 反对关系

16. 下列各组概念中具有交叉关系的是（　　）。

    A. "米"和"自行车"

B. "青年"和"女中学生"

C. "超过18岁的人"和"不超过18岁的人"

D. "非知识分子"和"文盲"

17. 下列各组概念中具有全异关系的是（　　）。

A. "中国"和"北京"

B. "交通工具"和"汽车"

C. "台湾同胞"和"中国人"

D. "人口不少于1亿的国家"和"人口多于1亿的国家"

18. 下列各组概念中具有属种关系的是（　　）。

A. "企业"和"员工"　　　　　B. "工厂"和"车间"

C. "花卉"和"树木"　　　　　D. "行星"和"木星"

19. "80岁以下的人"与"50岁以上的人"这两个概念外延间的关系为（　　）。

A. 属种关系　　B. 交叉关系　　C. 全同关系　　D. 全异关系

20. "逻辑教材"与"逻辑教材的作者"这两个概念外延的关系为（　　）

A. 全同关系　　B. 全异关系　　C. 属种关系　　D. 交叉关系

21. 若概念a与b交叉，b概念真包含c概念，则概念a与概念c的关系不可能为（　　）。

A. 真包含关系　　　　　　　B. 交叉关系

C. 真包含于关系　　　　　　D. 全异关系

22. 下列各组概念中具有属种关系的是（　　）。

A. "推理"与"命题"

B. "逻辑形式"与"逻辑变项"

C. "青年"与"共青团员"

D. "完全归纳推理"与"简单枚举归纳推理"

23. 如果有的a是b；有的a不是b，并且有的b是a，有的b不是a；那么，a与b这两个概念具有（　　）关系。

A. 全异　　　B. 全同　　　C. 交叉　　　D. 真包含于

24. 某大学某寝室中住着若干个学生。其中，一个是哈尔滨人，两个是北方人，一个是广东人，两个在法律系，三个是进修生。因此，该寝室中恰好有8人。

以下各项关于该寝室的断定是真的，都能加强上述论证，除了（   ）。

A. 题干中的介绍涉及了寝室中所有的人

B. 广东学生在法律系

C. 哈尔滨学生在财经系

D. 进修生都是南方人

25. 对某生产事故原因的民意调查中，70%的人认为是设备故障，30%的人认为是违章操作，25%的人认为原因不清，需要深入调查。

以下哪项最能合理地解释上述看来包含矛盾的陈述？（   ）

A. 被调查的有125个人

B. 有的被调查的人改变了自己的观点

C. 有的被调查者认为事故的发生既有设备故障的原因，也有违章操作的原因

D. 很多认为原因不清的被调查者实际上有自己倾向性的命题，但不愿意透露

26. 出席学术讨论会的有三个足球爱好者，四个亚洲人，两个日本人，五个商人。以上叙述涉及了所有晚会参加者，其中日本人不经商。那么，参加晚会的人数是：（   ）。

A. 最多14人，最少5人　　B. 最多14人，最少7人

C. 最多12人，最少7人　　D. 最多12人，最少5人

27. 下列（   ）不是定义的构成部分。

A. 定义项　　B. 母项　　C. 被定义项　　D. 定义联项

28. 下定义时，如果定义项直接包含了被定义项，所犯的逻辑错误是（   ）。

A. 定义过宽　　B. 定义过窄　　C. 循环定义　　D. 同语反复

29. 如果A概念真包含B概念，并且A又与C为全异关系，则B与C的外延关系为（   ）。

A. 全异关系　　　　　　B. 真包含于关系

C. 交叉关系　　　　　　D. 真包含关系

30. 定义可用公式表示为"Ds，就是Dp"，犯"定义过宽"的错误指的是在外延上（   ）。

A. Ds全同于Dp　　　　　B. Ds真包含于Dp

C. Ds真包含Dp　　　　　D. Dp真包含于Ds

31. "圆是平面上的点对一个中心保持相等距离运动所形成的封闭的曲线。"作为定义，属于（　　）。

　　A. 语词定义　　B. 发生定义　　C. 功用定义　　D. 关系定义

32. "犯罪不是合法行为"作为定义，犯了（　　）的逻辑错误。

　　A. 定义过宽　　　　　　　　B. 定义过窄
　　C. 定义否定　　　　　　　　D. 以比喻代定义

33. "宪法是国家的法律"，此定义的错误在于（　　）。

　　A. 定义过宽　　B. 定义过窄　　C. 循环定义　　D. 同语反复

34. "建筑是凝固的音乐"这一定义是（　　）。

　　A. 正确的定义　　　　　　　　B. 犯了"以比喻代定义"的错误
　　C. 犯了"定义含混"的错误　　　D. 犯了"划分不全"的错误

35. 下列哪项不是划分的构成部分（　　）。

　　A. 子项　　　　B. 母项　　　　C. 定义项　　　D. 划分标准

36. 下列属于正确划分的是（　　）。

　　A. 三段论分为大前提，小前提，结论
　　B. 思维形式分为概念，命题，推理
　　C. 关系命题分为关系项，关系者项，量项
　　D. 定义分为被定义项，定义项，定义联项

37. "划分后的子项之间必须相互排斥"，这条规则要求，划分出的各个子项外延必须是（　　）。

　　A. 真包含关系　　　　　　　　B. 真包含于关系
　　C. 交叉关系　　　　　　　　　D. 全异关系

38. 若 A 是划分的母项，则根据划分规则，A 不可以是（　　）。

　　A. 单独概念　　　　　　　　　B. 普遍概念
　　C. 正概念　　　　　　　　　　D. 负概念

39. 把三角形划分为等边三角形、等腰三角形和等角三角形，此划分犯了（　　）错误。

　　A. 划分不全　　　　　　　　　B. 多出子项
　　C. 划分标准不同一　　　　　　D. 母项不明确

40. "严禁携带易燃品、爆炸品、危险品、雷管、火药进站乘车"此划分错在（   ）。

   A. 划分不全　　　B. 子项相容　　　C. 混淆根据　　　D. 多出子项

41. 若"A可以分为B、C、D"是一个正确的划分，则B和C的外延一定是（   ）。

   A. 矛盾关系　　　B. 反对关系　　　C. 交叉关系　　　D. 全同关系

42. "工人"这个概念可以概括为（   ）。

   A. 工厂　　　　　B. 共产党员　　　C. 青年　　　　　D. 劳动者

43. "大学生"这个概念可以限制为（   ）。

   A. 共青团员　　　　　　　　　　　B. 学生

   C. 北京大学的学生　　　　　　　　D. 北京大学

44. "郭沫若是著名的学者和作家"中的"郭沫若"（   ）。

   A. 是单独概念　　　　　　　　　　B. 与"作家"之间为全异关系

   C. 可以进行限制　　　　　　　　　D. 是属性概念

45. 下列各组概念按箭头所示方向属于正确限制的有（   ）。

   A. 法官→青年法官→女青年法官　　B. 女青年法官→青年法官→法官

   C. 法官→青年→党员　　　　　　　D. 党员→青年→法官

46. 从"公司"过渡到"有限责任公司"。这种逻辑方法属于（   ）。

   A. 减少内涵，扩大外延　　　　　　B. 增加内涵，扩大外延

   C. 增加内涵，缩小外延　　　　　　D. 减少内涵，缩小外延

47. 在下列概念的限制中，限制正确的有（   ）。

   A. "句子"限制为"语词"

   B. "湖北大学"限制为"湖北大学哲学系"

   C. "普遍概念"限制为"单独概念"

   D. "命题"限制为"简单命题"

48. 概念的概括是：（   ）。

   A. 通过减少概念的内涵以扩大概念的外延来明确概念的

   B. 通过减少概念的内涵以缩小概念的外延来明确概念的

   C. 通过增加概念的内涵以缩小概念的外延来明确概念的

D. 通过增加概念的内涵以增加概念的外延来明确概念的

49. "足球队"这个概念，可以连续限制为（　　）。

A. 足球队——甲级队——中国国家队

B. 足球队——男子足球队——中国男子足球队

C. 足球队——中国男子足球队——中国男子足球队队员

D. 足球队——足球队员——后卫队员

50. 在属概念与种概念的内涵与外延之间存在着（　　）。

A. 真包含关系　　　　　　　B. 真包含于关系

C. 交叉关系　　　　　　　　D. 反变关系

51. 鲁迅的小说不是一天能够读完的，《狂人日记》是鲁迅的小说，因此，《狂人日记》不是一天能读完的。下列哪项最为恰当地指出了上述推理的逻辑错误？
（　　）

A. 偷换概念　　B. 自相矛盾　　C. 以偏概全　　D. 倒置因果

52. 东方日出，西方日落，社会是发展的，生物是进化的．都反映了不依赖人的意志为转移的客观规律。小王对此不以为然。他说，有的规律是可以改造的。人能改造一切，当然也能改造某些客观规律。比如价值规律不是乖乖地为精明的经营者服务了吗？人不是把肆虐的洪水制住而变害为利了吗？

试问，以下哪项最为确切地揭示了小王上述议论中的错误？（　　）

A. 他过高地估计了人的力量

B. 他认为"人能改造一切"是武断的

C. 他混淆了"运用"与"改造"这两个概念

D. 洪水并没有都被彻底制服

53. 甲：什么是生命？

　　乙：生命是有机体的新陈代谢。

　　甲：什么是有机体？

　　乙：有机体是有生命的个体。

以下哪项与上述的对话最为类似？（　　）

A. 甲：什么是真理？

　　乙：真理是符合实际的认识。

甲：什么是认识？

乙：认识是对外界的反映。

B. 甲：什么是逻辑学？

乙：逻辑学是研究思维形式结构的规律的科学。

甲：什么是思维形式结构的规律？

乙：思维形式结构的规律是逻辑规律。

C. 甲：什么是家庭？

乙：家庭是以婚姻、血缘或收养关系为基础的社会群体。

甲：什么是社会群体？

乙：社会群体是在一定社会关系基础上建立起来的社会单位。

D. 甲：什么是命题？

乙：命题是用语句表达的命题。

甲：什么是命题？

乙：命题是对事物情况有所断定的思维形式。

54. 某汽车上有9名乘客，其中有1名科学家，2名企业家，2名律师，3名美国人，4名中国人。

补充以下哪一项，能够解释题干中提到的总人数和不同身份的人数之间的不一致？（　　）

A. 那位科学家和其中的1名美国人是夫妻。

B. 其中1名企业家的产品主要出口到美国。

C. 2名企业家都是中国人，另有1名美国人是律师。

D. 其中1名律师是其中1名企业家的法律顾问。

55. 根据男婴出生率，甲和乙展开了辩论。

甲：人口统计发现一条规律：在新生婴儿中，男婴的出生率总是摆动于22/43这个数值而不是1/2。

乙：不对，许多资料都表明，多数国家和地区，例如日本、美国、德国，以及我国的台湾省都是女人比男人多。可见，认为男婴出生率总在22/43上下波动是不成立的。

试分析甲乙的对话，指出下列选项哪一个能说明甲或乙的逻辑错误？（　　）

A. 甲所说的统计规律不存在。

B. 甲的统计调查不符合科学。

C. 乙的资料不可信。

D. 乙混淆了概念。

思考题

1. 什么是概念？为什么说概念是主观性和客观性的统一？
2. 概念和语词有什么区别和联系？
3. 什么是概念的内涵和外延？二者有何关系？
4. 概念可分为哪些种类？如何区分集合概念和非集合概念？
5. 概念间的关系有哪些？用欧拉图表示出来。
6. 什么是定义？定义的规则和方法有哪些？
7. 什么是划分？划分和分解有何区别和联系？
8. 限制与概括的思维进程有何差别？如何正确地运用限制和概括？

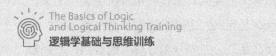

03

第三章

简单命题

第一节 命题的概述

一、命题的特征

命题就是对对象有所断定的思维形式。

命题是最基本的思维形式之一,命题这种思维形式通常表现为两个或更多个概念之间的联系,也只有把两个或多个概念联结起来,才能对对象做出断定。例如:

① 人的正确思想是从实践中来的。

② 人的正确思想不是从天上掉下来的,也不是头脑中固有的。

这是两个命题,前者断定"人的正确思想"具有"从实践中来的"属性;后者断定"人的正确思想"不具有"从天上掉下来的""头脑里固有的"属性。

人们在社会实践中,形成各种各样的命题。人们不但在认识过程中要运用命题形式,并把认识的结果用命题形式固定下来,而且在表达、交流思想时,也离不开命题这种思维形式。所以说,无论是在认识过程中,或在交流思想过程中,命题都起着很重要的作用。没有命题这种思维形式,人们就无法进行正常的思维活动。

二、命题与语句

命题作为一种思维形式,一种思想,是不能离开语句赤裸裸地存在的。命题的形成和表达都离不开语句。可以这样说,语句是命题的语言表达形式,而命题则是语句所表达的思想内容。

命题和语句既有联系又有区别,因而它们之间的关系就比较复杂,并不是一一对应的。

首先，同一个命题可以用不同的语句来表达。例如，"一切事物都包含着矛盾"这一命题，还可以用下述语句来表达：

  所有事物都包含着矛盾。

  没有什么事物不包含着矛盾。

  不包含矛盾的事物是没有的。

  哪有不包含矛盾的事物！

  难道有不包含矛盾的事物吗？

对于这些表达同一个命题的不同语句来说，它们的基本意义虽是同一的（即表达同一个命题），但它们在感情色彩和语言风格上却有所不同。这就告诉我们，为了准确地、恰当地表达命题，我们还应当在修辞方面下功夫，要讲究语言的表达效果，以加强语句的感染力。

其次，虽然命题都通过语句来表达，但并非所有的语句都直接表达命题。在各种语句类型中，陈述句是直接表达命题的，疑问句、祈使句、感叹句不一定表达命题。

再次，同一个语句还可以表达不同的命题。例如：

① 他在研究小学。

② 一个侨胞投资引进的养鸡场建成了。

必须指出，同一语句表达不同命题，实际是包含歧义的句子。在语言表达中，应该避免使用这种句子，因为它妨碍语言的正常理解。

三、命题的种类

按照不同的根据，对命题可做如下划分。

按照命题中是否包含"必然""可能"这些模态词，将命题分为非模态命题和模态命题。

根据命题结构的繁简，将非模态命题分为简单命题和复合命题。按照在命题中是断定对象的性质还是断定对象间的关系，将简单命题分为直言命题（性质命题）和关系命题。直言命题按照质和量的不同结合，又可分为全称肯定命题、全称否定命题、特称肯定命题、特称否定命题、单称肯定命题、单称否定命题。关系命题可分为对称性关系命题和传递性关系命题。复合命题按照逻辑联结词性质的不同，可分为联言命题、选言命题、假言命题、负命题和多重复合命题。

对于模态命题，根据命题断定的是对象的必然性还是可能性，可以将其分为必然命题和可能命题。命题的分类可表示为图 3-1。

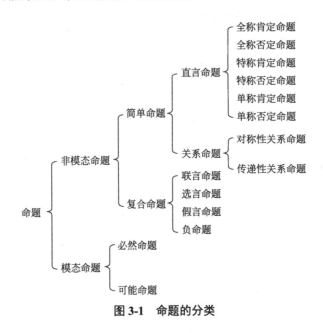

图 3-1　命题的分类

第二节　直言命题

一、直言命题的定义与结构

直言命题又名性质命题，是断定思维对象具有或不具有某种性质的命题。例如：

① 所有的事物都是发展变化的。

② 有的被告不是有罪的。

例①断定了"事物"这类对象的全部分子都有"发展变化的"性质；例②断

定了"被告"这类对象的部分分子不具有"有罪的"性质。

直言命题由主项、谓项、量项与联项四部分组成。

主项是命题中表示断定对象的词项。如例①、②中的主项分别是"事物"和"被告"。主项在逻辑表达式中用"S"表示。

谓项是命题中表达对象属性的词项。如例①、②中的谓项分别是"发展变化的"和"有罪的"。谓项在逻辑表达式中用"P"表示。

联项是命题中联结主项与谓项的词项。如例①、②中的联项分别为"是"和"不是",通常叫作肯定联项或否定联项。包含联项"是"的直言命题是肯定命题,包含联项"不是"的直言命题是否定命题。在自然语言中,表示肯定的联项有时可以省略,例如,"延安啊,中国革命的摇篮!"但否定的联项不能省略。命题的肯定或否定叫作命题的质。

量项是命题中表达断定主项范围或者数量的词项,位于主项之前或之后。一般称为命题的"量"。量项分为两种:一是全称量项,它表示在一个命题中对主项的全部外延做了断定,通常用"所有""凡是""一切""任何""全部""每个""没有不是"来表达,或者在联项前面加"都"来表示。如,"人人都要学习"。在日常思维中,全称量项可以省去,如说,"事物是运动变化的",实际上是"所有的事物都是运动变化的"命题的量项省略式。一是特称量项,它表示在一个命题中是对主项做了断定,但未对主项的全部外延做出断定,通常用"有些""有"等语词表示,在命题的语言表达中,特称量项不能省略,如例②即是。

二、直言命题的种类

(一)按照直言命题的质的不同,可以把直言命题分为肯定命题和否定命题两种。

1. 肯定命题

肯定命题是断定对象具有某种属性的命题。例如:

中国共产党是无产阶级的政党。

小说是文学作品。

肯定命题的逻辑形式用"S 是 P"表示。

2. 否定命题

否定命题是断定对象不具有某种属性的命题。例如:

正确思想不是从天上掉下来的。

人不是一成不变的。

否定命题的逻辑形式用"S 不是 P"表示。

(二) 按照直言命题的量的不同,可以把直言命题分为全称命题、特称命题和单称命题三种。

1. 全称命题

全称命题是断定一类事物的全部对象是否具有某种属性的命题。例如:

一切企业都要照章纳税。

一切物质都不是不运动的。

2. 特称命题

特称命题是断定一类事物部分对象是否具有某种属性的命题。例如:

有的农民是科学家。

有的战争不是正义战争。

3. 单称命题

单称命题是断定某个特定个体是否具有某种属性的命题。例如:

上海是沿海城市。

地球不是最大的行星。

(三) 按照质量统一的标准,可将直言命题分为以下六种基本形式。

1. 全称肯定命题

全称肯定命题是断定一类事物的全部对象都具有某种属性的命题。量项是全称的，联项是肯定的。例如：

　　所有的犯罪行为都是危害社会的行为。

　　所有的政党都是代表一定阶级利益的。

全称肯定命题的逻辑形式用"所有 S 是 P"表示，或者用"SAP"表示。简称为"A 命题"。

2. 全称否定命题

全称否定命题是断定一类事物的全部对象都不具有某种属性的命题。量项是全称的，联项是否定的。例如：

　　一切知识都不是先天获得的。

　　所有的法律都不是没有阶级性的。

全称否定命题的逻辑形式用"所有 S 不是 P"表示，或者用"SEP"表示。简称为"E 命题"。

3. 特称肯定命题

特称肯定命题是断定一类事物部分对象具有某种属性的命题。量项是特称的，联项是肯定的。例如：

　　有些大学生是爱好体育的。

　　有的商品是家用电器。

特称肯定命题的逻辑形式用"有些 S 是 P"表示，或者用"SIP"表示。简称为"I 命题"。

4. 特称否定命题

特称否定命题是断定一类事物部分对象不具有某种属性的命题。量项是特称的，联项是否定的。例如：

　　有些干部不是称职的。

　　有的企业不是搞农产品加工的。

特称否定命题的逻辑形式用"有些 S 不是 P"表示，或者用"SOP"表示。简称为"O 命题"。

5. 单称肯定命题

单称肯定命题是断定某个特定个体具有某种属性的命题。量项省略，联项肯定。例如：

鲁迅是中国文化革命的主将。

台湾是中国领土不可分割的一部分。

单称肯定命题的逻辑形式可用"这个 S 是 P"表示，或者用"SaP"表示。简称为"a 命题"。

6. 单称否定命题

单称否定命题是断定某个特定个体不具有某种属性的命题。量项省略，联项否定。例如：

多瑙河不是欧洲最长的河流。

泰山大桥不是此案的作案现场。

单称否定命题的逻辑形式可用"这个 S 不是 P"表示，或者用"SeP"表示。简称为"e 命题"。

在这六种直言命题中，从对主项概念外延的断定情况看，单称命题和全称命题是一致的。即它们都是对主项概念全部外延的断定，这样，直言命题可以归结为以下四种。

全称肯定命题，通常用"A"表示，也可写为"SAP"。

全称否定命题，通常用"E"表示，也可写为"SEP"。

特称肯定命题，通常用"I"表示，也可写为"SIP"。

特称否定命题，通常用"O"表示，也可写为"SOP"。

在日常语言中，直言命题的表达可能是很不规范的，因此在进行逻辑分析时，遇到不规范的直言命题，应先将其整理成规范形式，然后进行其他步骤，以免出错。例如，"没有负数是大于 1 的"，就整理成 E 命题："所有负数都不是大于 1 的"；"天鹅不都是白的"，应整理成 O 命题："有的天鹅不是白的"。对自然语言中的直言命题做规范化分析，不能改变命题的原义。

三、直言命题词项的周延性

直言命题的词项周延性,指的是在一个具体的直言命题中的主项与谓项的全部外延是否被断定,即对主项、谓项数量的断定情况。如果一个直言命题的主项(或谓项)所断定的是该概念的全部外延,那么这个主项(或谓项)就是周延的;如果一个直言命题的主项(或谓项)所断定的不是该概念的全部外延,那么这个主项(或谓项)就是不周延的。

据此,直言命题 A、E、I、O 主谓项的周延情况如下表表示:

直言命题	主 项	谓 项
A	周 延	不周延
E	周 延	周 延
I	不周延	不周延
O	不周延	周 延

由此可见,A、E、I、O 四种命题词项周延的情况可概括如下:

全称命题主项周延,特称命题主项不周延;肯定命题谓项不周延,否定命题谓项周延。

在断定直言命题主、谓项周延的情况时,有几点应当注意:第一,只有直言命题的主项和谓项才有周延与否的问题,离开了直言命题,孤立的一个单独词项,无所谓周延和不周延。例如,我们可以谈论在直言命题"有些学生是运动员"中,词项"学生"和"运动员"是否周延,但我们无法谈论独立存在的概念"笔记本电脑""机器人"究竟是周延还是不周延。对于后一种情形来说,周延与否的问题根本不会出现。第二,词项周延与否与命题的具体内容无关,而只与其形式亦即主谓项涉及的外延、范围有关。主、谓项的周延性是由直言命题的形式决定的,而不是相对于直言命题所断定的对象本身的实际情况而言的。例如,不论主项 S 具体代表什么,对于全称命题"所有 S 都是(或不是)P"来说,既然其中有"所有的 S……"出现,那么,就是断定了 S 的全部外延,因此 S 在其中是周延的;对于特称命题"有些 S 是(或不是)P"来说,其中很明显地只涉及 S 的一部分外延,因此 S 在其中是不周延的。不论谓项 P 具体代表什么,对于肯定命题"所有(或有些）S 是 P"来说，它只断定了某个数量的 S"是 P"，并没有具体说明究竟是全部的 P 还是一部分 P，P 在其中总是不周延的；对于否定命题"所有（或有些）S 不是 P"来说，该命题断定了某个数量的 S"不是 P"，那么 P 也一定不是这个数量的 S，即把所有的 P 都排除在有这些 S 之外，所以 P 是周延的。由于在"所有的美国篮球运动员都是亿万富翁"中，主项"美国篮球运动员"前面有量词"所有的"，因而被断定了全部外延，是周延的，即使实际情况并非如此；而在"所有等边三角形都是等角三角形"中，只断定了"等边三角形"都是"等角三角形"，但并没有明确断定"等角三角形"是否都是"等边三角形"，因此谓项"等角三角形"是不周延的，即使实际情况确实如此。第三，单称肯定命题与单称否定命题由于在周延问题上可以视作全称肯定与全称否定命题的特例，所以，主、谓项的周延情况与全称肯定命题和全称否定命题相同。

四、同一素材直言命题间的真假关系

所谓同一素材直言命题是指由同一主、谓项构成的直言命题。例如：
① 所有的法律都是有阶级性的。
② 所有的法律都不是有阶级性的。
③ 有的法律是有阶级性的。
④ 有的法律不是有阶级性的。
这四个直言命题是同一素材，它们的主谓项相同。再如：
① 有的天鹅是白的。
② 有的天鹅是黑的。
这两个命题主项相同，谓项不同，不是同一素材。

由同一素材构成的 A、E、I、O 四种命题的真假情况，我们可以根据概念间在外延上的关系来加以判定。在"概念"一章里，我们介绍了两个概念在外延上有且只有全同、真包含于、真包含、交叉、全异这五种关系。作为直言命题的主项"S"和谓项"P"两个词项之间也有这五种关系，我们据此确定直言命题 A、E、I、O 四种命题的真假情况。

就 SAP 来说，它断定了 S 类的所有分子都是 P 类的分子，因此，当 S 与 P 具有全同关系或真包含于关系时,全称肯定命题 SAP 就是真命题。如图 3-2 和图 3-3。

图 3-2　　　　　　图 3-3

例如:

① 所有等边三角形都是等角三角形。

② 所有大学生都是要遵纪守法的。

例①中的主项"等边三角形"与谓项"等角三角形"是图 3-2 所示的全同关系时,该全称命题为真;例②中的主项"大学生"与谓项"要遵纪守法的"是真包含于关系时,该命题亦真。

相反,当 S 与 P 是真包含关系(如图 3-4)、交叉关系(如图 3-5)、全异关系(如图 3-6)时,全称肯定命题 SAP 均假。例如:

③ 所有侵犯财产罪都是抢劫罪。

④ 所有大学生都是共产党员。

⑤ 所有失火罪都是故意罪。

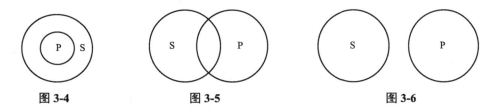

图 3-4　　　　　　图 3-5　　　　　　图 3-6

就 SEP 来说,它断定了 S 类的所有分子都不是 P 类的分子,因此,只有当 S 与 P 具有全异关系时,全称否定命题才是真的,如图 3-6。例如:

① 所有塑料都不是导体。

② 所有唯意志论者都不是唯物论者。

在例①、②中,S 与 P 的外延完全排斥,所以,全称否定命题为真命题。反之。如果 S 与 P 的关系属于图 3-2、图 3-3、图 3-4、图 3-5,则均为假命题。

就 SIP 来说，如果 S 与 P 具有全同关系（图 3-2）、真包含于关系（图 3-3）、真包含关系（图 3-4）、交叉关系（图 3-5），那么特称肯定命题就是真命题。例如：

① 有些等边三角形是等角三角形。

② 有些学生是团员。

③ 有些团员是学生。

④ 有些妇女是干部。

例①、②、③、④中的 S 与 P 分别具有全同、真包含于、真包含及交叉关系，在这四种关系下 I 命题均为真命题。反之，假如 S 与 P 为全异关系，那么 I 命题就是假命题，如图 3-6。

就 SOP 来说，如果 S 与 P 具有真包含关系（图 3-4）、交叉关系（图 3-5）、全异关系（图 3-6），那么特称否定命题就是真命题。例如：

① 有些动物不是人。

② 有些妇女不是干部。

③ 有些塑料不是导体。

例①、②、③中的 S 与 P 分别具有图 3-4、图 3-5、图 3-6 的关系，所以，O 命题为真，反之，如果 S 与 P 为全同关系（图 3-2）、真包含于关系（图 3-3），那么，O 命题就是假命题。

把上述 A、E、I、O 四种命题的真假情况归纳起来，可用欧拉图表示如下：

真假情况 \ 外延关系	(1)	(2)	(3)	(4)	(5)
A	真	真	假	假	假
E	假	假	假	假	真
I	真	真	真	真	假
O	假	假	真	真	真

按照这个图表，我们可以清楚地看出同一素材的 A、E、I、O 四种直言命题之间的真假关系，共有反对关系、下反对关系、矛盾关系、差等关系四种。传统逻辑称之为对当关系，可用一正方形表示，故又称为逻辑方阵。如图 3-7。

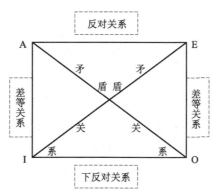

图 3-7 直言命题之间关系

根据逻辑方阵，同一素材 A、E、I、O 四种直言命题间，存在着四种不同的关系。

（一）反对关系（A 与 E）

当 A 真时，E 一定是假的。因为当 A 真时，S 类与 P 类一定有图 3-2 或图 3-3 的关系，不论哪种关系，E 都是假的。

当 A 假时，E 真假不定。因为当 A 假时，S 类与 P 类可以图 3-4 的关系，可以有图 3-5 的关系，也可以有图 3-6 的关系。当有图 3-4 或图 3-5 的关系时，A 是假的 E 也是假的。但是，当有图 3-6 的关系时，A 是假的 E 便是真的。因此，A 假 E 真假不定。

当 E 真时，A 一定是假的。因为 E 真时，S 类与 P 类一定有图 3-6 的关系，而当 S 类与 P 类有图 3-6 的关系时，A 便是假的。

当 E 假时，A 真假不定。其理由与 A 假时 E 真假不定相同。

因此，A 与 E 的真假关系是：其中一个是真的，则另一个一定是假的；其中一个是假的，另一个则真假不定。这种关系即反对关系。例如：

所有甲班同学考试都及格。

所有甲班同学考试都没有及格。

这两个命题具有反对关系，不能同真，可以同假。

（二）差等关系（A与I，E与O）

先谈 A 与 I 的从属关系：

如果 A 真，I 一定是真的。因为 A 真，就是说全部 S 类与 P 类有图 3-2 或图 3-3 关系。当 S 类与 P 类有图 3-2 或图 3-3 的关系时，I 就是真的。

如果 A 假，则 I 真假不定，即可以是真的，也可以是假的。因为当 A 假时，S 类与 P 类可以有图 3-4、图 3-5 或图 3-6 的关系，当有图 3-6 的关系时，A 是假的 I 也是假的。但是，当有图 3-4 或图 3-5 的关系时，A 是假的 I 却是真的。

如果 I 真，则 A 真假不定，即可以是真的，也可以是假的。因为当 I 真时，S 类与 P 类可以有图 3-2、图 3-3、图 3-4 或图 3-5 的关系。当有图 3-2 或图 3-3 的关系时，I 是真的 A 也是真的。但是，当有图 3-4 或图 3-5 的关系时，I 是真的 A 则是假的。所以，I 真则 A 真假不定。

如果 I 假，则 A 一定是假的。因为当 I 假时，S 类与 P 类只有图 3-6 的关系，在这种情况下 I 是假的，A 也是假的。

因此，A 与 I 的真假关系是：A 真，I 必真；A 假，I 真假不定；I 真，A 真假不定；I 假，A 一定假。

E 与 O 之间的真假关系，与 A 与 I 之间的真假关系的道理相同。例如：

所有甲班同学考试都及格。

有甲班同学考试及格。

这两个命题具有从属关系。

综上所述，从属关系可以总结为：

A 真则 I 真，A 假则 I 真假不定；I 真则 A 真假不定，I 假则 A 必假。

E 真则 O 真，E 假则 O 真假不定；O 真则 E 真假不定，O 假则 E 必假。

（三）矛盾关系（A与O，E与I）

先看 A 与 O 之间的真假关系：

如果 A 真，就是 S 类与 P 类有图 3-2 或图 3-3 的情况，O 就是假的。而当 O 真时，S 类与 P 类有图 3-4、图 3-5、图 3-6 的关系，A 就是假的。

如果 A 假，即 S 类与 P 类不具有图 3-2 和图 3-3 的关系，而具有图 3-4、图 3-5 或图 3-6 的关系，则 O 一定是真的。如 O 假，即 S 类与 P 类具有图 3-2 和图 3-3 的关系，则 A 一定是真的。

E 与 I 的真假关系，和 A 与 O 的真假关系相同。

这样，矛盾关系可以概括为：

A 真则 O 假，A 假则 O 真；O 真则 A 假，O 假则 A 真。

E 真则 I 假，E 假则 I 真；I 真则 E 假，I 假则 E 真。例如：

所有甲班同学考试都及格。

有甲班同学考试没及格。

这两个命题具有矛盾关系，不能同真，也不能同假。

（四）下反对关系（I 与 O）

当 I 真时，O 真假不定。因为当 I 真时，S 类与 P 类可以有图 3-2、图 3-3、图 3-4 或图 3-5 的关系。当 S 类与 P 类有图 3-2 或图 3-3 的关系时，I 是真的 O 便是假的。但是，当 S 类与 P 类有图 3-4 或图 3-5 的关系时，I 是真的，O 也是真的。因此，I 真则 O 真假不定。

当 I 假时，O 一定是真的。因为当 I 假时，S 类与 P 类一定有图 3-6 的关系，而当 S 类与 P 类有图 3-6 的关系时，O 便是真的。

O 与 I 的真假关系，和 I 与 O 的真假关系相同。例如：

有甲班同学考试及格。

有甲班同学考试没及格。

这两个命题具有下反对关系，可以同真，不能同假。

在传统形式逻辑里，通常把单称肯定命题视作全称肯定命题，把单称否定命题视作全称否定命题，然而在它们的真假关系上其性质则不同。全称肯定命题与全称否定命题是属于反对关系，而单称肯定命题与单称否定命题属矛盾关系。

对当关系的成立，是以直言命题的主项非空（即主项所断定的对象是存在的）为条件。如果主项是空概念，即它所断定的对象不存在，那么，对当关系就不普遍成立。如"所有永动机造价高"，是 A 命题。"有永动机造价不高"，是 O 命题。根据矛盾关系，它们必有一真一假。很难设想，其中哪个命题是真的。因为永动机是不可能存在的。

按照逻辑方阵所表示的 A、E、I、O 四种命题之间的真假对当关系，就可由一种命题的真假，推知其他三种命题的真假情况。

第三节　关系命题

一、关系命题的含义、结构

关系命题和直言命题一样，也是一种简单命题，它是断定对象与对象之间是否具有某种关系的命题。例如：

① 甲厂赞助乙学校。

② 人民法院工作和人民检察院工作是密切联系的。

例①②都是关系命题。例①反映了"甲厂"与"乙学校"之间具有"赞助"关系；例②反映了"人民法院工作"与"人民检察院工作"之间具有"密切联系"的关系。

关系命题和性质命题不同，它是断定事物之间某种特定的关系的命题，而关系总是存在于两个、三个或更多个事物之间。因此，关系命题的对象就在两个或两个以上。存在于两个事物之间的关系，逻辑上称作两项关系；存在于三个事物之间的关系，逻辑上称作三项关系；存在于多个事物之间的关系，逻辑上称作多项关系。

任何关系命题都是由三个部分组成的。

（1）关系者项，表示关系的承担者的概念。如例①中的"甲厂"和"乙学校"，例②中的"人民法院工作"和"人民检察院工作"都是关系者项。

（2）关系项，表示关系者项之间具有某种关系的概念。如例①②中的"赞助"和"密切联系"就是关系。

（3）量项，表示关系者项数量状况的量词。例如"有的选举人赞成所有的候选人",其中,"有的"和"所有的"就是量项。

如果用R表示"关系项",用a,b,c……分别表示"关系者项",那么,关系命题的逻辑形式为:R(a,b,c……)。

二、关系命题的种类

客观事物之间的关系是多种多样的,因此,反映对象之间的关系的关系命题也是多种多样的。在各种极不相同的具体关系命题中,却存在着一些共同的逻辑关系。下面仅介绍其中比较常见的几种关系的形式。

(一)对称关系、反对称关系和非对称关系

对称关系是指在两个(类)事物之间,如果一个(类)事物与另一个(类)事物有着某种关系,并且另一个(类)事物与这个(类)事物也有着同样的关系,则这两个(类)事物之间的关系叫作对称关系。以公式表示,即R(a,b)成立,则R(b,a)也成立。例如,甲是乙的同学,则乙也是甲的同学,同学关系就是对称关系。还有,两个概念之间的"同一""交叉""全异"等关系,两个命题之间的"反对""矛盾"等关系,也是对称关系。

反对称关系是指一事物对另一事物具有某种关系,而另一事物对前一事物必然不具有此种关系时,那么,这两个事物之间的关系就是反对称关系。例如:地球大于月球,则就不可能月球大于地球。即如果公式R(a,b)成立,则公式R(b,a)必然不成立。其他如"小于""重于""少于""侵略""剥削""在……之上"等,也都是反对称关系。

非对称关系是指这样一种关系:如一事物对另一事物有某种关系,而另一事物既可对前一事物具有这种关系,也可以不具有这种关系,那么,这两个事物之间所具有的关系就是非对称关系。即:如果公式R(a,b)成立,则公式R(b,a)不一定成立。例如:张三佩服李四。这里的"佩服"关系就既不是对称的,也不是反对称的。因为,当张三佩服李四时,李四也可能佩服张三,也可能不佩服张三。因此,"佩服"就是一种非对称关系。其他如"认识""尊重""喜欢""赞美""信任""支援""帮助"等关系,都是非对称关系。

（二）传递关系、反传递关系和非传递关系

传递关系是这样一种关系：如果甲事物与乙事物有某种关系，而乙事物又与丙事物也有某种关系，则甲事物与丙事物也有这种关系。例如，长江比黄河长，而黄河比黑龙江长，因而，长江比黑龙江长。在这个例子中，"比……长"是一种传递关系。

如果用公式表示传递关系，则为：R（a, b）成立并且R（b, c）成立，则R（a, c）成立。

其他如"小于""大于""在……前""在……之后""早于""晚于""相等""平行""包含"等，都可构成传递关系。

反传递关系是指如果甲事物与乙事物有某种关系，乙事物与丙事物也有某种关系，则甲事物与丙事物一定无此种关系，例如：甲是乙的母亲，乙是丙的母亲，则不可能甲是丙的母亲。在这里，"是母亲"的关系就是一种反传递关系。即：如果公式R（a, b）成立并且R（b, c）成立，则R（a, c）必然不成立。其他如"是父亲""是儿子"等，也都可构成这种反传递关系。

非传递关系是指这样一种关系：如果甲事物对乙事物有某种关系，乙事物对丙事物同样有某种关系，则甲事物对丙事物可能具有这种关系，也可能不具有这种关系。即：如果公式R（a, b）成立并且R（b, c）成立，则R（a, c）不一定成立。例如"认识""喜欢"等，就属于非传递关系。我们不能因为甲喜欢乙，乙喜欢丙，就断定甲一定喜欢丙。

关系命题断定的是事物、现象之间的关系，而事物、现象之间的关系是复杂多样的，要确定某关系有无某一逻辑特性，必须先对事物之间发生该关系的情况，具有足够的经验或知识。这种认识，对于社会科学，特别是对于以经济交往关系为研究对象的经济科学是必要的。例如，各种合同关系就有不同的特征，互易合同、合伙合同是对称关系，储蓄和小件寄存合同是反对称关系，赠与合同是非对称关系。只有掌握了这些关系的特征，才能进行正确的推理。如，互易合同，甲方以财产交给乙方，乙方必以财产交给甲方；在旅途中，甲将小件寄存于某寄存处，某寄存处绝无同时又将一定小件寄存于甲处之理；甲将一定的财物赠与乙，乙也可能将一定的财物赠与甲。

第四节　简单命题知识在逻辑试题训练中的应用

一、例题讲解

例题 1　"一切实情都在书中"。

如果上述断定是真的，以下哪项一定是真的？

A. 书中的一切都是实情

B. 有的实情不在书中

C. 书中有的不是实情

D. 书中包括一切实情

[解题分析]　正确答案：D

题干是全称肯定命题，其中，主项"实情"周延，谓项"在书中"不周延。这就是说，没有不在书中的实情，但在书中的不一定都是实情。所以，选项 A、C 都不能确定。选项 B 错误，只有 D 正确。

例题 2　在中国西北有这样两个村落，赵村所有的人都是白天祭祀祖先，李庄所有的人都是晚上才祭祀祖先，我们确信没有既在白天也在晚上祭祀祖先的人。我们也知道李明是晚上祭祀祖先的人。

依据以上信息，能断定以下哪项是对李明身份正确的命题？

A. 李明是赵村的人

B. 李明若是赵村的就不是李庄的

C. 李明不是李庄人

D. 李明不是赵村的人

[解题分析]　正确答案：D

在题干中，分别断定了"赵村所有的人都是白天祭祀祖先""李庄所有的人都是晚上祭祀祖先"。在这两个全称肯定命题中，主项"赵村人"和"李庄人"周延；选项"白天祭祀祖先"和"晚上祭祀祖先"不周延。因此，没有白天祭祀祖先的李庄人及晚上祭祀祖先的赵村人，而白天祭祀祖先的不一定是赵村人，晚上祭祀祖先的不一定是李庄人。根据这些情况，只能确定李明不是赵村人。

例题 3 学院路街道发现有保姆未办暂住证。

如果上述断定为真，则以下哪项不能确定真假？

Ⅰ. 学院路街道所有保姆都未办暂住证。

Ⅱ. 学院路街道所有保姆都办了暂住证。

Ⅲ. 学院路街道有保姆办了暂住证。

Ⅳ. 学院路街道的保姆陈秀英办了暂住证。

A. Ⅰ、Ⅱ、Ⅲ和Ⅳ   B. 仅Ⅰ、Ⅲ和Ⅳ

C. 仅Ⅰ和Ⅲ   D. 仅Ⅰ和Ⅳ

[解题分析] 正确答案：B

题干是O命题，选项Ⅰ是E命题，Ⅱ是A命题，Ⅲ是Ⅰ命题，Ⅳ是单称肯定命题。根据对当关系，由O命题真，在各选项中只能推出A命题假，其余都真假不定。

例题 4 一家珠宝店的珠宝被盗，经查可以肯定是甲、乙、丙、丁四人中的某一个人所为。审讯中，他们四人各自说了一句话。

甲说："我不是罪犯。"

乙说："丁是罪犯。"

丙说："乙是罪犯。"

丁说："我不是罪犯。"

经调查证实，四人中只有一个人说的是真话。

根据以上条件，下列哪个命题为真？

A. 甲说的是假话，因此，甲是罪犯   B. 乙说的是真话，丁是罪犯

C. 丙说的是真话，乙是罪犯   D. 丁说的是假话，丁是罪犯

E. 四个人说的全是假话，丙才是罪犯

[解题分析] 正确答案：A

由于乙的话与丁的话是相互矛盾的，根据对当关系中的矛盾关系，二者必有

一假，所以四人中唯一说真话的就在乙和丁二人之中。于是，甲和丙所说的话都为假。既然甲的话为假，则说明甲是罪犯。所以，正确选项应该是 A。

例题 5 所有的三星级饭店都搜查过了，没有发现犯罪嫌疑人的踪迹。

如果上述断定为真，则在下面四个断定中：

Ⅰ．没有三星级饭店被搜查过。

Ⅱ．有的三星级饭店被搜查过。

Ⅲ．有的三星级饭店没有被搜查过。

Ⅳ．犯罪嫌疑人躲藏的三星级饭店已被搜查过。

可确定为假的是：

A．仅Ⅰ和Ⅱ　　　　　　　　B．仅Ⅰ和Ⅲ

C．仅Ⅱ和Ⅲ　　　　　　　　D．仅Ⅰ、Ⅲ和Ⅳ

[解题分析]　正确答案：B

如果"所有的三星级饭店都搜查过了"为真，即 A 命题为真，则根据对当关系知 I 命题为真，E 命题与 O 命题均为假。

即可推知："没有三星级饭店被搜查过"为假；"有的三星级饭店被搜查过"为真；"有的三星级饭店没有被搜查过"为假。至于"犯罪嫌疑人躲藏的三星级饭店已被搜查过"无法确定真假，事实上，如果犯罪嫌疑人确实躲藏在某个三星级饭店，则该命题是真的，否则，该命题就是假的。

例题 6 在超市购物后，张林把七件商品放在超市的传送带上，肉松后面紧跟着蛋糕，酸奶后面接着放的是饼干，可口可乐汽水紧跟在水果汁后面，方便面后面紧跟着酸奶，肉松和饼干之间有两件商品，方便面和水果汁之间有两件商品，最后放上去的是一块蛋糕。

如果上述陈述为真，那么，以下哪项也为真？

Ⅰ．水果汁在倒数第三位置上。

Ⅱ．酸奶放在第二。

Ⅲ．可口可乐汽水放在中间。

A．只有Ⅰ　　　　　　　　　B．只有Ⅱ

C．只有Ⅰ和Ⅱ　　　　　　　D．只有Ⅰ和Ⅲ

[解题分析]　正确答案：B

按题目给出的条件排序：从前到后的顺序为方便面、酸奶、饼干、水果汁、可口可乐汽水、肉松、蛋糕。明显看出，只有Ⅱ的说法正确。

二、同步练习

1. 下列语句表达命题的是（　　）。
   A. 乌鸦是黑的吗　　　　　　　　B. 乌鸦是黑的
   C. 乌鸦是什么颜色的　　　　　　D. 乌鸦是黑色的还是白色的
2. 在直言命题中，决定命题形式的是（　　）。
   A. 主项和谓项　　　　　　　　　B. 主项和量项
   C. 谓项和联项　　　　　　　　　D. 量项和联项
3. "这个车间没有一个人是高级工程师"这个命题属于（　　）。
   A. SAP 命题　　B. SEP 命题　　C. SIP 命题　　D. SOP 命题
4. "没有一个事物是静止不变的"这一命题的逻辑形式是（　　）。
   A. SAP　　　　B. SEP　　　　C. SIP　　　　D. SOP
5. "这个班的同学不都是北方人"这一命题的逻辑形式是（　　）。
   A. SAP　　　　B. SEP　　　　C．SIP　　　　D. SOP
6. "没有一位共青团员不是青年"这一命题的逻辑形式是（　　）。
   A. SAP　　　　B. SEP　　　　C. SIP　　　　D. SOP
7. "大部分人是懂法的"这个命题的逻辑形式是（　　）。
   A. 所有的 S 是 P　　　　　　　　B. 所有的 S 不是 P
   C. 有的 S 是 P　　　　　　　　　D. 有的 S 不是 P
8. 在性质命题中，主项和谓项都不周延的是（　　）。
   A. 全称肯定命题　　　　　　　　B. 全称否定命题
   C. 特称肯定命题　　　　　　　　D. 特称否定命题
9. "SAP"和"SOP"的主谓项周延情况是（　　）。
   A. 主谓项都周延　　　　　　　　B. 主谓项都不周延
   C. 前者主项周延，后者谓项周延　D. 前者主项周延，后者谓项不周延
10. 下列命题主谓项均周延的是（　　）。

A. 有的农民是科学家   B. 有的青年不是党员

C. 任何真理都不是教条   D. 所有团员都是青年

11. "凡犯罪行为都不是合法行为"这个性质命题的主项和谓项的周延情况是（   ）。

A. 主项、谓项都不周延   B. 主项、谓项都周延

C. 主项周延、谓项不周延   D. 主项不周延、谓项周延

12. "宪法是国家的根本大法"这个命题的主、谓项的周延情况是（   ）。

A. 主项、谓项都周延   B. 主项、谓项都不周延

C. 主项周延、谓项不周延   D. 主项不周延、谓项周延

13. "有些犯罪是过失犯罪"这个命题的主、谓项周延情况是（   ）。

A. 主、谓项都周延   B. 主、谓项都不周延

C. 主项周延、谓项不周延   D. 主项不周延、谓项周延

14. 下列直言命题中，主项和谓项均不周延的有（   ）。

A. 有些细菌是无害的   B. 那个学生是上海人

C. 所有国有企业都是企业   D. 有些元素不是非金属元素

15. 下列直言命题中，主项和谓项均周延的是（   ）。

A. 凡正确的认识都不是不符合实际的

B. 橡胶是不导电的

C. 等边三角形都是等角三角形

D. 有的大学生不是电大学生

16. "任何数学难题都不是不能解答的"，这个性质命题（   ）

A. 主、谓项都周延   B. 主、谓项都不周延

C. 主项周延，谓项不周延   D. 主项不周延，谓项周延

17. 在"所有大学生是学生"和"有的学生是大学生"这两个命题中，谓项"学生"和"大学生"（   ）

A. 都是周延   B. 都是不周延的

C. 前者周延，后者不周延   D. 前者不周延，后者周延

18. "月球是行星"和"月球不是行星"两命题间具有（   ）。

A. 矛盾关系   B. 反对关系   C. 下反对关系   D. 差等关系

19. 当 SAP 为假时，S 与 P 外延之间不能是（   ）。

   A. 真包含关系　　　　　　　　B. 真包含于关系

   C. 交叉关系　　　　　　　　　D. 全异关系

20. 当 S 与 P 具有真包含关系时，下列命题形式中取值为真的有（   ）。

   A. SAP　　　B. SEP　　　C. SIP　　　D. 并非 SOP

21. 当 S 与 P 具有真包含于关系时，下列命题形式中取值为真的有（   ）。

   A. SAP　　　B. SEP　　　C. 并非 SIP　　　D. SOP

22. 当 SAP 和 SIP 皆为真时，S 与 P 之间可能具有（   ）。

   A. 全同关系　　　　　　　　　B. 全异关系

   C. 真包含关系　　　　　　　　D. 交叉关系

23. 当 SAP 和 SEP 皆为假时，S 与 P 之间可能具有（   ）。

   A. 全同关系　　　　　　　　　B. 真包含关系

   C. 真包含于关系　　　　　　　D. 全异关系

24. 已知 S 真包含于 P，由此可以做出的一个真命题是（   ）。

   A. 所有的 P 是 S　　　　　　　B. 所有 S 不是 P

   C. 有 S 不是 P　　　　　　　　D. 有 P 是 S

25. 如果 A、B 两个命题不能同真，但却可以同假，则它们之间的关系是（   ）。

   A. 反对关系　　B. 差等关系　　C. 矛盾关系　　D. 下反对关系

26. "所有 S 是 P"与"没有 S 是 P"之间具有（   ）。

   A. 反对关系　　B. 矛盾关系　　C. 差等关系　　D. 下反对关系

27. 依次以（   ）代入 S、P，则 SIP 与 SOP 成为真命题而 SAP 与 SEP 成为假命题。

   A. "大学生""中学生"　　　　　B. "青年""团员"

   C. "金属""导电体"　　　　　　D. "大学生""学生"

28. 根据性质命题的对当关系，可以用（   ）来驳斥"有的金属不是导体"。

   A. "有的金属是导体"　　　　　B. "并非有的金属是导体"

   C. "所有的金属都是导体"　　　D. "所有的金属都不是导体"

29. 从（　　）的角度来考虑，单称命题可以作为全称命题来处理。

   A. 对当关系　　　　　　　　B. 主谓项的周延性

   C. 命题的形式　　　　　　　D. 语言表述

30. SEP 和同素材的 SAP 两个命题之间的关系是（　　）。

   A. 反对关系　　B. 下反对关系　　C. 差等关系　　D. 矛盾关系

31. SOP 和同素材的 SIP 两个命题之间的关系是（　　）。

   A. 反对关系　　B. 下反对关系　　C. 差等关系　　D. 矛盾关系

32. 不能同真、也不能同假的两个命题之间的关系，叫作（　　）。

   A. 反对关系　　B. 下反对关系　　C. 差等关系　　D. 矛盾关系

33. 不能同真，可以同假的两个命题之间的关系，叫作（　　）。

   A. 反对关系　　B. 下反对关系　　C. 差等关系　　D. 矛盾关系

34. 不能同假，可以同真的两个命题之间的关系，叫作（　　）。

   A. 反对关系　　B. 下反对关系　　C. 差等关系　　D. 矛盾关系

35. 根据同一素材性质命题之间的对当关系中的下反对关系，可以进行推演的是（　　）。

   A. 由真推假　　B. 由假推真　　C. 由真推真　　D. 由假推假

36. "某甲是有罪的"与"某甲是无罪的"这两个性质命题之间是（　　）。

   A. 反对关系　　B. 矛盾关系　　C. 差等关系　　D. 下反对关系

37. "参加这次会议的都不是中年教师"和"参加这次会议的不都是中年教师"，这两个命题之间的关系是（　　）

   A. 不能同真，可能同假　　　　B. 可能同真，可能同假

   C. 不能同真，不能同假　　　　D. 可能同真，不能同假

38. 根据直言命题的对当关系，从"所有菊花都是在秋天开花"可以推出（　　）。

   A. 并非所有菊花都是在秋天开花　　B. 所有的菊花不是在秋天开花

   C. 有的菊花是在秋天开花　　　　　D. 有的菊花不是在秋天开花

39. 某旅游团去木兰围场旅游，团员们骑马、射箭、吃烤肉，最后去商店购买纪念品。已知：

   （1）有人买了蒙古刀。

（2）有人没有买蒙古刀。

（3）该团的车先生和马女士都买了蒙古刀。

如果以上三句话中只有一句为真，则以下哪项肯定为真？（ ）

A. 车先生和马女士都没有买蒙古刀

B. 车先生买了蒙古刀，但马女士没有买蒙古刀

C. 该旅游团的李先生买了蒙古刀

D. 车先生和马女士都买了蒙古刀

40. 近期国际金融危机对毕业生的就业影响非常大，某高校就业中心的陈老师希望广大同学能够调整自己的心态和预期。他在一次就业指导会上提到，有些同学对自己的职业定位还不够准确。

如果陈老师的陈述为真，则以下哪项不一定为真？（ ）

Ⅰ．不是所有人对自己的职业定位都准确。

Ⅱ．不是所有人对自己的职业定位都不够准确。

Ⅲ．有些人对自己的职业定位准确。

Ⅳ．所有人对自己的职业定位都不够准确。

A. 仅Ⅱ和Ⅳ　　　　　　　　B. 仅Ⅲ和Ⅳ

C. 仅Ⅰ、Ⅱ和Ⅲ　　　　　　D. 仅Ⅱ、Ⅲ和Ⅳ

41. 某科研机构对市民所反映的一种奇异现象进行研究，该现象无法用已有的科学理论进行解释。助理研究员小王有此断言：该现象是错觉。

以下哪项如果为真，最可能使小王的断言不成立？（ ）

A. 所有错觉都不能用已有的科学理论进行解释

B. 有些错觉可以用已有的科学理论进行解释

C. 有些错觉不能用已有的科学理论进行解释

D. 错觉都可以用已有的科学理论进行解释

42. 莎士比亚在《威尼斯商人》中，写富家少女鲍细娅品貌双全，贵族子弟、公子王孙纷纷向她求婚。鲍细娅按照其父遗嘱，由求婚者猜盒定婚。鲍细娅有金、银、铅三个盒子，分别刻有三句话，其中只有一个盒子，放有鲍细娅肖像。求婚者通过这三句话，猜中鲍细娅的肖像放在哪只盒子里，就嫁给谁。三个盒子上刻的三句话分别是：

（1）金盒子："肖像不在此盒中。"

（2）银盒子："肖像在铅盒中。"

（3）铅盒子："肖像不在此盒中。"

鲍细娅告诉求婚者，上述三句话中，最多只有一句是真的。如果你是一位求婚者，如何尽快猜中鲍细娅的肖像究竟放在哪一个盒子里？（　　）

A. 金盒子　　　B. 银盒子　　　C. 铅盒子　　　D. 不能确定

43. 甲、乙、丙、丁是同班同学。

甲说："我班同学考试都及格了。"

乙说："丁考试没及格。"

丙说："我班有人考试没及格。"

丁说："乙考试也没及格。"

已知只有一个人说假话，则可推断以下哪项断定是真的？（　　）

A. 说假话的是甲，乙考试没及格　　B. 说假话的是乙，丙考试没及格

C. 说假话的是丙，丁考试没及格　　D. 说假话的是丁，乙考试没及格

44. 桌子上有四个杯子，每个杯子上写着一句话。

第一个杯子："所有的杯子中都有水果糖。"

第二个杯子："本杯中有苹果。"

第三个杯子："本杯中没有巧克力。"

第四个杯子："有些杯子中没有水果糖。"

如果其中只有一句话真，那么以下哪项为真？（　　）

A. 所有的杯子中都有水果糖　　B. 所有的杯子中都没有水果糖

C. 所有的杯子中都没有苹果　　D. 第三个杯子中有巧克力

45. 在某次税务检查后，四个工商管理人员有如下结论：

甲：所有个体户都没纳税。

乙：服装个体户陈老板没纳税。

丙：个体户不都没纳税。

丁：有的个体户没纳税。

如果四个人中只有一人断定属实，那么以下哪项是真的？（　　）

A. 甲断定属实，陈老板没有纳税　　B. 丙断定属实，陈老板纳了税

C. 丙断定属实，但陈老板没纳税　　　D. 丁断定属实，陈老板未纳税

46. 学校在为失学儿童义捐活动中收到两笔没有署真名的捐款，经过多方查找，可以断定是周、吴、郑、王中的某两个捐的。经询问，

周说："不是我捐的。"

吴说："是王捐的。"

郑说："是吴捐的。"

王说："我肯定没有捐。"

最后经过详细调查证实四个人中有两个人说的是真话。

根据已知条件，请问下列哪项可能为真？（　　）

A. 是吴和王捐的　　　　　　　B. 是周和王捐的

C. 是郑和王捐的　　　　　　　D. 是郑和吴捐的

47. 某县领导参加全县的乡计划生育干部会，临时被邀请上台讲话。由于事先没有做调查研究，也不熟悉县里计划生育的具体情况，只能说些模棱两可、无关痛痒的话。他讲道："在我们县 14 个乡中，有的乡完成了计划生育指标；有的乡没有完成计划生育指标；李家集乡就没有完成嘛。"在领导讲话时，县计划生育委员会主任手里捏了一把汗，因为领导讲的三句话中有两句不符合实际，真后悔临时拉领导来讲话。

以下哪项正确表示了该县计划生育工作的实际情况？（　　）

A. 在 14 个乡中至少有一个乡没有完成计划生育指标

B. 在 14 个乡中除李家集乡外还有别的乡没有完成计划生育指标

C. 在 14 个乡中没有一个乡没有完成计划生育指标

D. 在 14 个乡中只有一个乡没有完成计划生育指标

48. "甲与乙是同案犯"这个命题是（　　）命题。

A. 性质命题　　B. 联言命题　　C. 选言命题　　D. 关系命题

49. 对某类中的任何两个分子 a 和 b，如果公式"aRb"成立，而"bRa"也成立，那么，R 在某类中是（　　）

A. 对称关系　　B. 反对称关系　　C. 非对称关系　　D. 反传递关系

50. "长江在黄河以南"这一命题中的关系项的性质为（　　）。

A. 对称性、传递性　　　　　　B. 非对称性、反传递性

C. 反对称性、传递性	D. 反对称性、非传递性

51. "甲队打败乙队"这一命题中，"打败"是关系项，这一关系是（　　）。

A. 反对称性关系	B. 对称性关系

C. 传递性关系	D. 既是对称性又是传递性关系

52. 某学术会议正举行分组会议。某一组有八个人出席。分组会议主席问大家原来各自认识与否。结果是全组中仅有一个人认识小组中的三个人，有三个人认识小组中的两个人，有四个人认识小组中的一个人。

若以上统计属实，则最能得出以下哪项结论？（　　）

A. 会议主席认识小组中的人最多

B. 此类学术会议是第一次举行，大家都是生面孔

C. 有些成员所说的认识可能仅是电视上或报告会上见过而已

D. 虽然会议成员原来的熟人不多，但原来认识的都是至交

53. 去年 MPA 入学考试的五门课程中，王海天和李素云只有行政学的成绩相同，其他科的成绩互有高低，但所有课程的分数都在 60 分以上，在录取时只能比较他们的总成绩了。

下列哪项如果为真，能够使你命题出王海天的总成绩高于李素云？（　　）

A. 王海天的最低分是数学，而李素云的最低分是英语

B. 王海天的最高分比李素云的最高分要高

C. 王海天的最低分比李素云的最低分高

D. 王海天的最低分比李素云的平均成绩高

54. 就工厂的在岗职工规模看，A、B 两厂都比 C、D 两厂规模大。再加上以下哪项条件，可断定 E 厂的在岗职工比 D 厂在岗职工人数多？（　　）

A. E 厂比 A 厂职工多	B. A 厂职工比 B 厂少

C. E 厂比 B 厂职工少	D. B 厂比 A 厂职工多

55. 在英语四级考试中，陈文的分数比朱利低，但是比李强的分数高；宋颖的分数比朱利和李强的分数低；王平的分数比宋颖的高，但是比朱利的低。

如果以上的陈述为真，根据下列哪项能够推出张明的分数比陈文的分数低？（　　）

A. 陈文的分数和王平的分数一样高

B. 王平的分数和张明的分数一样高

C. 张明的分数比宋颖的高，但比王平的低

D. 王平的分数比张明的高，但比李强的分数低

思考题

1. 什么是命题？它的基本特征是什么？

2. 什么是直言命题词项的周延性？A、E、I、O四种直言命题的词项的周延性情况是怎样的？

3. A、E、I、O四种直言命题之间的对当关系是一种什么样的关系？它们之间的差等关系、矛盾关系、反对关系、下反对关系各是怎样的？

4. 什么是关系命题？各种关系命题的特点是什么？

第四章

简单命题的推理

逻辑学基础与思维训练

第一节 推理的概述

一、推理的含义

在人们的思维过程中,除去要用概念反映事物的本质属性和用命题对事物做出某种断定外,还要借助于人们已有的知识,反映更为复杂的事物之间的联系,从而扩大认识领域,获得新知识。例如,我们知道"所有的金属都能导电,铝是金属",就可以推出一个这样的结论:铝能导电。

推理是由一个或几个已知命题推出另一个新命题的思维形式。例如:

① <u>所有的商品都是有价值的,</u>

所以,有些有价值的是商品。

② <u>凡绿色植物都是含有叶绿素的,</u>

<u>菠菜是绿色植物,</u>

所以,菠菜是含有叶绿素的。

③ <u>蛇是用肺呼吸的,</u>

鳄鱼是用肺呼吸的,

海龟是用肺呼吸的,

蜥蜴是用肺呼吸的

(蛇、鳄鱼、海龟、蜥蜴都是爬行动物)

所以,所有爬行动物都是用肺呼吸的。

这些都是推理。例①是由一个已知命题推出一个新命题,例②和例③是由两个或两个以上的已知命题推一个新命题。由已知命题推出未知的新命题是推理的主要特征。

二、推理的组成

推理有三个要素：前提、结论和推理形式。前提是推理中的已知命题，是整个推理的出发点。结论是推理所引出的新命题，是推理的目的和结果。

但是，并不是任何几个命题凑在一起都能组成推理。已知的命题（前提）与要推出的新命题（结论）之间必须有一定关系，这种关系就是前提与结论间的逻辑联系。推理形式就是前提与结论之间的逻辑联系。可见，推理是凭借推理形式将前提和结论两部分联结而构成的思维形式。前提、结论、推理形式被称为推理三要素。

逻辑推理不是人们主观臆造的，而是人们在长期的社会实践中，对客观事物之间联系与关系的反映。人们在社会实践中形成并运用逻辑推理，可以从已有的知识推出新知识，因此，逻辑推理是获得新知识的方法。

三、推理的有效性

任何推理都有内容和形式两个方面，所谓推理内容方面就是前提和结论是否真实，即作为前提和结论的命题是否符合客观实际，符合客观实际的为真，不符合客观实际的为假。所谓推理形式方面就是推理形式是否正确，即前提和结论的联系形式是否符合逻辑规律、规则和要求。如果推理合乎逻辑规律、规则和要求，则推理形式正确，也就是推理合乎逻辑，或者说，推理形式有效；如果推理不合乎逻辑规律、规则和要求，则推理形式错误，也就是推理不合乎逻辑，或者说推理形式无效。

我们如果将前面推理的例子内容抽出，可以分别得到以下三种推理形式。

推理形式 1：<u>所有 S 是 P</u>

     所以，有的 P 是 S

推理形式 2：所有的 M 是 P，

     <u>所有的 S 是 M</u>

     所以，所有的 S 是 P

推理形式3：S_1 是 P

S_2 是 P

S_3 是 P

……

S_n 是 P

$S_1, S_2, S_3, \cdots, S_n$ 是 S 类的全部或部分对象

所以，所有的 S 都是 P

在这些推理形式中，我们分别用"S（或 $S_1, S_2, S_3, \cdots, S_n$）""P"表示命题中的变项，构成了一组推理形式。

正确的推理必须具备两个条件：第一，前提真实，即作为前提的命题是真实反映客观情况的命题，一般这是由各门具体科学解决的问题；第二，推理形式正确，即推理合乎逻辑规律、规则和要求。这是逻辑学着重研究的问题。为了保证推理形式正确，逻辑学确立了一系列的规则，以保证我们可以从既定的前提出发，合乎逻辑地推出相应的结论。逻辑学研究推理，着重探讨作为前提的命题形式与作为结论的命题形式之间联系的规律性，从而总结出各种推理的有效形式，制定严格的规则，以指导人们运用形式正确有效地推理，排除形式错误的推理。如果一个推理同时具备这两个条件，就是一个正确的推理，能推出必然真实的结论。

四、推理的种类

推理按不同的标准可以有不同的分类。

（1）传统逻辑根据推理从前提到结论的思维进程方向的不同，把推理分为三类：演绎推理、归纳推理和类比推理。

演绎推理是从一般性知识推出个别或特殊性知识的推理。归纳推理是从个别或特殊性知识推出一般性知识的推理。类比推理是从个别或特殊性知识推出个别或特殊性知识的推理。

（2）根据推理的前提与结论之间的逻辑联系，推理可以分为必然性推理和或然性推理。

必然性推理是由真实前提必然推出真实结论的推理,其前提蕴涵结论,即如果前提真,结论必然真。或然性推理是由真实前提可以得出真实结论的推理,其前提不蕴涵结论,即如果前提真,结论可能真也可能假。

(3)根据推理中前提数量的不同,可以把推理分为直接推理和间接推理。

直接推理是以一个命题为前提推出结论的推理。间接推理是以两个或两个以上命题为前提推出结论的推理。

(4)根据推理前提所含的命题是简单命题还是复合命题,可将推理分为简单命题的推理和复合命题的推理。

简单命题的推理是指前提由简单命题构成的推理。复合命题的推理是指前提中至少包含一个复合命题的推理。

以上提到的各种推理,还可分别按照不同的根据,做出不同的分类。

第二节　直言命题的直接推理

在推理的分类表中,简单命题推理按其前提命题的性质,还分为直言命题的推理和关系命题的推理。直言命题推理又按其前提的数量,分为直言命题的直接推理和直言命题的间接推理。直言命题的直接推理是由一个直言命题为前提推出一个新的直言命题的推理。直言命题的间接推理是由两个或两个以上的直言命题为前提推出一个新的直言命题的推理。

一、直言命题直接推理的含义

直言命题直接推理是由一个直言命题为前提推出一个新的直言命题的推理。这种推理的特点是:①前提只有一个,即一个已知命题推出一个新命题;②前提和结论都是直言命题;③推理是依据直言命题的逻辑性质进行的。

直言命题直接推理的方法主要有两种:一是根据 A、E、I、O 四种直言命题的对当关系进行的推理；二是根据命题变形进行的推理。

二、对当关系直接推理

对当关系直接推理是依据直言命题 A、E、I、O 之间的真假关系进行的推理。由于直言命题中的全称命题一般并不包含对主项存在的断定，因而在主项、谓项是空类的情况下，其对当关系直接推理可以是无效的。因此，我们必须预设，在讨论上述推理时，主项 S 不得是空类。

对当关系直接推理主要有：

（一）反对关系直接推理

A 与 E 具有反对关系。因为它们不能同真，所以，由已知一真，就能推出另一必假；又因它们可以同假，所以，当已知一假时，不能推出另一个的真假。即可以由真推假，不可由假推其真假，其有效式为：

所有 S 都是 P →并非所有 S 都不是 P

所有 S 都不是 P →并非所有 S 都是 P

（二）下反对关系直接推理

I 与 O 具有下反对关系。根据下反对关系的逻辑性质可知，I 与 O 可以由假推真，不可由真推其真假。其有效式为：

并非有 S 是 P →有 S 不是 P

并非有 S 不是 P →有 S 是 P

（三）矛盾关系直接推理

依据前述已知，由 A 与 O、E 与 I 构成的矛盾关系，其真假性质是：两者不能同真，不能同假，必是一真一假。矛盾关系可以由真推假，亦可由假推真。共有 8 个有效式：

所有 S 都是 P →并非有些 S 不是 P

所有 S 都不是 P →并非有些 S 是 P

有些 S 是 P →并非所有 S 都不是 P

有些 S 不是 P →并非所有 S 都是 P

并非所有 S 都是 P →有些 S 不是 P

并非所有 S 都不是 P →有些 S 是 P。

并非有些 S 是 P →所有 S 都不是 P

并非有些 S 不是 P →所有 S 都是 P

以上 8 个有效式实际上可以简化为 4 个有效式：

SAP ↔ ¬SOP

SEP ↔ ¬SIP

SIP ↔ ¬SEP

SOP ↔ ¬SAP

（四）差等关系直接推理

依据差等关系的逻辑性质，A 对 I、E 对 O 可以由真推真，不可由假推其真假；I 对 A、O 对 E 可以由假推假，不可由真推其真假，其有效式如下：

所有 S 都是 P →有些 S 是 P

所有 S 都不是 P →有些 S 不是 P

并非有些 S 是 P →并非所有 S 都是 P

并非有些 S 不是 P →并非所有 S 都不是 P

三、直言命题变形直接推理

直言命题变形直接推理是指通过改变直言命题的形式而得到一个新的直言命题的推理。其基本形式有以下几种。

（一）换质法直接推理

换质法直接推理是通过改变直言命题的质而得到一个新的直言命题的直接推理。其推理规则有：

第一，改变前提命题的质，即将肯定的联项改为否定的联项，或者将否定的联项改为肯定的联项；

第二，结论谓项是前提谓项的矛盾概念；

第三，原有主、谓项的位置不变，并不得改变其量项。

根据以上规则，A、E、I、O 的换质推理如下：

1. A 命题换质推理

$$SAP \rightarrow SE\overline{P}$$

例如：所有的人都是动物，

所以，所有的人都不是非动物

2. E 命题换质推理

$$SEP \rightarrow SA\overline{P}$$

例如：所有罪犯都不是有投票权的公民

所以，所有罪犯都是没有投票权的公民

3. I 命题换质推理

$$SIP \rightarrow SO\overline{P}$$

例如：有些社会现象是无阶级性的

所以，有些社会现象不是有阶级性的

4. O 命题换质推理

$$SOP \rightarrow SI\overline{P}$$

例如：有些政治家不是贪官污吏

所以，有些政治家是非贪官污吏

换质推理的前提与结论同真同假，前提蕴涵结论，结论也蕴涵前提，因此，二者可以互推。

熟练地掌握换质法直接推理，有助于我们从肯定和否定两方面来思考同一对象，从肯定命题中显示其否定因素，从否定命题中显示其肯定因素，从而由肯定和否定两个方面使思想表达得更明确；并且，灵活地运用肯定或否定的形式来表达同一个思想内容，以增强表达的效果。

（二）换位法直接推理

换位法直接推理是通过改变直言命题主、谓项的位置而得到一个新的直言命题的推理。其推理规则如下：

第一，调换原命题主、谓项的位置；

第二，原命题中不周延的词项，换位以后也不得周延；

第三，不改变原命题的联项。

据此，直言命题换位推理的有效式如下：

1. A 命题换位推理

$SAP \rightarrow PIS$

例如：所有犯罪行为都是违法行为

所以，有的违法行为是犯罪行为

SAP 换位后不能得到 PAS，因为 P 在前提中是不周延的，到结论中也不得周延。对 A 命题进行换位时，必须对主项进行量的限制，所以，A 命题应用限量换位法。

2. E 命题换位推理

$SEP \rightarrow PES$

例如：凡行星都不是发光体

所以，凡发光体都不是行星

3. I 命题换位推理

$SIP \rightarrow PIS$

例如：有的经济作物是高产作物

所以，有的高产作物是经济作物

O 命题不能换位。因为 S 在前提中是不周延的，如果换位，S 在结论中作为否定命题的谓项就是周延的了，这违反换位规则。

由于换位法推理是调换主、谓项的位置，因此，不仅可以改变认识的侧重点，而且还可以揭示原命题中主、谓项的周延情况，明确主、谓项的外延关系。

（三）换质位法直接推理

换质位推理是在换质、换位推理基础上形成的一种新的变形推理，它是换质、换位方法的结合应用。在换质位推理过程中，换质时要遵守换质的规则，换位时要遵守换位的规则。

换质位推理的有效式如下：

1. A 命题换质位推理

$SAP \rightarrow SE\overline{P} \rightarrow \overline{P}ES$

例如：所有犯罪行为都是危害社会的行为

所以，所有不危害社会的行为都不是犯罪行为

2. E 命题换质位推理

$SEP \rightarrow SA\overline{P} \rightarrow \overline{P}IS$

例如：所有蛇都不是恒温动物

所以，有些非恒温动物是蛇

3. O 命题换质位推理

$SOP \rightarrow SI\overline{P} \rightarrow \overline{P}IS$

例如：有些细菌不是致命的

所以，有些非致命的是细菌

SIP 不能进行换质位。因为 SIP 换质得 SO$\overline{P}$，而 O 命题不能换位。

（四）换位质法直接推理

换位质法直接推理也是以换位、换质为基础形成的一种变形推理。换质位变形推理从换质开始，换位结束；而换位质推理则从换位开始，换质结束。它是换位、换质的结合应用，也要遵守换位、换质的规则，只是两者的程序有所不同。

换位质推理的有效式如下：

$SAP \rightarrow PIS \rightarrow PO\overline{S}$

$SEP \rightarrow PES \rightarrow PA\overline{S}$

SIP → PIS → POS̄

SOP 不能换位质。因为 O 命题不能进行换位。

如果要判定从一个已知的前提能否运用命题变形推出一个给定的结论，那么，就可以从这个已知的前提出发，分别构造连续换质位推理或连续换位质推理。如果在推理的过程中推出了给定的结论，那么，该推理形式有效。如果两种方法在推理过程中都没推出给定的结论，那么说明该推理形式无效。

通过命题变形直接推理，我们可以从一个真的直言命题推出一系列必然真的新直言命题，从而获得关于某类事物性质的全面、深刻的正确认识。

总之，通过直言命题对当关系的直接推理和命题变形直接推理，使我们对事物及其现象以及内在关系有更加全面的认识。

第三节 直言三段论

一、直言三段论的定义和结构

直言三段论是以一个共同概念将两个直言命题联结起来，从而推出一个新的直言命题的推理。例如：

法是统治阶级意志的体现

刑法是法

所以，刑法是统治阶级意志的体现

这就是一个直言三段论。它通过"法"这个词项为媒介，从"法是统治阶级意志的体现""刑法是法"这两个直言命题出发，推出了"刑法是统治阶级意志的体现"这个直言命题做结论。

从词项的角度看，直言三段论由中项、大项、小项三个词项构成。

中项是在前提中出现两次而结论中不出现的词项，如上例中的"法"，通常用"M"表示；大项是指结论中作为谓项的词项，如上例中的"统治阶级意志的体现"，通常用"P"表示；小项是指结论中作为主项的词项，如上例中的"刑法"，通常用"S"表示。

直言三段论由三个直言命题构成，其中两个直言命题是前提，一个直言命题是结论。含有大项"P"的前提是大前提，如上例中的"法是统治阶级意志的体现"；含有小项"S"的前提是小前提，如上例中的"刑法是法"。这样，上例直言三段论的结构可表示如下：

MAP
SAM
SAP

直言三段论是一种重要的演绎推理。它体现了由一般到特殊这一演绎推理的主要特点。

二、直言三段论的公理

直言三段论之所以能从两个前提必然地推出结论，是因为有其客观基础，即客观事物存在的一般和个别之间的必然联系，这种必然联系可以表述为直言三段论公理：

凡对一类事物的全部有所肯定或否定，则对该类事物中的部分或个别对象也有所肯定或否定。

这个公理肯定方面的含义可用下图表示：

上图表示 M 类全部都是 P，S 是 M 类中的一部分或个别对象，S 当然也是 P。

例如：

所有的矩形都是平行四边形
所有的正方形都是矩形，
所以，所有的正方形都是平行四边形。

直言三段论公理否定方面的含义，可用下图表示：

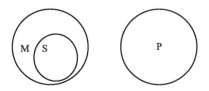

上图表示 M 类全部都不是 P，S 是 M 类中的一部分或个别对象，所以，S 也不是 P。例如：

哺乳动物都不是用鳃呼吸的
鲸是哺乳动物
所以，鲸不是用鳃呼吸的

直言三段论的形式有许多种，但一个有效的直言三段论归根结底都是以直言三段论的公理为依据的。

三、直言三段论的一般规则

直言三段论公理是直言三段论赖以成立的基本依据，而直言三段论规则是直言三段论公理的具体化。运用直言三段论推理，要遵守直言三段论的规则。遵守直言三段论所有规则的直言三段论就是有效的直言三段论，否则，就是无效的直言三段论。

直言三段论的一般规则共有七条。

（一）在一个直言三段论中，有并且只能有三个项

在一个直言三段论中，必须有三个项。如果只有两个项，那将只能是一个命题，不能构成直言三段论推理。如果直言三段论中出现了四个项，通常是中项概念不同一，那么大项与小项失去了与它们共同联系的中项，二者之间的关系就无法确定，这样，就无法得出必然性的结论。这种逻辑错误称为"四概念"或"四词项"的错误。例如：

中国人是勤劳勇敢的
王聪明是中国人
所以，王聪明是勤劳勇敢的

（二）中项在两个前提中必须至少周延一次

在直言三段论中，中项是联结大、小项的媒介。违反这条规则，就要犯"中项两次不周延"的错误。例如：

<u>教师都是知识分子</u>
<u>参加本次活动的都是知识分子</u>
所以，参加本次活动的都是教师

这个直言三段论就是无效的。因为中项"知识分子"在两个前提中都不周延，因此，它在大项与小项之间不能起媒介作用，我们无法通过中项来确定大项与小项的联系，不能必然地推出结论。又如：

<u>所有整数是有理数</u>
<u>所有自然数是有理数</u>
所以，所有自然数是整数

在这个直言三段论中，中项"有理数"在前提中一次也没有周延，其结论所述"所有自然数是整数"尽管是正确的，但不是从前提中必然推出的，因而，这个推理是错误的。

（三）前提中不周延的项在结论中不得周延

直言三段论是一种演绎推理，其前提的真要保证结论的真，一个直言三段论要成为有效的，在前提中不周延的词项在结论中就不能周延。违反这条规则，就要犯"大项扩大"或"小项扩大"的错误。例如：

<u>依法缴纳所得税是公民的义务</u>
<u>依法服兵役不是依法缴纳所得税</u>
所以，依法服兵役不是公民的义务

这个直言三段论的大前提是肯定命题，其谓项不周延；而结论则是否定命题，否定命题的谓项是周延的。这样，大项"公民的义务"在前提中不周延而在结论中却周延了，犯了"大项扩大"的逻辑错误。又如：

<u>个体企业是私人企业</u>
<u>有些个体企业是偷税漏税的</u>
所以，所有偷税漏税的都是私人企业

这个直言三段论的小前提是 I 命题，小项"偷税漏税的"作谓项，它是不周延的；结论是 A 命题，小项为主项，它是周延的。这样，就违反了本条规则。

（四）两个否定前提不能推出结论

否定命题断定的是主项至少有一部分外延与谓项相排斥。如果两个前提都是否定的，那么，大项和小项都与中项发生否定性的联系，这样就不能保证大项和小项由于与中项的同一部分发生关系而联系起来，中项就不能起到媒介作用，大小项之间的关系也就无法确定，因此，不能必然地推出结论。例如：

小偷小摸行为不是高尚的行为
赵海的行为不是小偷小摸行为

在这个三段论中，由于两个前提都是否定命题，所以，不能确定赵海的行为是否高尚。

（五）如果前提中有一个否定命题，那么，结论必为否定命题；如果结论是否定命题，那么，前提中必有一个否定命题。

如果前提中有一个是否定的，则另一个必须是肯定的，因为两个否定前提不能推出结论。否定前提断定中项和大项或小项中的一个相排斥，肯定前提断定中项和另一个项相结合，这样，大项、小项之间至少有一部分外延相排斥。因此，结论必然是否定的。

如果结论是否定的，则一定是由于大项或小项中有一个和中项结合，另一个和中项排斥，大项或小项同中项排斥的那个前提就是否定的，所以，结论否定，前提中必有一个是否定的。例如：

凡不爱运动的都不是校运动队队员
有的女学生是不爱运动的
所以，有的女学生不是校运动队队员

在这个直言三段论中，大前提是否定命题，它断定了中项"不爱运动的"与大项"校运动队队员"的外延相排斥；小前提是肯定命题，它断定小项"女学生"的外延至少有一部分包含在"不爱运动的"的外延之中，这就必然推出"女学生"

的外延至少有一部分与"校运动队队员"的外延相排斥,因此,结论必然是否定的。再如:

> 凡校运动队队员都是爱运动的
> 有的女学生不是爱运动的
> 所以,有的女学生不是校运动队队员

这个直言三段论的大前提是肯定命题,它断定大项"校运动队队员"的全部外延包含在中项"爱运动的"之中;小前提是否定命题,它断定小项"女学生"的外延至少有一部分与中项"爱运动的"相排斥,这也必然推出"女学生"的外延至少有一部分与"校运动队队员"的外延相排斥,因此,结论也是否定的。反过来说,当结论为否定命题时,两个前提的组合也必定是以上两种情况之一。

(六)两个特称前提不能推出结论

如果两个前提都是特称命题,可以有以下三种情况。

1. 两前提都是特称肯定命题

如果两个前提都是 I 命题,那么,前提中没有一个项是周延的,中项也不例外。这就违反了"中项在前提中至少要周延一次"的规则。所以,不能推出必然结论。

2. 两前提都是特称否定命题

如果两个前提都是 O 命题,根据规则(四),两个否定的前提不能推出结论。

3. 两个前提中一个是特称肯定命题,一个是特称否定命题

如果一个前提是 I 命题,另一个是 O 命题,那么,前提中只有 O 命题的谓项周延。根据规则(二),中项在前提中至少要周延一次。否则,会犯"中项两次不周延"的错误。又根据规则(五),前提中有一否定命题,结论必然是否定的。结论是否定的,大项在结论中就是周延的。根据规则(三),大项在前提中也应当是周延的,否则,又要犯"大项扩大"的错误。可是由于前提中只

有一个项周延，不可能同时满足大项周延和中项周延的要求，因此，这个直言三段论不是犯"中项两次不周延"的错误，就是犯"大项扩大"的错误，总之，不能推出必然的结论。

（七）如果前提中有一个是特称命题，结论必定是特称命题

根据规则（六），如果两个前提中有一个是特称命题，那么，另一个应当是全称命题。它们的组合无非以下四种情况：AI、AO、EI、EO。

1. AI，即一个前提是全称肯定命题，另一个前提为特称肯定命题

在这种情况下，两个前提中只有一个周延的项（即 A 命题的主项），根据规则（二），它只能做中项，因此大项与小项均不周延；根据规则（三），前提中不周延的词项，在结论中不得周延，这样，结论必然是特称命题。

2. AO，即一个前提是全称肯定命题，另一个前提为特称否定命题

在这种情况下，前提中有两个周延的项（即 A 命题的主项和 O 命题的谓项），根据规则（二），其中一个周延的项必须做中项。根据规则（五），这两个前提推出的结论应当是否定的，大项在结论中周延，根据规则（三），大项在前提中也必须是周延的。这样，前提中两个周延的项，一个是中项，另一个是大项，那么，小项在前提中就是不周延的，根据规则（三），小项在结论中也不得周延，所以，结论必然是特称命题。

3. EI，即一个前提为全称否定命题，另一个前提为特称肯定命题

前提中也有两个周延的项（即 E 命题的主项和谓项），其中一个必须是中项，另一个应是大项。这样，小项在前提中不周延，在结论中也不应周延，所以，结论必然是特称命题。

4. EO，即一个前提是全称否定命题，另一个前提是特称否定命题

根据规则（四），两个否定前提是推不出结论的。

综上所述，如果前提中有一个是特称命题，结论必然是特称命题。

以上是直言三段论的一般规则，是进行直言三段论推理必须遵守的。

四、直言三段论的格

直言三段论的格，是指由于中项在前提中所处位置的不同而形成的不同的推理形式。

由直言三段论的规则结合直言三段论各格的具体形式，可以推导出直言三段论各格的特殊规则。直言三段论共有以下四个格。

第一格：中项在大前提中是主项，在小前提中是谓项。其形式如下：

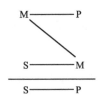

例如：

所有的马克思主义者都是无神论者

毛泽东是马克思主义者

所以，毛泽东是无神论者

第一格的规则是：

规则①大前提必须全称；

规则②小前提必须肯定。

直言三段论各格的规则是直言三段论一般规则的具体体现，因此，可用一般规则证明各格的规则。第一格的规则证明如下。

1. 大前提必须全称

设大前提不是全称，而是特称，则特称前提的主项"M"是不周延的，由于"M"在第一格的小前提中是处于肯定命题的谓项，也不周延，这样就要犯"中项两次都不周延"的逻辑错误，故大前提只能全称不可特称。

2. 小前提必须肯定

设小前提不是肯定而是否定，根据"前提中有一否定结论也应否定"的规则，结论是否定的，否定结论的谓项"P"是周延的，根据在"前提中不周延的词项在结论中也不得周延"的规则，"P"在大前提中也必须周延。由于"P"在第一格的大前提中处于谓项的位置，要使之周延，就应是否定命题的谓项，即大前提也应是否定的，这样一来，就会两个前提都否定，而两个否定前提是得不出必然结论的，故小前提必须肯定而不得否定。

第二格：中项在大小前提中都是谓项。其逻辑形式如下：

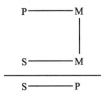

例如：

  所有的鱼类都是卵生的

  <u>鲸不是卵生的</u>

  所以，鲸不是鱼类

第二格的规则是：

规则①两个前提中必须有一个否定；

规则②大前提必须全称。

第三格：中项在两个前提中都是主项。其逻辑形式如下：

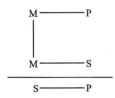

例如：

  蝙蝠是能飞的

  <u>蝙蝠是哺乳动物</u>

  所以，有些哺乳动物是能飞的

第三格的规则是：

规则①小前提必须肯定；

规则②结论必须特称。

第四格：中项在大前提中是谓项，在小前提中是主项。其逻辑形式如下：

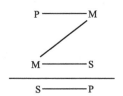

例如：

　　有些导电体是液体
　　所有液体都是不定型的
　　所以，有些不定型的是导电体

第四格的规则是：

规则①如果大前提肯定，那么小前提必须全称；

规则②如果前提中有一否定，那么大前提必须全称；

规则③如果小前提肯定，那么结论必须特称；

规则④任何一个前提都不能是特称否定；

规则⑤结论不能是全称肯定。

第一格典型地表现了演绎推理由一般到特殊的思维过程，它是直言三段论的标准格和典型格，可以得 A、E、I、O 四种结论。第一格常用于证明某一命题的真实性，它把某特殊场合归到一般原则之下，根据一般原则来推导特殊性的问题。第一格对司法审判有特别重要的意义。法庭根据有关法律条款，结合具体案情，做出判决时，就使用第一格，因此第一格也叫审判格。

第二格的前提中总有一个是否定的，所以它的结论是否定的，用以说明一个事物不属于某一类，因此第二格常被用来指出事物之间的区别，因此又叫作区别格。同时第二格常被用来反驳与之相矛盾或反对的肯定命题。

第三格只能得出特称结论，因此，当我们指出特殊情况来反驳与之相矛盾的全称命题时，常常使用第三格，因此又叫作反驳格。

第四格在人们认识事物、表达思想的活动中虽然也有某种作用，但它的实践意义不大，也不经常使用。

五、直言三段论的式

直言三段论的式即指由于前提与结论质与量的不同而形成的直言三段论的形式，简称为三段论的式。例如：

所有物质都是有重量的	A
所有电子都是物质	A
所以，所有的电子都是有重量的	A

这个直言三段论的前提和结论都是全称肯定命题，所以称之为 AAA 式。又如：

所有绝缘体都不是导电的	E
所有橡胶品都是绝缘体	A
所以，所有橡胶品都不是导电的	E

这个直言三段论的大前提和结论为全称否定命题，小前提为全称肯定命题，所以称为 EAE 式。

在直言三段论的每一格中，A、E、I、O 四种命题都可以分别作为大、小前提和结论，因而，一个直言三段论在理论上便有 $4 \times 4 \times 4 = 64$ 个式。直言三段论共有四个格，因此，直言三段论的可能式共有 $64 \times 4 = 256$ 个。

但是，这 256 个推理形式并非都是有效的，其中很多是明显违反直言三段论规则的，如 AAE、EEE、III、OOO 式等，还有一些正确与否要视其属于哪一格，如 AAA 式，在第一格中有效，在第二、三、四格中则无效。对于直言三段论的所有可能式，都可以根据一般规则和各格的规则判定它是否有效。经过判定，各格中的有效式如下：

第一格：AAA（AAI）、AII、EAE（EAO）、EIO

第二格：AEE（AEO）、AOO、EAE（EAO）、EIO

第三格：AAI、AII、EAO、EIO、IAI、OAO

第四格：AAI、AEE（AEO）、EAO、EIO、IAI

上述 24 个有效式中，有 5 个带括号的，被称为弱式。所谓弱式，是指本来可以得出全称的结论，但却得出特称结论的式。比如第一格以 AA 为前提，可以得出全称结论 A 命题，组成 AAA 式，也可得出特称结论 I 命题，组成 AAI 式。

这是因为当 A 命题真时，I 命题必真，所以，若从前提 AA 可推出 A 命题，则必然可推出 I 命题。这样，第一格 AAI 式可以认为是 AAA 式的派生式。弱式结论本身并没有错，但就推理而言，它没有把应推出的东西全部显示出来，因此，它是一种不完全的直言三段论推理。弱式可以看作是派生的有效式，一般不把它们正式列入有效式中，这样，正确的有效式只有 19 个。

六、直言三段论的省略式

直言三段论作为一种思维形式，总是要通过一定的语言形式来表达的。但由于语言表达要受"经济原则"的制约，即在特定语境下，要用最简明、最精练的语言来表达最丰富、最完善的思维。因此，由大、小前提和结论所构成的直言三段论，在其语言表达中会省略某一（或某些）众所周知或不言而喻的部分。这种省略了某一（或某些）部分的直言三段论的语言表达式，就叫作直言三段论的省略式，也叫省略三段论。

省略三段论只是其语言表达式的省略，而其语言表达式上的省略总是以思维中存在有完整三段论为前提的。如果思维中不存在完整三段论，也就不会有三段论语言表达式上的省略。因此，只有思维中存在正确的完整三段论，才会有三段论省略式。

省略三段论有下列三种。

（一）省略大前提

直言三段论的大前提表达的是众所周知的一般性的原理、定理或经验常识时，往往会被省略。例如，"我们的事业是正义的事业，所以，我们的事业是不可战胜的"。这是一个省略大前提的直言三段论，省略了大前提"正义的事业是不可战胜的"这一众所周知的原则。若把被省略部分补上，这个完整的直言三段论就是：

<u>正义的事业是不可战胜的</u>
<u>我们的事业是正义的事业</u>
所以，我们的事业是不可战胜的

（二）省略小前提

当小前提反映的事实非常明显时，小前提常常被省略。例如，"凡肯定命题的谓项都是不周延的，所以，这个命题的谓项是不周延的"。这是一个省略小前提的直言三段论。若把被省略部分补上，这个完整的直言三段论就是：

<u>凡肯定命题的谓项都是不周延的</u>
<u>这个命题的谓项是肯定命题的谓项</u>
所以，这个命题的谓项是不周延的

（三）省略结论

如果结论是让读者或听者自己得出来，要比直接说出来表达效果更好，那么，这时结论往往被省略。例如，"杀人犯都到过杀人现场，而张某没到过杀人现场"。这是一个省略结论的直言三段论。若把被省略部分补上，这个完整的直言三段论就是：

<u>杀人犯都到过杀人现场</u>
<u>张某没到过杀人现场</u>
所以，张某不是杀人犯。

省略三段论是言语交际活动中经常使用的一种形式。它的特点是充分利用言语交际的背景知识，言简意赅地表达直言三段论，使直言三段论的语言表达既深刻严谨又简洁明了。但是，人们不易发现这种省略形式所掩盖的那种无效三段论形式。例如，"国家公务员都应廉洁奉公，反正我不是国家公务员"。这是一个错误的省略三段论，其省略部分所掩盖的错误是不易被发现的。如果将其恢复成完整形式，其错误之处就会显露出来。它的完整形式是："凡国家公务员都应廉洁奉公；我不是国家公务员；所以，我不应廉洁奉公。"显然，它犯有"大项扩大"的逻辑错误。因此，在实际语言表达中，把这种省略三段论恢复成完整形式，并运用直言三段论的规则做出准确判定，就显得十分必要。

为了检查一个省略三段论是否正确，就得把省略的部分补出来，然后用规则去检验。其步骤如下。

（1）确定省略的是前提还是结论

一般是看所给命题之间有无推断关系。如果没有推断关系，则两个命题都是前提，省略的是结论。如果所给命题之间有推断关系，那么，理由是前提，推断为结论，省略的是另一个前提。

（2）如果省略的是结论，那就把两个命题中的共同概念作为中项，而把其他两个概念（即小项和大项）联结成一个直言命题（即结论）。

（3）如果省略的是某个前提，那就要进一步确定省略的是大前提还是小前提。假如已知的前提含有小项，则已知前提为小前提，省略的自然是大前提；假如已知的前提含有大项，则已知前提为大前提，省略的便是小前提。

第四，依据直言三段论的一般规则和各格的规则，将其省略的部分补充完整。在恢复省略部分后，如果发现它的结论虚假，则可确定该直言三段论前提虚假或形式无效。

第四节 关系推理

一、关系推理的含义

关系推理是指前提中至少有一个关系命题并且根据关系的逻辑性质进行推演的推理。例如：

　　甲厂产品优于乙厂产品
　　乙厂产品优于丙厂产品
　　所以，甲厂产品优于丙厂产品

关系推理可根据前提和结论是否都是关系命题分为两类：纯关系推理和混合关系推理。

二、纯关系推理

纯关系推理是指前提和结论都是关系命题的关系推理。它又分为以下几种。

（一）对称关系推理

对称关系推理就是根据对称关系的逻辑性质进行推演的关系推理。其公式如下：

<u>aRb</u>
∴ bRa

例如：

<u>甲和乙是兄弟</u>
所以，乙和甲是兄弟

相等（不相等）、相似、兄弟、邻居、同盟，两个类之间的同一、交叉、全异，两个命题之间的反对、矛盾、下反对的关系等都具有对称性质。所以，根据这些关系的性质所进行的推理是对称关系的直接推理。

（二）反对称关系推理

反对称关系推理就是根据反对称关系的逻辑性质进行推演的关系推理。这种推理的逻辑形式可以表示为：

<u>aRb</u>
∴ ¬(bRa)

例如：

<u>浙江在江苏南边</u>
所以，江苏不在浙江南边

战胜、早于、大于、侵略、剥削等关系是反对称关系。所以，根据这些关系的性质所进行的推理，是反对称关系推理。

（三）传递关系推理

传递关系推理就是根据传递关系的逻辑性质进行推演的关系推理。其逻辑形式可以表示为：

<u>aRb</u>
<u>bRc</u>
∴ aRc

例如：

老聃早于孔丘
孔丘早于墨子
所以，老聃早于墨子

早晚、相等、包含、平等关系，都可以成为传递关系推理的根据。

（四）反传递关系推理

反传递关系推理就是根据反传递关系的逻辑性质进行推演的关系推理。这种推理的逻辑形式可以表示为：

aRb
bRc
∴ ¬(aRc)

例如：

老张是小李的阿姨
小李是小晶晶的阿姨
所以，老张不是小晶晶的阿姨

进行纯关系推理应当注意的是：不能把非对称关系误当作对称关系或反对称关系，也不能把非传递关系误当作传递关系或反传递关系，如果弄错了关系的逻辑性质，就会造成推理的错误。例如：

① 小明认识张校长
所以，张校长认识小明
② 甲是乙的朋友
乙是丙的朋友
所以，甲是丙的朋友

例①这个对称关系推理是错误的，因为"认识"是一种非对称关系，把它误当作对称关系进行推理，就不能保证结论为真；同样，如果把"认识"当作反对称关系，从而推出"张校长不认识小明"的结论，也是错误的推理。例②这个传递关系推理也是错误的，因为"朋友"是一种非传递关系，把它误当作传递关系进行推理，就不能保证结论为真；当然，如果把"朋友"当成反传递关系，从而推出"甲不是丙的朋友"的结论，同样是错误的推理。

三、混合关系推理

混合关系推理是以一个关系命题和一个直言命题为前提，推出一个关系命题为结论的推理。其形式如下：

公式①：

  所有 a 与所有 b 有 R 关系

  所有 c 是 a

  所以，所有 c 与所有 b 有 R 关系

例如：

  所有甲班学生都比所有乙班学生成绩好

  所有 A 组学生都是甲班学生

  所以，所有 A 组学生都比所有乙班学生成绩好

公式②：

  所有 a 与所有 b 有 R 关系

  所有 c 是 b

  所以，所有 a 与所有 c 有 R 关系

例如：

  所有甲班学生都比所有乙班学生成绩好

  所有 B 组学生都是乙班学生

  所以，所有甲班学生都比所有 B 组学生成绩好

上述推理中大前提和结论是两项关系命题，小前提是直言命题，所以称为混合关系推理。其中，有一个关系项在两个前提中都出现，这个关系项的作用相当于直言三段论中起媒介作用的中项。混合关系推理的形式与直言三段论相似，所以，又可以称作关系三段论。

混合关系推理有以下几条规则。

① 前提中的直言命题必须是肯定命题。

② 作为中项的关系项至少要周延一次。

③ 前提中不周延的词项，在结论中也不能周延。

④ 如果前提中关系命题是肯定的，则结论中的关系命题也应该是肯定的；反

之,如果前提中的关系命题是否定的,则结论中的关系命题也应该是否定的。

⑤ 如果关系 R 是不对称的,则前提中作关系项的前项(或后项),在结论中也应该相应地作关系项的前项(或后项)。

一个混合关系推理,若是违反了以上五条规则中的任何一条,该推理就是不正确的。例如:

所有甲班同学都比所有乙班同学分数高
所有 A 组同学都不是甲班同学
所以,所有 A 组同学都不比乙班同学分数高

由于这个推理违反规则①和④,所以整个推理没有必然性,结论是不可靠的。

关系推理是日常思维与语言中常用的一种推理。人们在科学研究中,在学习与工作中,在日常生活中,都要运用这种推理。例如,美国大发明家爱迪生(1847~1931年)有一次做实验,需要了解一个灯泡的容量,他让助手量一下,助手拿着灯泡翻来覆去量了半个小时,仍然量不出来。爱迪生等急了,就叫助手将灯泡盛满水,然后把水倒入量杯里,看一下量杯的刻度,灯泡的容量就测出来了。爱迪生在这里也运用了一个关系推理:

灯泡的容量等于盛满灯泡的水的体积
盛满灯泡的水的体积等于这些水倒在量杯内测得的体积
所以,灯泡的容量等于盛满灯泡的水倒在量杯内测得的体积

这是根据"等于"关系的传递性质推出结论的传递关系推理。

第五节 推理知识在逻辑试题训练中的应用

一、例题讲解

例题 1 某公司财务部共有包括主任在内的 8 名职员。有关这 8 名职员,以下三个断定中只有一个是真的。

（1）有人是广东人。

（2）有人不是广东人。

（3）主任不是广东人。

以下哪项为真？

A．8名职员都是广东人　　　B．8名职员都不是广东人

C．只有一个不是广东人　　　D．只有一个是广东人

[解题分析]　正确答案：A

题干中的"有人是广东人"和"有人不是广东人"是下反对关系，根据对当关系，二者不能同假，必有一真。再根据题意，题干中的三个断定只有一个是真的，于是唯一真的断定只能在（1）和（2）这两个命题之中，所以"主任不是广东人"必假。既然"主任不是广东人"假，那么"主任是广东人"为真。根据对当关系中的差等关系，由"主任是广东人"真，可以推出"有人是广东人"真。所以，"有人不是广东人"就是假的。再根据对当关系中的矛盾关系，由"有人不是广东人"假，可以推出"所有人都是广东人为真"。所以，正确答案是A。

例题 2　北京大学的学生都是严格选拔出来的。其中，有些学生是共产党员，但所有学生都不是民主党派的成员；有些学生学理科，有些学生学文科；很多学生爱好文学；有些学生今后将成为杰出人士。

以下命题都能够从前提推出，除了：

A．并非所有北大学生都不是共产党员

B．有些非民主党派成员不是非北大学生

C．并非所有学文科的都是非北大学生

D．有些今后不会成为杰出人士的人不是北大学生

E．有些北大学生是非民主党派成员

[解题分析]　正确答案：D

选项A可以根据对当关系推理，从"有些北大学生是共产党员"推出来；选项B可以通过连续的换质位，从"所有北大学生都不是民主党派的成员"推出来；从"有些北大学生学文科"出发，通过连续的换位质，可以推出"有些学文科的不是非北大学生"，再根据对当关系，可以推出选项C；从"所有北大学生都不是民主党派的成员"出发，先换质，再根据对当关系推理，可以推出选项E。从"有

些北大学生今后将成为杰出人士"出发，经过换质，可以推出"有些北大学生不是今后不会成为杰出人士的人"，而后者不能再换位为选项 D。所以正确答案是 D。

例题 3　在某住宅小区的居民中，大多数中老年教员都办了人寿保险，所有买了四居室以上住房的居民都办了财产保险。而所有办了人寿保险的都没办理财产保险。

如果上述断定是真的，以下哪项关于该小区居民的断定必定是真的？

Ⅰ．有中老年教员买了四居室以上的住房。
Ⅱ．有中老年教员没办理财产保险。
Ⅲ．买了四居室以上住房的居民都没办理人寿保险。

A. Ⅰ、Ⅱ和Ⅲ　　B. 仅Ⅰ和Ⅱ　　C. 仅Ⅱ和Ⅲ　　D. 仅Ⅰ和Ⅲ

[解题分析]　正确答案：C

题干中的三个命题如下：

① 大多数中老年教员都办了人寿保险。
② 所有买了四居室以上住房的居民都办了财产保险。
③ 所有办了人寿保险的都没办理财产保险。

首先，由②和③可以推出Ⅲ，即"买了四居室以上住房的居民都没办理人寿保险"，其中的中项是"办理财产保险"。其次，由①和③可以推出"大多数中老年教员都没有办理财产保险"，进而推出Ⅱ，即"有中老年教员没办理财产保险"，其中的中项是"办了人寿保险"。而①和②找不到一个共同的中项来联结，所以Ⅰ即"有中老年教员买了四居室以上的住房"不能推出来。所以，正确答案是 C。

例题 4　一个足球教练这样教导他的队员："足球比赛从来是以结果论英雄。在足球比赛中，你不是赢家就是输家；在球迷的眼里，你要么是勇敢者，要么是懦弱者。由于所有的赢家在球迷眼里都是勇敢者，所以每个输家在球迷眼里都是懦弱者。"

以下哪项是上述论证所必须假设的？

A. 在球迷看来，球场上勇敢者必胜
B. 球迷具有区分勇敢和懦弱的准确判断力
C. 球迷眼中的勇敢者，不一定是真正的勇敢者
D. 即使在球场上，输家也不是区别勇敢和懦弱的唯一标准

[解题分析]　正确答案：A

题干中从"所有的赢家都是勇敢者"推出"每个输家都是懦弱者"，还必须假设选项 A 作为前提。因为如果该项为假，则意味着"有些勇敢者不胜"，通过换质推理可得"有些勇敢者是输家"，再换位可得"有些输家是勇敢者"，再换质可得"有些输家不是懦弱者"。这显然与题干中的论点"每个输家在球迷眼里都是懦弱者"相矛盾。选项 A 是题干成立的必要条件。选项 E 不是题干成立的必要条件，因为假设该项为假，只是意味着"有些赢家不是勇敢者"，通过换质推理可得"有些赢家是懦弱者"，这与题干的断定并不矛盾。其他选项也都不是题干成立的必要条件，所以，正确答案是 A。

例题 5　所有的聪明人都是近视眼，我近视得很厉害，所以我很聪明。

以下哪项与上述推理的逻辑结构一致？

A. 我是个笨人，因为所有的聪明人都是近视眼，而我的视力那么好

B. 所有的猪都有四条腿，但这种动物有八条腿，所以它不是猪

C. 小陈十分高兴，所以小陈一定长得很胖；因为高兴的人都能长胖

D. 所有的鸡都是尖嘴，这种总在树上待着的鸟是尖嘴，因此它是鸡

[解题分析]　正确答案：D

题干与D项共同的三段论推理结构是：所有的S都是P，M是P，所以M是S。

例题 6　这所大学的学生学习了很多课程，小马是这所大学的一名学生，所以她学习了很多的课程。

以下哪项论证展示的推理错误与上述论证中的最相似？

A. 这所学校里的学生学习数学这门功课，小马是这所学校的一名学生，所以他也学习数学这门课程

B. 这本法律期刊的编辑们写了许多法律方面的文章，老李是其中的一名编辑，所以他也写过许多法律方面的文章

C. 这所大学的大多数学生学习成绩很好，小贞是这所大学的一名学生，所以她的学习成绩很好

D. 所有的旧汽车需要经常换零件，这部汽车是新的，所以不需要经常换零件

[解题分析]　正确答案：B

题干推理看似一个三段论推理，但犯了"四词项"的逻辑错误，大前提中的"学生"

和小前提中的"学生"不是同一个概念。选项 B 也是如此，大前提中的"编辑"和小前提中的"编辑"也不是同一个概念，也是犯了"四词项"的逻辑错误。所以，应该选 B。

例题 7　一些麋鹿的骨盆骨与所有猪的骨盆骨具有许多相同的特征。虽然不是所有的麋鹿都有这些特征，但是一些动物学家声称，所有具有这些特征的动物都是麋鹿。

如果以上陈述和动物学家的声明都是真的，以下哪项也一定是真的？

A. 麋鹿与猪的相似之处要多于它与其他动物的相似之处

B. 一些麋鹿与猪在其他方面的不同之处要少得多

C. 所有动物，如果它们的骨盆骨具有相同的特征，那么它们的其他骨骼部位一般也会具有相同或相似的特征

D. 所有的猪都是麋鹿

[解题分析]　正确答案：D

由题干中"一些麋鹿的骨盆骨与所有猪的骨盆骨具有许多相同的特征"，可以推出"所有猪的骨盆骨与一些麋鹿的骨盆骨具有许多相同的特征"，又根据"所有具有这些特征的动物都是麋鹿"，进行三段论推理，可以得到"所有的猪都是麋鹿"。所以，应该选 D。

例题 8　电视广告：这酒嘛，年头要长一点，工艺要精一点。好酒，可以喝一点。（广告者打量手中的板城烧锅酒）嗯，板城烧锅酒，可以喝一点。

为了使题干中最后一句话成为前面几句话的逻辑结论，需要补充下面哪一个前提？

A. 茅台酒是中国最著名的好酒

B. 板城烧锅酒年头很长

C. 五粮液和板城烧锅酒都是好酒

D. 板城烧锅酒工艺很精

[解题分析]　正确答案：C

以题干中的"好酒可以喝一点"作为大前提，选项 C"五粮液和板城烧锅酒都是好酒"，作为小前提，可推出结论"五粮液和板城烧锅酒可以喝一点"，即"板城烧锅酒可以喝一点"。

例题 9　某些经济学家是大学数学系的毕业生。因此，某些大学数学系的

毕业生是对企业经营很有研究的人。

下列哪项如果为真，则能够保证上述论断的正确？

A. 某些经济学家专攻经济学的某一领域，对企业经营没有太多的研究

B. 某些对企业经营很有研究的经济学家不是大学数学系毕业的

C. 所有对企业经营很有研究的人都是经济学家

D. 所有的经济学家都是对企业经营很有研究的人

[解题分析]　正确答案：D

本题题干的推理可以看成是个省略三段论，要保证推理的成立，必须保证省略的小前提是真的。如果 D 项真，即如果事实上所有的经济学家都是对企业经营很有研究的人，则依据某些经济学家是大学数学系的毕业生，自然可以得出，某些大学数学系的毕业生是对企业经营很有研究的人。其余各项都不能保证题干论断成立。

例题 10　有些导演留大胡子，因此，有些留大胡子的人是大嗓门。

为使上述推理成立，必须补充以下哪项作为前提？

A. 有些导演是大嗓门　　　　　　B. 所有大嗓门的人都是导演

C. 所有导演都是大嗓门　　　　　D. 有些大嗓门的不是导演

E. 有些导演不是大嗓门

[解题分析]　正确答案：C

如果补充 A 或 D 或 E 到题干，所构成的三段论的两个前提都是特称的，都推不出结论；如果补充 B 到题干，所构成的三段论犯了"中项两次不周延"的错误。而如果补充 C 到题干，得到的三段论是：

所有导演都是大嗓门，

有些导演留大胡子，

所以，有些留大胡子的是大嗓门。

这是有效三段论。所以，正确的答案是 C。

二、同步练习

1. 把推理划分为必然性推理和或然性推理的根据是（　　　）。

A. 结论是否真实　　　　　　　　B. 前提与结论是否都真实

C. 前提与结论是否等值　　　　　D. 前提是否蕴涵结论

2. 根据同一素材性质命题之间的对当关系中的下反对关系，可以进行推演的是（　　）。

A. 由真推假　　B. 由假推真　　C. 由真推真　　D. 由假推假

3. 从 SAP 假，可以推出（　　）。

A. SEP 真　　　　　　　　　　B. SIP 假

C. SOP 真　　　　　　　　　　D. "并非 SEP" 真

4. 根据同一素材性质命题之间的对当关系中的反对关系，可以进行推演的是（　　）。

A. 由真推假　　B. 由假推真　　C. 由真推真　　D. 由假推假

5. 运用对当关系推理，从（　　）可以推出并非 SIP。

A. 并非 SAP　　B. SOP　　C. 并非 SEP　　D. SEP

6. 下列推理中，根据对当关系中的反对关系而进行推理的有效式是（　　）。

A. SAP→并非 SEP　　　　　　B. 并非 SAP→SEP

C. 并非 SEP→并非 SAP　　　　D. 并非 SEP→SAP

7. 依据差等关系可以进行的对当关系推理是（　　）。

A. 并非 SAP→并非 SIP　　　　B. 并非 SIP→并非 SAP

C. SIP→SAP　　　　　　　　D. SOP→SEP

8. "甲班没有一个同学是不会唱歌的" 与 "甲班同学不都是会唱歌的" 这两个命题之间是（　　）。

A. 矛盾关系　　B. 反对关系　　C. 下反对关系　　D. 差等关系

9. 如果 A、B 两个命题不能同真，但却可以同假，则它们之间的关系是（　　）。

A. 反对关系　　B. 差等关系　　C. 矛盾关系　　D. 下反对关系

10. 与 "世界上的国家不都是内陆国家" 有下反对关系的命题是（　　）。

A. 世界上所有的国家都是内陆国家

B. 世界上有的国家不是内陆国家

C. 世界上所有的国家都不是内陆国家

D. 世界上有的国家是内陆国家

11. 下列各组的两个命题之间具有"不能同假,可以同真"关系的是（   ）。

A. "所有的城市都有市花" "有的城市没有市花"

B. "有的科研成果是论文" "有的科研成果不是论文"

C. "教师都是知识分子" "有的教师不是知识分子"

D. "凡金属都有延展性" "凡金属都没有延展性"

12. 通过调查得知,并非所有个体商贩都有偷税、逃税行为。

如果上述调查的结论是真实的,那么以下哪项一定为真?（   ）

A. 所有的个体商贩都没有偷税、逃税行为

B. 多数个体商贩都有偷税、逃税行为

C. 并非有的个体商贩没有偷税、逃税行为

D. 有的个体商贩确实没有偷税、逃税行为

13. 某律师事务所共有 12 名工作人员。

（1）有人会使用计算机。

（2）有人不会使用计算机。

（3）所长不会使用计算机。

上述三个命题中只有一个是真的。

以下哪项正确表示了该律师事务所会使用计算机的人数?（   ）

A. 12 人都会使用　　　　　　B. 12 人没人会使用

C. 仅有一人不会使用　　　　D. 仅有一人会使用

14. 某大会主席宣布:"此方案没有异议,大家都赞同,通过。"

如果以上不是事实,下面哪项必为事实?（   ）

A. 大家都不赞同方案　　　　B. 有少数人不赞同方案

C. 有些人赞同,有些人反对　　D. 至少有人是反对方案的

15. 下列直言命题变形直接推理中,错误的是（   ）。

A. SAP → PIS　　　　　　　B. SEP → PES

C. SIP → PIS　　　　　　　D. SOP → POS

16. 运用直言命题变形直接推理,从"有些国产商品是名牌商品"不能推出（   ）。

A. 有些国产商品不是名牌商品　　B. 有些国产商品不是非名牌商品

C. 有些名牌商品不是非国产商品　　D. 有些名牌商品是国产商品

17. 以"所有商品是劳动产品"为前提进行换位法直接推理，其正确的结论是（　　）。

　　A. 所有的劳动产品是商品　　　B. 有些劳动产品是商品

　　C. 没有劳动产品是商品　　　　D. 有些劳动产品不是商品

18. 将"犯罪行为是具有社会危害性的行为"这一命题进行换质位法直接推理，其结论是（　　）。

　　A. 犯罪行为不是不具有社会危害性的行为

　　B. 不犯罪行为是不具有社会危害性的行为

　　C. 不具有社会危害性的行为不是犯罪行为

　　D. 具有社会危害性的行为是犯罪行为

19. 从"某商店有的电冰箱不是国产的"这一前提出发，能推出（　　）。

　　A. 有些国产的不是某商店的电冰箱

　　B. 某商店有的电冰箱是国产的

　　C. 并非某商店所有的电冰箱都不是国产的

　　D. 并非某商店所有的电冰箱都是国产的

20. 经过反复核查，质检员小李向厂长汇报说："726车间生产的产品都是合格的，所以不合格的产品都不是726车间生产的。"

以下哪项和小李的推理结构最为相似？（　　）

　　A. 所有入场的考生都经过了体温测试，所以没有入场的考生都没有经过体温测试

　　B. 所有出厂设备都是检测合格的，所以检测合格的设备都已出厂

　　C. 所有已发表文章都是认真校对过的，所以认真校对过的文章都已发表

　　D. 所有真理都是不怕批评的，所以怕批评的都不是真理

21. 以"没有M不是P，有S是M"为前提进行推理，推出的结论是（　　）。

　　A. 所有S是P　　　　　　　　B. 所有S不是P

　　C. 有S是P　　　　　　　　　D. 有S不是P

22. 一个有效的直言三段论，小前提是否定命题，则大前提只能是（　　）。

　　A. MEP　　　B. MAP　　　C. PIM　　　D. PAM

23. 一个有效的第二格三段论，若其小前提是 I 命题，则结论只能是（　　）。

A. A 命题　　　B. E 命题　　　C. I 命题　　　D. O 命题

24. 以 "PEM" "MAS" 为大小前提进行三段论推理，可以推出（　　）。

A. SAP　　　B. SEP　　　C. SIP　　　D. SOP

25. "没有 P 是 M；有 S 是 M；所以，有 S 不是 P。" 这一推理的形式是（　　）。

A. 第一格的 EIO 式　　　　　B. 第二格的 EIO 式

C. 第一格的 AII 式　　　　　D. 第一格的 AIO 式

26. 一个有效的三段论，若其大前提是 MEP，则其小前提可以是（　　）。

A. SOP　　　B. MAS　　　C. MES　　　D. MOS

27. 一个有效的三段论，若其小前提是 SIM，则其大前提可以是（　　）。

A. PAM　　　B. MAP　　　C. MOP　　　D. POM

28. 如果一个直言三段论的有效式的结论是 SAP，小前提也是 A 命题，则大前提只能是（　　）。

A. PAM　　　B. MAP　　　C. MAS　　　D. SAM

29. "所有拾金不昧的人都是有道德的人，老张是有道德的人，所以，老张是拾金不昧的人。" 这个三段论犯了（　　）的逻辑错误。

A. 大项不当周延　　　　　B. 小项不当周延

C. 两否定得结论　　　　　D. 中项不周延

30. 如果把 "李教师不是四川人，所以有的四川人不讲四川话" 这个省略的三段论补成第三格形式（假设补上的大前提为肯定命题），则可发现它（　　）。

A. 犯 "大项扩大" 的错误　　　　　B. 犯 "小项扩大" 的错误

C. 犯 "中项不周延" 的错误　　　　D. 犯 "四概念" 的错误

31. "学过逻辑的人有些是学过语法的，这个班所有的同学都学过逻辑，所以，这个班有些同学学过语法。" 这个三段论的错误是（　　）。

A. "四概念" 错误　　　　　B. "小项扩大" 的错误

C. "大项扩大" 的错误　　　D. "中项不周延" 的错误

32. 如果以 "有些 A 是 B，所有 B 是 C" 为前提进行三段论推理，那么（　　）。

A. 不能必然得出结论

B. 只能得出 "有些 C 是 A" 的结论

C. 只能得出"有些 A 是 C"的结论

D. 能得出"有些 C 是 A"的结论，或者是"有些 A 是 C"的结论

33. "在一个三段论中，如果大项在前提中是不周延的，那么在结论中也不得周延"这可以理解为（　　）。

　　A. 大项在前提中周延，则在结论中也得周延

　　B. 大项在结论中周延，则在前提中也得周延

　　C. 大项在结论中不周延，但在前提下中可以周延

　　D. 大项在结论中周延，但在前提中可以不周延

34. 在三段论的两个前提中，如果有一个特称，则结论必特称，因此（　　）。

　　A. 结论特称，则两前提下中必有一特称

　　B. 两前提都全称，则结论必为全称

　　C. 结论全称，只前提中有一个全称

　　D. 两前提中有一个不是全称，则结论不能全称

35. 有一个正确有效的三段论，其小前提是 SIM，大前提可以是（　　）。

　　A. PAM　　　B. MIP　　　C. MAP　　　D. MOP

36. "普通逻辑学是没有阶级性的；普通逻辑学是科学。所以，所有的科学都是没有阶级性。"这个三段论是（　　）。

　　A. 有效的推理形式　　　　　B. 犯中项不周延的逻辑错误

　　C. 犯大项不当周延的逻辑错误　D. 犯小项不当周延的逻辑错误

37. "铁是金属，所以，铁是导电体。"这个推理是（　　）。

　　A. 换质法　　　　　　　　B. 省略大前提的三段论

　　C. 省略小前提的三段论　　D. 换位法

38. "凡贪污罪都是故意犯罪，该行为是故意犯罪，所以该行为是贪污罪。"这个三段论所犯的逻辑错误是（　　）。

　　A. 大项不当周延　　　　　B. 小项不当周延

　　C. 中项不周延　　　　　　D. 两否定推结论

39. 如一有效三段论的大前提为特称命题，则其小前提应是（　　）。

　　A. MIS　　　B. SAM　　　C. MAS　　　D. SOM

40. "你有义务作证，因为你知道案情。"这段话作为三段论，省略了（　　）。

A. 联项　　　　B. 结论　　　　C. 小前提　　D. 大前提

41. 中项在大前提和小前提中皆作为谓项。这是三段论的（　　）。

A. 第一格　　　B. 第二格　　　C. 第三格　　D. 第四格

42. 黑龙江人都是北方人，有些黑龙江人不是工人。

以上命题为真，则以下哪一项肯定为真？（　　）

A. 有些北方人是工人　　　　　B. 有些北方人不是工人
C. 有些工人是北方人　　　　　D. 有些工人不是北方人

43. 在一个正确的三段论中，如果结论为全称肯定命题，那么其大、小前提可以是（　　）。

A. PAM，SAM　　　　　　　　B. MAP，MAS
C. PAM，MAS　　　　　　　　D. MAP，SAM

44. 三段论"大多数教师都会一门外语，她是大学教师，所以，她会一门外语。"犯的逻辑错误是（　　）。

A. 大项不当周延　　　　　　　B. 小项不当周延
C. 中项不周延　　　　　　　　D. 两否定推结论

45. "有些雇员是知识分子，有些雇员工作卓有成效，所以，有些知识分子工作卓有成效。"这是（　　）。

A. 犯了"中项两次不周延"的错误　B. 一个正确的推理
C. 符合三段论规则　　　　　　　D. 一个前提蕴涵结论的推理

46. "马是动物，鹿是动物，所以鹿是马"这是（　　）。

A. 犯了"四词项"的错误　　　　B. 犯了"中项不周延"的错误
C. 犯了"小项扩大"的错误　　　D. 犯了"大项扩大"的错误

47. 若一个有效三段论的结论为全称否定命题，小前提为全称肯定命题，则大前提应为（　　）。

A. 全称肯定命题　　　　　　　B. 特称肯定命题
C. 全称否定命题　　　　　　　D. 特称否定命题

48. 有些自然物品具有审美价值，所有的艺术品都有审美价值。因此，有些自然物也是艺术品。

以下哪个推理具有和上述推理最为类似的结构？（　　）

A. 有些有神论者是佛教徒，所有的基督教徒都不是佛教徒，因此，有些有神论者不是基督教徒

B. 某些律师喜欢钻牛角尖。李小鹏是律师，因此，李小鹏喜欢钻牛角尖

C. 有些南方人爱吃辣椒，所有的南方人都习惯吃大米，因此，有些习惯吃大米的人爱吃辣椒

D. 有些小保姆接受过专业培训，所有的保安人员都接受过专业培训，因此，有些小保姆兼当保安

49. 所有名词都是实词，动词不是名词，所以动词不是实词。

以下哪项与上述推理在结构上最为类似？（ ）

A. 凡细粮都不是高产作物。因为凡薯类都是高产作物，凡细粮都不是薯类

B. 先进学生都是遵守纪律的，有些先进学生是大学生，所以大学生都是遵守纪律的

C. 铝是金属，又因为金属都是导电的，因此铝是导电的

D. 虚词不能独立充当语法成分，介词是虚词，所以介词不能独立充当语法成分

50. 科学不是宗教，宗教都主张信仰，所以主张信仰都不科学。

以下哪项最能说明上述推理的不能成立？（ ）

A. 所有渴望成功的人都必须努力工作，我并不渴望成功，所以我不必努力工作

B. 商品都有使用价值，空气当然有使用价值，所以空气当然是商品

C. 不刻苦学习的人都成不了技术骨干，小张是刻苦学习的人，所以小张能成为技术骨干

D. 台湾人不是北京人，北京人都说汉语，所以，说汉语的都不是台湾人

51. 某些东方考古学家是美国斯坦福大学的毕业生。因此，美国斯坦福大学的某些毕业生对中国古代史很有研究。

为保证上述推断成立，以下哪项必须是真的？（ ）

A. 某些东方考古学家专攻古印度史，对中国古代史没有太多的研究

B. 某些对中国古代史很有研究的东方考古学家不是从美国斯坦福大学毕业的

C. 所有对中国古代史很有研究的人都是东方考古学家

D. 所有的东方考古学家都是对中国古代史很有研究的人

52. 在改革开放的中国社会，白领阶层以其得体入时的穿着、斯文潇洒的举止，在城市中逐渐形成一种新的时尚。张金力穿着十分得体，举止也十分斯文，一定

是白领阶层的一员。

下列哪项陈述最准确地指出了上述命题在逻辑上的缺陷？（　　）

A. 有些白领阶层的人穿着也很普通，举止并不潇洒

B. 有些穿着得体，举止斯文的人并非从事令人羡慕的白领工作

C. 穿着举止是人的爱好、习惯，也与工作性质有一定的关系

D. 张金力的穿着举止受社会时尚的影响很大

53. 血液中高浓度脂肪蛋白含量的增多，会增加人体阻止吸收过多的胆固醇的能力，从而降低血液中的胆固醇。有些人通过有规律的体育锻炼和减肥，能明显地增加血液中高浓度脂肪蛋白的含量。

以下哪项，作为结论从上述题干中推出最为恰当？（　　）

A. 有些人通过有规律的体育锻炼降低了血液中的胆固醇，则这些人一定是胖子

B. 不经常进行体育锻炼的人，特别是胖子，随着年龄的增大，血液中出现胆固醇的风险越来越大

C. 体育锻炼和减肥是降低血液中高胆固醇的最有效的方法

D. 有些人可以通过有规律的体育锻炼和减肥来降低血液中的胆固醇

54. 新学年开学伊始，有些新生刚入学就当上了校学生会干部。在奖学金评定中，所有广东籍的学生都申请了本年度的甲等奖学金，所有校学生会干部都没有申请本年度的甲等奖学金。

如果上述断定是真的，以下哪项有关断定也必定是真的？（　　）

A. 所有的新生都不是广东人

B. 有些新生申请了本年度的甲等奖学金

C. 有些新生不是广东人

D. 并非所有广东籍的学生都是新生

55. 有人做了这样一个推理：鲁迅的著作不是一天能读完的，《龙须沟》是鲁迅的著作，所以《龙须沟》不是一天能读完的。

对于这个推理，以下哪项为真？（　　）

A. 这个推理是正确的

B. 这个推理是错误的，因为它的前提中有一个是错误的

C. 这个推理是错误的，因为它的结论是错误的

D. 这个推理是错误的，因为它犯了"四概念错误"

56. 下列概念间的关系中属于非传递关系的有（　　）。

A. 真包含关系　　B. 真包含于关系　C. 全同关系　　D. 全异关系

57. 下列概念间关系中，属于传递关系的有（　　）。

A. 真包含关系　　B. 交叉关系　　C. 反对关系　　D. 矛盾关系

58. 关系推理（一）"甲命题与乙命题不等值；乙命题与丙命题不等值；所以，甲命题与丙命题不等值"与（二）"甲命题蕴涵乙命题，乙命题蕴涵丙命题；所以，甲命题蕴含丙命题"（　　）。

A. 都是有效的　　　　　　　　B. 都是无效的

C. （一）有效（二）无效　　　D. （一）无效（二）有效

59. "老仲马是大仲马的父亲，大仲马是小仲马的父亲，所以老仲马不是小仲马的父亲。"这一关系推理属于（　　）。

A. 正确的传递性关系推理　　　B. 错误的传递性关系推理

C. 正确的反传递性关系推理　　D. 错误的反传递性关系推理

60. 小李将自家护栏边的绿地毁坏，种上了黄瓜。小区物业人员发现后，提醒小李：护栏边的绿地是公共绿地，属于小区的所有人。物业为此下发了整改通知书，要求小李限期恢复绿地。小李对此辩称："我难道不是小区的人吗？护栏边的绿地既然属于小区的所有人，当然也属于我。因此，我有权在自己的土地上种瓜。"

以下哪项论证，和小李的错误最为相似？（　　）

A. 所有人都要为他的错误行为负责，小梁没有对他的错误行为负责，所以小梁的这次行为没有错误

B. 所有参展的兰花在这次博览会上被定购一空，李阳花大价钱买了一盆花，由此可见，李阳买的必定是兰花

C. 没有人能够一天读完大仲马的所有作品，没有人能够一天读完《三个火枪手》，因此，《三个火枪手》是大仲马的作品之一

D. 所有莫尔碧骑士组成的军队在当时的欧洲是不可战胜的，翼雅王是莫尔碧骑士之一，所以翼雅王在当时的欧洲是不可战胜的

61. 有些通信网络维护涉及个人信息安全，因而，不是所有通信网络的维护都可以外包。以下哪项可以使上论证成立？（　　）

A. 所有涉及个人信息安全的都不可以外包

B. 有些涉及个人信息安全的不可以外包

C. 有些涉及个人信息安全的可以外包

D. 所有涉及国家信息安全的都不可以外包

62. 在某次综合性学术年会上，物理学会做学术报告的人都来自高校。化学学会做学术报告的有些来自高校，但是大部分来自中学，其他做学术报告的人均来自科学院，来自高校的学术报告者都具有副教授以上职称，来自中学的学术报告者都具有中高级以上职称，李默、张豪参加了这次综合性学术年会，李默并非来自中学，张豪并非来自高校。以上陈述如果为真，可以得出哪些结论？（   ）

A. 张豪不是物理学会的

B. 李默不是化学学会的

C. 张豪不具有副教授以上职称

D. 李默如果做了学术报告，那么他不是化学学会的

思考题

1. 举例说明什么是推理，并指出其组成部分。
2. 正确的推理要具备什么条件？
3. 什么是对当关系直接推理？其有效式有哪些？
4. 什么是命题变形直接推理？它主要有哪几种？其规则是什么？
5. 什么是直言三段论？什么是直言三段论的大项、中项和小项？
6. 直言三段论公理的内容是什么？
7. 正确的直言三段论应遵守哪些规则？
8. 直言三段论有哪几个格？各格的规则是什么？
9. 什么是省略三段论？如何把省略三段论恢复完整？

05

第五章

复合命题和模态命题

把单个的命题不再作为分析的整体，用命题联结词把这些命题联结起来，组成更复杂的命题，简称"复合命题"。复合命题是包含其他命题的命题，它通常是由两个或两个以上的简单命题组成的。例如：

控制论不但对生物和生命现象的研究有深刻的意义，而且对哲学和社会现象的研究也有重要的意义。

如果一个推理的前提真并且推理形式有效，则结论必真。

这是复合命题。构成复合命题的简单命题称为复合命题的肢命题，它是复合命题形式结构中的变项；上例中的"不但……而且……""如果……则……"等是把几个肢命题联结起来的联结词（或联项），它是复合命题形式结构中的逻辑常项。复合命题都是由一定的联结词结合若干肢命题而组成的。联结词体现了肢命题相互之间以及肢命题与复合命题之间的逻辑关系。

复合命题根据所用的联结词的性质不同可分为：联言命题、选言命题、假言命题以及负命题等。

第一节 联言命题

一、联言命题的含义

联言命题是对几种事物情况同时加以断定的复合命题。例如：

① 马克思主义理论不是教条，而是行动的指南。

② 这项水利工程不仅使附近几个县的农田免于受损，而且为这一地区的小工业发展提供了动力。

③ 中国既是火药的故乡，又是火箭的故乡。

④ 巴黎公社虽然只存在了72天，但它为创立无产阶级政权做了第一次尝试。

这些都是联言命题。联言命题是由两个或两个以上的简单命题组成的。联言命题所包含的简单命题，叫作联言肢。

联言命题的一般形式是：p并且q。其中的p和q表示肢命题，"并且"是联结词。联言命题的符号形式是：p∧q。其中，"∧"读作"合取"，p、q称为合取肢。

二、联言命题的真假

任何命题都或是真的，或是假的，这种或真或假的性质叫作命题的真假值，或叫命题的逻辑值。

联言命题的真假就取决于其联言肢的真假。联言命题的真假与联言肢的真假关系，可用下列真假值表来表示。

p	q	p并且q（p∧q）
真	真	真
真	假	假
假	真	假
假	假	假

第二节 选言命题

一、选言命题的含义

选言命题是断定在几种可能的事物情况中至少有一种事物情况存在的复合命题。例如：

① 这一批商品滞销或者由于质量低劣，或者由于价格太高。
② 不是故意，就是过失。

例①断定了这一批商品滞销这一情况的两个可供选择的原因（质量低劣、价格太高），例②对故意和过失这两种可能情况做了断定。它们都是断定若干可能的事物情况，是选言命题。选言命题总是由两个或两个以上的肢命题构成的。

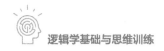

二、选言命题的种类

选言命题所断定的若干事物情况，有的是可以并存的，如例①中，质量低劣和价格太高可以都是商品滞销的原因；有的是不可以并存的，如例②中的故意和过失就只能有一种情况存在。由此，我们将选言命题分为相容选言命题和不相容选言命题。

（一）相容选言命题

相容选言命题是断定几种事物情况中至少有一种存在，但也可以都存在的选言命题。

① 老李或者是演员，或者是导演。
② 这个电视剧或者剧情动人，或者表演精彩。

例①和例②中所反映的事物情况都可以并存，是相容选言命题。

相容选言命题的逻辑形式是：p 或者 q。其中的 p 和 q 称为选言肢，"或者"是联结词。

相容选言命题的符号形式是：$p \vee q$。其中，"$\vee$"读作"析取"，p、q 称为析取肢。

相容选言命题是断定选言肢至少有一真，也可以都真的选言命题。相容选言命题的真值表如下。

p	q	p 或者 q（$p \vee q$）
真	真	真
真	假	真
假	真	真
假	假	假

（二）不相容的选言命题

不相容选言命题是断定几种事物情况中有且仅有一种情况存在的选言命题。例如：

① 或是故意犯罪，或是过失犯罪，二者必居其一。
② 选民选举时要么投赞成票，要么投反对票，要么弃权。

这两个选言命题中各自指出的属性对同一个对象来说不能共存，只要其中一个是真的，其余就是假的。所以，它们是不相容选言命题。

不相容选言命题的逻辑形式是：要么 p 要么 q。其中的 p 和 q 称为选言肢，"要么……要么……"是联结词。

不相容选言命题的符号形式是：p∨̇q。其中，"∨̇"读作"不相容析取"。

不相容选言命题是断定选言肢至少有一真并且至多也只有一真的选言命题。不相容选言命题的真值表如下。

p	q	要么 p, 要么 q（p∨̇q）
真	真	假
真	假	真
假	真	真
假	假	假

在日常语言中，"要么 p 要么 q"只表示不相容选言命题，"或者 p 或者 q"可以表示相容选言命题，也可以表示不相容选言命题，至于实际上表示哪类命题，需根据具体的语境而定。

三、选言命题选言肢的穷尽问题

在实际思维中，一个选言命题的真假除了同选言肢的真假有关外，还同选言肢是否穷尽有关。如果一个选言命题的所有选言肢，分别陈述了事物的所有可能情况，那么，这个选言命题的选言肢就是穷尽的；如果一个选言命题的所有选言肢，没有陈述事物的所有可能情况，那么，这个选言命题的选言肢就是不穷尽的。

前面已经做过分析，一个真的选言命题必须至少有一个或仅有一个选言肢是真的。如果所有选言肢中，没有一个是真的，则选言命题必是假的。如果一个选言命题中的选言肢把所有可能情况都列举出来，选言肢穷尽了一切可能情况，那么，其中必定包含有真的情况，因而就可以保证该选言命题是真的。反之，如果一个选言命题中的选言肢没有把所有可能情况列举出来，也就是选言肢没有穷尽一切可能情况，那么，就有可能把真的可能情况遗漏，因而不能保证该选言命题是真的。例如：

① 一个平面三角形或是直角三角形，或是锐角三角形，或是钝角三角形。

② 一个有理数要么大于零，要么小于零。

③ 康德哲学或者是主观唯心主义，或者是客观唯心主义。

④ 这个人或者是自杀身亡，或者是他杀致死。

例①中选言肢穷尽了"平面三角形"的所有可能情况，其中必定包含了真的可能情况，所以，这个选言命题是真的。例②中选言肢没有穷尽"有理数"的所有可能情况。因为一个有理数除了大于零、小于零外，还可能正好等于零。作为一个述说有理数普遍属性的命题，这个选言命题对有理数该方面属性的陈述并不完整，因此，它是假的。例③这个选言命题的选言肢，也是不穷尽的，因为这两个选言肢并未穷尽哲学体系的各种可能。但是，这个选言命题却是真的。因为，从逻辑形式上说，只要选言肢包含了真的可能情况（至少有一选言肢为真），就可以构成一个真的选言命题。例④则既可能为真，也可能为假。因为一个人的死亡除了自杀身亡、他杀致死外，还可能是自然死亡、意外事故死亡。对于特定的某一个人来说，这个选言命题的两个选言肢也可能当中有一个为真，也可能两个都假。因此，该选言命题可真可假。如果我们把这个命题修改为"这个人或者是自杀，或者是他杀，或者是自然死亡，或者是意外事故死亡"，当我们把所有可能的情况都考虑过去，把每一种可能都作为一个选言肢予以陈述时，这个选言命题就必然为真了。

由此可见，一个选言命题当它的选言肢穷尽时，这个选言命题就必然是真的。但是，一个真的选言命题，其选言肢却不一定就是穷尽的。因为只要一个选言命题满足了"至少有一个选言肢是真的"这个条件，它就可以是真的。概括而言，选言肢穷尽的选言命题必真，选言肢不穷尽的选言命题可真。在实际运用中，往往不可能也没有必要把数量众多的可能情况都一一列举出来进行选择。至于怎样才能使一个没穷尽所有选言肢的选言命题是真的，这涉及命题的内容，逻辑本身是解决不了的，但由于这个问题关系到选言命题的真假，因此人们在实际思维中，尤其是在以选言命题为前提进行推理时，必须予以重视。

选言命题虽然不像直言命题那样是对客观事物直接有所断定，但它提出客观事物的几种可能性，估计到情况的各个方面，为进一步分析问题提供基础，为人们认识问题指明范围，为解决问题提供线索，使人们能了解事物发展的几种可能性，以便创造条件，力争实现最好的可能。

第三节　假言命题

一、假言命题的含义

假言命题是断定事物情况之间的条件关系的复合命题。它断定一类情况的存在是另一类情况存在的条件，所以，假言命题又叫条件命题。例如：

① 如果某人的行为不具有社会危害性，那么某人的行为不是犯罪。
② 只有不畏劳苦，才能攀上科学高峰。

这就是假言命题。假言命题是由两个肢命题组成的，我们把表示条件的肢命题叫作前件，用"p"表示；把表示依赖该条件而存在的肢命题叫作后件，用"q"表示。把前件和后件连接起来的词称为假言联结词。

二、假言命题的种类

由于假言命题是断定客观事物之间条件关系的命题，因此，不同的条件联系构成不同性质的假言命题。就条件来说，有充分条件、必要条件和既充分又必要的条件。因而，作为反映这种不同的条件关系的假言命题，也可分为三种，即充分条件假言命题、必要条件假言命题和充分必要条件假言命题。

(一)充分条件假言命题

充分条件假言命题是断定一事物情况是另一事物情况的充分条件的假言命题。例如:

① 一个物体如果受热,那么它就会膨胀。

② 如果学习只在于模仿,那么科学就不会进步。

这是充分条件假言命题。就例①来说,只要前件"物体受热"这个条件成立,那么后件"物体膨胀"就一定成立。

充分条件假言命题的逻辑形式是:如果p,那么q。其中,"如果……那么……"是联结词,p称为前件,q称为后件。

充分条件假言命题的符号形式是:p→q。"→"读作"蕴涵"。

充分条件假言命题的真假,决定于前件所断定的事物情况是不是后件所断定的事物情况的充分条件。如果前件所断定的事物情况是后件所断定的事物情况的充分条件,那么,这个充分条件的假言命题就是真的,否则就是假的。例如,充分条件假言命题"如果天下雨,那么会议延期",只有在天下雨但会议未延期的情况下才是假的,在其他情况下都是真的。充分条件假言命题的真值表如下。

p	q	如果p,那么q(p→q)
真	真	真
真	假	假
假	真	真
假	假	真

(二)必要条件假言命题

必要条件假言命题是断定一事物情况是另一事物情况的必要条件的假言命题。例如:

① 只有正视自己的不足,才能不断地提高和完善自己。

② 除非通过考试,否则不予录取。

这是必要条件的假言命题。它断定没有前件情况的出现,就不会有后件情况的出现。

必要条件假言命题的逻辑形式是：只有 p，才 q。其中，"只有……才……"是联结词，p 称为前件，q 称为后件。

必要条件假言命题的符号形式是：p←q。"←"读作"逆蕴涵"。

必要条件假言命题的真值表如下。

p	q	只有 p，才 q（p←q）
真	真	真
真	假	真
假	真	假
假	假	真

（三）充分必要条件假言命题

充分必要条件假言命题是断定一事物情况是另一事物情况的充分必要条件的假言命题。例如：

① 当且仅当世界上有阶级，世界上才有国家。

② 一个三角形是等边三角形，当且仅当它是等角三角形。

充要条件假言命题的逻辑形式是：当且仅当 p，才 q。其中，"当且仅当"是联结词，p、q 分别称为前后件。

充要条件假言命题的符号表示是：p↔q。"↔"读作"等值于"。

在日常语言中，没有非常恰当准确地表达充要条件联结词的词语。"当且仅当"的表达方式，仅见于数学著述，在日常语言中不常用。充要条件假言命题的表达形式有："如果 p 那么 q，而且，只有 p 才 q""如果 p 那么 q 并且如果不 p 那么不 q""只要并且只有 p 才（就）q"等。在文章和著作中有时还用表达充分条件的联结词"如果 p 那么 q"，表达充要条件假言命题。

充分必要条件假言命题还可能省略联结词。因此，看一个假言命题是不是充要条件假言命题，还要看前件与后件所断定的实际关系。在日常语言中，人们要表述充分必要条件假言命题时，常常需用两句话表达。例如：

人不犯我，我不犯人；人若犯我，我必犯人。

一个充分必要条件假言命题只有在其前后件取相同的真值时才是真的，在其余情况下都是假的。充要条件假言命题的真假表如下。

p	q	当且仅当p, 才q（p↔q）
真	真	真
真	假	假
假	真	假
假	假	真

三、假言命题的运用与表达

人们在日常思维中，经常运用假言命题来反映事物之间的条件联系，其认识意义是不容忽视的。因此，我们应该学会正确地运用假言命题，以便真实、准确地反映客观事物的情况。

（一）认清条件联系，选择适当的关联词语，准确地表达假言命题

运用假言命题，首先要认清事物情况之间的条件关系，不要把充分条件关系与必要条件关系弄错。例如：

① 只要不怕困难，就能战胜困难。

② 只有得了阑尾炎，才会肚子痛。

例①、例②对于前后件之间条件关系的断定都是错误的。例①错将必要条件当成充分条件，而忽略了战胜困难的其他必不可少的条件；例②则错将充分条件当成必要条件，而实际上不得阑尾炎，肚子也会痛。

此外，有一种省略了关联词语的语句，也可以用来表达充分条件假言命题。例如：

酒香不怕巷子深。

上例是"如果酒香，就不怕巷子深"这一语句的省略式，表达了一个充分条件假言命题，即断定了"酒香"是"不怕巷子深"的充分条件。

弄清假言命题的语言表达形式，对于正确使用假言命题进行推理是十分必要的。

（二）条件关系不能强加

对于不具有条件关系的事物情况，不能强加条件关系以构成假言命题。例如：

① 如果我像爱因斯坦那样聪明，那么我也能成为科学家。

② 只有考上大学，才能成为对社会有用的人。

这两个命题都是不恰当的。例① "我像爱因斯坦那样聪明" 和 "我也能成为科学家" 之间并不具有充分条件关系；例② "考上大学" 和 "成为对社会有用的人" 二者之间并不具有必要条件关系。这里犯了强加条件关系的错误。

（三）正确地进行假言命题之间的等值转换

根据三种假言命题的逻辑性质，可以知道：断定 p 是 q 的充分条件，也就是断定了 q 是 p 的必要条件；断定 q 是 p 的必要条件，也就是断定 "无 q" 是 "无 p" 的充分条件；断定 p 是 q 的充分必要条件，也就是断定 q 是 p 的充分必要条件。因此，可以把一个假言命题转换成另一个假言命题，这在逻辑上叫作 "等值转换"。由此可以有以下几个等值式：

① $(p \to q) \leftrightarrow (q \leftarrow p)$

② $(p \leftarrow q) \leftrightarrow (\neg p \to \neg q)$

③ $(p \to q) \leftrightarrow (\neg q \to \neg p)$

④ $(p \leftrightarrow q) \leftrightarrow (q \leftrightarrow p)$

第四节 负命题

一、负命题的含义

负命题是否定一个命题而得到的命题。例如：

① 并非人人都是自私的。

② 并非只有天才，才能发明创造。

以上两例都是负命题。例①是对"人人都是自私的"这样一个命题的否定；例②是对"只有天才，才能发明创造"这样一个命题的否定。

负命题的一般形式是：并非 p。p 是肢命题，"并非"是联结词。

负命题的符号形式是：¬p。"¬"读作"并非"。

在汉语中，负命题常用下列形式表示："并非 p""并不是 p""非 p""p 是假的"等。

既然负命题是对其肢命题的否定，那么它的真假就与其肢命题的真假正好相反，负命题与其肢命题是矛盾关系。这种矛盾关系可用下面的真值表来表示。

p	¬p
真	假
假	真

二、各种命题的负命题及其等值命题

负命题的肢命题可以是简单命题，也可以是复合命题，这样，负命题就有简单命题的负命题和复合命题的负命题两种。

（一）简单直言命题的负命题及其等值命题

简单命题包括直言命题和关系命题，这里只讲直言命题的负命题。直言命题的负命题是对直言命题进行否定形成的负命题。直言命题有全称肯定命题（A）、全称否定命题（E）、特称肯定命题（I）、特称否定命题（O）四种形式，它们的负命题分别是：

并非所有 S 都是 P，可以表示为：¬SAP。

并非所有 S 都不是 P，可以表示为：¬SEP。

并非有 S 是 P，可以表示为：¬SIP。

并非有 S 不是 P，可以表示为：¬SOP。

每一个负命题都有一个与之相应的等值命题，即与该负命题真假相同的命题。前面分析过，负命题与其肢命题之间是矛盾关系，因此，负命题的等值命题与该负命题的肢命题也应该是矛盾关系。在第三章中，通过逻辑方阵图我们已经知道：全称肯定命题（即 A 命题）与特称否定命题（即 O 命题）是矛盾关系，全称否定命题（即 E 命题）与特称肯定命题（即 I 命题）是矛盾关系。据此，我们可以得到这四种直言命题的负命题的等值命题。

1. "并非所有 S 都是 P"等值于"有的 S 不是 P"

例如："并非所有中文系毕业的人都能成为作家。"等值于"有的中文系毕业的人不能成为作家。"

符号形式为：¬SAP ↔ SOP

2. "并非所有 S 都不是 P"等值于"有的 S 是 P"

例如："并非所有的细菌都不是有益的"等值于"有的细菌是有益的"。

符号形式为：¬SEP ↔ SIP

3. "并非有的 S 是 P"等值于"所有 S 都不是 P"

例如："并非有的语言是有阶级性的"等值于"所有的语言都不是有阶级性的"。

符号形式为：¬SIP ↔ SEP

4. "并非有的 S 不是 P"等值于"所有 S 都是 P"

例如："并非有的金属不是导体"等值于"所有金属都是导体"。

符号形式为：¬SOP ↔ SAP

（二）复合命题的负命题及其等值命题

复合命题的负命题就是对一个复合命题加以否定所构成的负命题。对一个复合命题加以否定，就意味着断定这个复合命题为假。因此，分析一个复合命题的负命题的等值命题，实际上就是要指出该复合命题何时为假。

1. 联言命题的负命题及其等值命题

联言命题的负命题是以联言命题为肢命题的负命题。

联言命题的负命题的一般形式为：并非（p 并且 q）

联言命题的负命题的符号形式为：¬（p∧q）

一个联言命题的负命题等值于一个相应的选言命题。即：

"并非（p并且q）"等值于"或者非p或者非q"。例如："并非小张即高又胖"就等值于"小张或者不高，或者不胖"。

用符号表示为：¬（p∧q）↔（¬p∨¬q）

2. 相容选言命题的负命题及其等值命题

相容选言命题的负命题是以相容选言命题为肢命题的负命题，是对相容选言命题的否定。

相容选言命题的负命题的一般形式为：并非（p或者q）

相容选言命题的负命题的符号形式为：¬（p∨q）

一个相容选言命题的负命题等值于一个相应的联言命题。即：

"并非（p或者q）"等值于"非p并且非q"。例如："并非他或者是军人或者是医生"就等值于"他既不是军人，也不是医生"。

用符号表示为：¬（p∨q）↔（¬p∧¬q）

3. 不相容选言命题的负命题的等值命题

不相容选言命题的负命题是以不相容选言命题为肢命题的负命题，是对不相容选言命题的否定。

不相容选言命题的负命题的一般形式为：并非（p要么q）

不相容选言命题的负命题的符号形式为：¬（p∨̇q）

一个不相容选言命题的负命题等值于一个相应的选言命题。即：

"并非（要么p要么q）"等值于"p并且q，或者，非p并且非q"。例如："并非要么小李当代表要么小王当代表"等值于"或者小李和小王都当代表，或者小李和小王都不当代表"。

用符号表示为：¬（p∨̇q）↔（（p∧q）∨（¬p∧¬q））

4. 充分条件假言命题的负命题的等值命题

充分条件假言命题的负命题是以充分条件假言命题为肢命题的负命题，是对充分条件假言命题的否定。

充分条件假言命题的负命题的一般形式为:并非(如果 p,那么 q)

充分条件假言命题的负命题的符号形式为:¬(p→q)

一个充分条件假言命题的负命题的等值命题是一个前件真而且后件假的联言命题。即:

"并非(如果 p,那么 q)"等值于"p 并且非 q"。例如,"并非如果出现彗星,就一定会发生灾变"等值于"出现彗星了,但没有发生灾变"。

用符号表示为:¬(p→q)↔(p∧¬q)

5. 必要条件假言命题的负命题的等值命题

必要条件假言命题的负命题是以必要条件假言命题为肢命题的负命题,是对必要条件假言命题的否定。

必要条件假言命题的负命题的一般形式为:并非(只有 p,才 q)

必要条件假言命题的负命题的符号形式为:¬(p←q)

一个必要条件的假言命题的负命题的等值命题是一个前件假而后件真的联言命题。即:

"并非(只有 p,才 q)"等值于"非 p 并且 q"。例如:"并非只有考上大学,才能对社会有所贡献"等值于"没考上大学也能对社会有所贡献"。

用符号表示为:¬(p←q)↔(¬p∧q)

6. 充分必要条件的假言命题的负命题及其等值命题

充分必要条件假言命题的负命题是以充分必要条件假言命题为肢命题的负命题,是对充分必要条件假言命题的否定。

充分必要条件假言命题的负命题的一般形式为:并非(当且仅当 p,才 q)

充分必要条件假言命题的负命题的符号形式为:¬(p↔q)

否定一个充要条件的假言命题,就等于断定它的前、后件真假值不一致。即:

"并非(当且仅当 p,才 q)"等值于"p 并且非 q,或者,非 p 并且 q"。例如,"并非当且仅当某数能被 2 整除,它才是偶数",等值于"某数能被 2 整除,但不是偶数,或者某数不能被 2 整除,但是偶数"。

用符号表示为:¬(p↔q)↔((p∧¬q)∨(¬p∧q))

三、一般复合命题的真值形式

（一）真值联结词和真值形式

所谓真值联结词，就是指只反映复合命题与肢命题之间真假关系而撇开其他含义的逻辑联结词。通常有以下五个真值联结词："¬""∧""∨""→""↔"。

真值形式就是由命题变项和真值联结词合乎定义地构成的符号表达式。

如"¬P→q""（p∧¬q）→r"等都是真值形式。

日常语言中的复合命题，并不都是以联言、选言或假言这几种基本复合命题的单纯形式出现的，而往往是以它们的综合形式出现的。使用命题变项和基本真值联结词，就能刻画任一复合命题的真值形式。

例：写出下列复合命题的真值形式。

①如果光强调团结，不强调斗争；或者光强调斗争，不强调团结，那么，就不能既弄清思想，又团结同志。

p：强调团结。

q：强调斗争。

r：弄清思想。

s：团结同志。

例①的真值形式是：（（p∧¬q）∨（q∧¬p））→¬（r∧s）

②如果明天天晴，那么小王和小李就去郊游。

p：明天天晴。

q：小王去郊游。

r：小李去郊游。

例②的真值形式是：p→（q∧r）

（二）真值形式的判定

真值形式分为三类：重言式、矛盾式和非重言的可真式。对一真值形式的判定，就是确定它属于这三类中的哪一类。这里，我们介绍一种最基本的判定方法：

真值表方法。使用真值表方法进行判定的步骤是：

（1）找出所要判定的真值形式中所有不同的命题变项，并列出这些命题变项的所有各组不同的真值赋值。单个命题变项的不同赋值共两组：真；假。两个命题变项的不同赋值共四组：真，真；真，假；假，真；假，假。依此类推。

（2）根据基本真值联结词的定义，计算出真值形式在命题变项的各组赋值下的真值。如果一真值形式在命题变项的任意一组赋值下都真，则这一真值形式是重言式；如果它在任意赋值下都假，则这一真值形式是矛盾式；如果它在至少一组赋值下真但不是在任一赋值下都真，则这一真值形式是非重言的可真式。

例：用真值表方法判定下列真值形式。

① ¬（p→q）↔（p∧¬q）
② （p→q）∧¬（¬p∨q）
③ （（p→q）∧¬p）→¬q

这三种真值形式的真值表如下（表中"1"表示"真"，"0"表示"假"）：

p	q	¬(p→q)↔(p∧¬q)	(p→q)∧¬(¬p∨q)	((p→q)∧¬p)→¬q
1	1	1	0	1
1	0	1	0	1
0	1	1	0	0
0	0	1	0	1

以上真值表中，在 p 真、q 真这组赋值下，¬（p→q）↔（p∧¬q）的真值的计算方法如下：

¬（p→q）↔（p∧¬q）
¬（1→1）↔（1∧¬1）
　　¬1 ↔（1∧0）
　　　0 ↔ 0
　　　　1

因此，在 p 真、q 真这组赋值下，¬（p→q）↔（p∧¬q）的真值是"真"，用同样方法，可以计算出 ¬（p→q）↔（p¬q）在其他赋值下的真值都为"真"。所以，该真值形式为重言式。

例②和例③真值形式的真值计算方法也同样。

从上表可看出，真值形式（p→q）∧¬(¬p∨q)是矛盾式，即在任一赋值下该真值形式的取值都为假；真值形式（(p→q)∧¬p)→¬q 是非重言的可真式，即在 p 假 q 真这组赋值下其真值为"假"，而在其他情况下为"真"。

真值表方法可以判定两个真值形式是否等值。如果两个真值形式的真值完全相同，则这两个真值形式等值；否则，它们就不等值。

例如，要判定"¬（p∧q）"与"¬p∨¬q"是否等值，可以列出它们的真值表来加以判定：

p	q	¬p	¬q	p∧q	¬（p∧q）	¬p∨¬q
1	1	0	0	1	0	0
1	0	0	1	0	1	1
0	1	1	0	0	1	1
0	0	1	1	0	1	1

从真值表中可以看出，这两个真值形式的真值完全相同，因此，它们是等值的。

此外，用真值表方法还可以判定两个真值形式是什么关系。如果两个真值形式的真值完全不同，即不可同真，也不可同假，那么，这两个真值形式就是矛盾关系。如果可以同假而不可同真，那么就是反对关系。

第五节　模态命题

一、模态命题的含义

以前所论述的各种命题，都是非模态命题。非模态命题仅限于断定事物情况的存在或不存在。但是，在认识的许多场合中，有些事物情况，其存在或不存在是必然的，而有些事物情况，其存在或不存在却只是可能的。当断定事物情况的这种必然性或可能性时，就要用模态命题。

模态命题就是断定事物情况的必然性或可能性的命题。例如：

① 阶级社会中必然会有犯罪现象。

② 社会主义可能首先在一个国家取得胜利。

例①断定了"阶级社会中有犯罪现象"这个事物情况的必然性，例②断定了"社会主义首先在一个国家取得胜利"这个事物情况的可能性，这两例都是模态命题。

模态命题中的"必然"与"可能"称为模态词，因此，也可以说，模态命题就是含有模态词的命题。

二、模态命题的种类

根据所含模态词的不同，可将模态命题分为必然命题和可能命题两种。

必然命题是断定事物情况的必然性的命题。必然命题又可分为必然肯定命题与必然否定命题两种。

可能命题是断定事物情况的可能性的命题。可能命题又可以分为可能肯定命题与可能否定命题两种。

这样，模态命题总共有四种：

（一）必然肯定命题

必然肯定命题是断定事物情况必然存在的命题。例如：

① 绿色植物必然要进行光合作用。

② 生物进行新陈代谢是必然的。

必然肯定命题的一般形式可以表示为：必然 P

必然肯定命题的符号形式可以表示为：□P（符号"□"表示模态词"必然"，读作"必然P"）。

（二）必然否定命题

必然否定命题是断定事物情况必然不存在的命题。例如：

① 宇宙在时间上必然不会有开端。

② 谎言是必然不能长久骗人的。

必然否定命题的一般形式可以表示为：必然非 P

必然否定命题的符号形式可以表示为：□¬P（读作"必然非 P"）。

（三）可能肯定命题

可能肯定命题是断定事物情况可能存在的命题。例如：

① 人类到月球上居住是可能的。

② 长期大量吸烟可能致癌。

可能肯定命题的一般形式可以表示为：可能 P

可能肯定命题的符号形式可以表示为：◇P（符号"◇"表示模态词"可能"，读作"可能 P"）。

（四）可能否定命题

可能否定命题是断定事物情况可能不存在的命题。例如：

① 火星上可能没有生命存在。

② 这趟列车可能不会晚点。

可能否定命题的一般形式可以表示为：可能非 P

可能否定命题的符号形式可以表示为：◇¬P（读作"可能非 P"）。

三、同一素材的模态命题之间的逻辑关系

在主项和谓项相同的"必然 P""必然非 P""可能 P""可能非 P"这四种模态命题之间，存在着特定的真假制约关系，即模态对当关系。模态对当关系与 A、E、I、O 之间的对当关系相同。

（一）□P 与 □¬P 之间为反对关系

反对关系的特点是：不能同真，可以同假。如果□P 真，则□¬P 假；如果□¬P 真，则□P 假。如果□P 假，则□¬P 真假不定；如果□¬P 假，则□P 真假不定。

（二）◇P与◇¬P之间为下反对关系

下反对关系的特点是：不能同假，可以同真。如◇P假，则◇¬P真；如◇¬P假，则◇P真。如果◇P真，则◇¬P真假不定；如果◇¬P真，则◇P真假不定。

（三）□P与◇¬P、□¬P与◇P之间为矛盾关系

矛盾关系的特点是：不能同真，不能同假。□P真，则◇¬P假；□P假，则◇¬P真。◇¬P真，则□P假；◇¬P假，则□P真。

□¬P与◇P之间的关系同上。

（四）□P与◇P、□¬P与◇¬P之间为差等关系

差等关系的特点是：可以同真，也可以同假。□P真，则◇P真；◇P假，则□P假。□P假，则◇P真假不定；◇P真，则□P真假不定。

□¬P与◇¬P之间的关系同上。

第六节　复合命题和模态命题知识在逻辑试题训练中的应用

一、例题讲解

例题 1　如果你的笔记本计算机是 1999 年以后制造的，那么它就带有调制解调器。

上述判定可有以下哪个选项得出？

A. 只有 1999 年以后制造的笔记本计算机才带有调制解调器

B. 所有 1999 年以后制造的笔记本计算机都带有调制解调器

C. 有些 1999 年以前制造的笔记本计算机也带有调制解调器

D. 所有 1999 年以前制造的笔记本计算机都不带有调制解调器

157

[解题分析] 正确答案：B

B 项可由题干的断定推出，因为如果 B 项不成立，则题干的断定也不成立。假设 B 项不成立，则事实上有些 1999 年以后制造的笔记本计算机不带有调制解调器；因此不能由你的笔记本计算机是 1999 年以后制造的，就断定它带有调制解调器。

题干断定：对于笔记本计算机来说，1999 年以后制造，是它带有调制解调器的充分条件，而 A 项断定，1999 年以后制造，是笔记本计算机带有调制解调器的必要条件。对于任意两种事物情况 p 和 q，断定 p 是 q 的充分条件，推不出断定 p 是 q 的必要条件。因此，A 项不能由题干推出。其余各项显然不能由题干推出。

例题 2 如果缺乏奋斗精神，就不可能有较大成就。李阳有很强的奋斗精神，因此，他一定能成功。

下属哪项为真，则上文推论可靠？

A. 李阳的奋斗精神异乎寻常　　B. 不奋斗，成功只是水中之月
C. 成功者都有一番奋斗的经历　　D. 奋斗精神是成功的唯一要素

[解题分析] 正确答案：D

题干第一句话"如果缺乏奋斗精神，就不可能有较大成就。"告诉我们"奋斗精神"是"较大成就"的必要条件。而题干第二句又从"李阳有很强的奋斗精神"，直接推出"他一定能成功"的结论，就要求把"奋斗精神"作为"成功"的充分条件。如果奋斗精神是成功的唯一要素，那么，奋斗精神就是成功的充分条件。因此，D 项正确。

而选项 B、C 只是以不同方式重复题干的一句话的意思。选项 A 仍不能得出"一定能成功"的必然结论，因为李阳可能并不具备影响成功的其他要素，比如"机遇"。

例题 3 中周公司准备在全市范围内展开一次证券投资竞赛。在竞赛报名事宜里规定有"没有证券投资实际经验的人不能参加本次比赛"这一条。张全力曾经在很多大的投资公司中实际从事过证券买卖操作。

那么，关于张全力，以下哪项是根据上文能够推出的结论？

A. 他一定可以参加本次比赛，并获得优异成绩
B. 他参加比赛的资格将取决于他证券投资经验的丰富程度

C. 他一定不能参加本次比赛

D. 他可能具有参加本次比赛的资格

[解题分析]　正确答案：D

题干断定，具有证券投资经验是具备参赛资格的必要条件，即没有经验者肯定不具备参赛资格，有经验者可能具备资格，也可能不具备资格。因此，从题干中可以推出 D，但不能推出 A。其余项均不能推出。

例题 4　司法体系是需要警察来维护的，如果警察不尽职，就不可能有一个良好的司法体系。所以，如果警察尽职了，就会有一个良好的司法体系。

下列哪项作为前提，能保证题干结论的成立？

A. 许多不好的司法体系下的警察都不尽职

B. 警察尽不尽职和司法体系无关

C. 没有良好的司法体系，警察以外的国家工作人员也会不尽职

D. 警察的尽职是保证有良好司法体系的充分条件

[解题分析]　正确答案：D

题干论述：警察不尽职，是没有良好司法体系的充分条件，就是说"如果有一个良好的司法体系，就是警察尽职"，即"有良好的司法体系"是"警察尽职"的充分条件，但未必是必要条件。

如果 X 是 Y 的充分条件，那么，Y 是 X 的必要条件，而未必是充分条件，A 排除；

由题干可知：警察尽职和司法体系关系密切，B 明显错误，排除；

C 讨论其他国家工作人员，明显无关选项，排除；

题干结论就是"如果警察尽职了，就会有一个良好的司法体系"，就是说需要"警察尽职"是"拥有良好司法体系"的充分条件，题干结论才能成立，D 正确。

例题 5　有人说："只有肯花大价钱的足球俱乐部才进得了中超足球联赛。"如果以上命题是真的，可能出现的情况是

Ⅰ. 某足球俱乐部花了大价钱，没有进中超。

Ⅱ. 某足球俱乐部没有花大价钱，进了中超。

Ⅲ. 某足球俱乐部没有花大价钱，没有进中超。

Ⅳ. 某足球俱乐部花了大价钱，进了中超。

A. 仅Ⅳ B. 仅Ⅰ、Ⅱ、Ⅲ
C. 仅Ⅲ、Ⅳ D. 仅Ⅰ、Ⅲ、Ⅳ

[解题分析]　正确答案：D

题干观点：肯花大价钱是进入中超的必要条件。请注意必要条件未必是充分条件，并且如果X是Y的必要条件，那么Y是X的充分条件。肯花大价钱是进入中超的必要条件，而未必是充分条件，从而可作如下判定：Ⅰ有可能出现，Ⅱ不可能出现，Ⅲ必定为真，Ⅳ有可能出现。

例题6　篮球队教练规定，如果1号队员上场，而且3号队员没有上场，那么，5号与7号队员中至少要有一人上场。如果教练的规定被贯彻执行了，1号队员没有上场的充分条件为

A. 3号队员上场，5号、7号队员没上场

B. 3号队员没上场，5号、7号队员上场

C. 3号、5号、7号队员都没上场

D. 3号、5号、7号队员都上场了

[解题分析]　正确答案：C

"1号队员上场，并且3号队员没上场"是"5号与7号队员中至少有一人上场"的充分条件。

现在要求寻找"1号队员没有上场"的充分条件。

如果X是Y的充分条件，那么Y就是X的必要条件，所以"5号与7号队员中至少有一人上场"是"1号队员上场，并且3号队员没上场"的必要条件，即"5号与7号队员都不上场"，是"并非'1号上场且3号不上场'"即"或者1号不上场，或者3号上场"的充分条件，"1号不上场"和"3号上场"二者不能并存，所以在"5号与7号队员都不上场"并且"3号不上场"时能够推出"1号不上场"，C正确。

例题7　设"并非无商不奸"为真，则以下哪项一定为真：

A. 所有的商人都是奸商　　B. 所有商人都不是奸商

C. 并非有的商人不是奸商　　D. 有的商人不是奸商

[解题分析]　正确答案：D

"并非无商不奸"等同于"认为所有的商人都是奸商是不对的"。这就可以

推出，肯定有的商人不是奸商，即选项 D。

例题 8 小董并非既懂英文又懂法语。

如果上述断定为真，那么下述哪项断定必定为真？

A. 小董懂英文但不懂法语

B. 小董懂法语但不懂英文

C. 小董既不懂英文也不懂法语

D. 如果小董懂英文，小董一定不懂法语

[解题分析] 正确答案：D

根据题干的断定，B 和 C 三项都可能是真的，但不必定是真的。D 项必定是真的，否则，小董就会既懂英语，又懂法语，与题干矛盾。

例题 9 某汽车司机违章驾驶，交警向他宣布处理决定："要么扣留驾驶执照三个月，要么罚款 1000 元。"司机说："我不同意。"如果司机坚持己见，那么，以下哪项实际上是他必须同意的？

A. 扣照但不罚款

B. 罚款但不扣照

C. 既不罚款也不扣照

D. 如果做不到既不罚款也不扣照，那么就必须接受既罚款又扣照

[解题分析] 正确答案：D

并非"要么 p，要么 q"等值于"p 并且 q"或者"非 p 并且非 q"。

例题 10 某煤矿发生了一起事故。现场的人有以下断定：

矿工 1：发生事故的原因是设备问题。

矿工 2：确实是有人违反了操作规范，但发生事故的原因不是设备问题。

矿工 3：如果发生事故的原因是设备问题，则有人违反了操作规范。

矿工 4：发生事故的原因是设备问题，但没有人违反操作规范。

如果上述断定中只有一个人的断定为真，则以下哪一项可能为真？

A. 矿工 1 的断定为真

B. 矿工 2 的断定为真

C. 矿工 3 的断定为真，有人违反了操作规范

D. 矿工 3 的断定为真，没有人违反操作规范

[解题分析] 正确答案是 D。

由题干可知，四个人中只有一个人的断定是真的，即"是设备问题""是违反了操作规范并且不是设备问题""如果是设备问题，则违反了操作规范"和"是设备问题并且不是违反了操作规范"这四句话中只有一句是真的，而其中"如果是设备问题，则违反了操作规范"和"是设备问题并且不是违反了操作规范"是互相矛盾的，即这两句话中肯定有一句是真话，因此，"是设备问题""是违反了操作规范并且不是设备问题"都是假话，则"不是设备问题"并非"是违反了操作规范并且不是设备问题"是真话，也即"不是设备问题"和"或者不是违反了操作规范，或者是设备问题"是真话，由这两句话为真，可以推出"不是违反了操作规范"。矿工 3 的断定是"如果是设备问题，则是违反了操作规范"等值于"或者不是设备问题，或者是违反了操作规范"，因为已经得出"不是设备问题"，因此，矿工 3 的断定就一定是真的；因此，应该选 D。

例题 11 最近一段时期，有关要发生地震的传言很多。一天傍晚，小明问在院里乘凉的爷爷："爷爷，他们都说明天要地震了。"爷爷说："根据我的观察，明天不必然地震。"小明说，"那您的意思是明天肯定不会地震了。"爷爷说不对。小明陷入了迷惑。

以下哪句话与爷爷的意思最为接近？

A. 明天必然不地震   B. 明天可能地震

C. 明天可能不地震   D. 明天不可能地震

[解题分析] 正确答案：C

根据模态命题对当关系，不必然 p 等价于可能非 p。

例题 12 一份犯罪调研报告揭示，某市近三年来的严重刑事犯罪案件 60% 皆为已记录在案的 350 名惯犯行为。报告同时揭示，严重刑事案件的半数以上作案者同时是吸毒者。

如果上述断定都是真的，并且同时考虑的事实上一个惯犯可能多起作案，那么，下述哪项断定一定是真的？

A. 350 名惯犯中可能没有吸毒者

B. 350 名惯犯中一定有吸毒者

C. 350 名惯犯中大多数是吸毒者

D. 吸毒者大多数在 350 名惯犯中

[解题分析] 正确答案：A

根据题干所提供的信息，不能确定选项 B、C、D 的断定，而选项 A 是个可能命题，意味着 350 名惯犯中可能有或可能没有吸毒者，在任何情况下都可为真，故选 A。

例题 13 依次取 n 个（n > 1）自然数组成一有穷数列，其中的奇数数列和偶数数列显然都比该自然数数列短。但是，假如让该自然数数列无限延长，则其中的奇数数列和偶数数列就会与自然数数列本身一样长。由此我们可得出结论：在有穷的世界里，部分必定小于整体；在无穷的世界里，部分可能等于整体。

下面哪一项不可能是上面结论的逻辑推论？

A. 在有穷的世界里，部分可能小于整体

B. 在无穷的世界里，部分必然不等于整体

C. 在无穷的世界里，整体可能等于部分

D. 在有穷的世界里，整体必定大于部分

[解题分析] 正确答案：B

从题干提供的已知条件："在无穷的世界里，部分可能等于整体"只能推出"在无穷的世界里，并非部分必然不等于整体"，推不出选项 B。其他选项都能推出。

例题 14 不可能宏达公司和亚鹏公司都没有中标。

以下哪项最为准确地表达了上述断定的意思？

A. 宏达公司和亚鹏公司可能都中标

B. 宏达公司和亚鹏公司至少有一个可能中标

C. 宏达公司和亚鹏公司必然都中标

D. 宏达公司和亚鹏公司至少有一个必然中标

[解题分析] 正确答案：D

断定"不可能"（非 A 并且非 B）等于断定"必然"（A 或者 B）。

"可能宏达公司和亚鹏公司都没有中标。"就意味着：或者宏达公司中标，或者亚鹏公司中标，或者都中标，也就是宏达公司和亚鹏公司至少有一个中标，A 只描述了一种可能，排除；B 可以从题干中合理推出，但是题干的意思是至少有一个"必然"中标，而不仅仅是"可能"，B 选项不够准确，排除；C 也只描

述了一种可能，排除。

二、同步练习

1. 下列命题中具有"p 并且 q"形式的有（　　　）。

   A. 小张和小李都是江苏人　　　B. 小张或小李是江苏人

   C. 小张不是浙江人，就是江苏人　　D. 小张不是浙江人，而是江苏人

2. 当 p∧q 为真时；其肢命题的真假情况是（　　　）。

   A. p 真，q 真　　　　　　　　B. p 真，q 假

   C. p 假，q 真　　　　　　　　D. p 假，q 假

3. "甲与乙是同案犯"这个命题是（　　　）命题。

   A. 性质命题　　B. 联言命题　　C. 选言命题　　D. 关系命题

4. "要么 A，要么 B"这个不相容选言命题的逻辑含义是（　　　）。

   A. A 和 B 必有一真，并可同真

   B. A 和 B 至少有一真，也可同假

   C. A 和 B 必有一假，并可同假

   D. A 真或 B 真，但不可同真

5. "当且仅当 p，则 q"与"要么 p，要么 q"这两个命题形式包含着（　　　）。

   A. 相同的逻辑常项，相同的逻辑变项

   B. 相同的逻辑常项，不同的逻辑变项

   C. 不同的逻辑常项，相同的逻辑变项

   D. 不同的逻辑常项，不同的逻辑变项

6. "一旦查出他有作弊行为，就取消他的考试成绩"是（　　　）。

   A. 充分条件假言命题　　　　　B. 必要条件假言命题

   C. 充要条件假言命题　　　　　D. 负命题

7. 已知 p→q 为假，则 p 和 q 的真值为（　　　）。

   A. p 真 q 真　　　　　　　　B. p 真 q 假

   C. p 假 q 真　　　　　　　　D. p 假 q 假

8. "如果没有实事求是的精神，那就什么工作也干不好。"这个命题的逻

辑形式是（　　）。

  A. p∧q   B. p∨q   C. p→q   D. p←q

9. 若"p→q"真与"q"真，则（　　）。

  A. "p"真假不定   B. "p"真

  C. "p"假   D. "¬p"假

10. 若"如果甲队赢则乙队输"为假，则（　　）为真。

  A. 甲队赢但乙队不输   B. 甲队不赢并且乙队不输

  C. 甲队不赢并且乙队输   D. 甲队赢或乙队赢

11. 必要条件假言命题的逻辑含义是（　　）。

  A. 当前件存在时，后件一定存在

  B. 当前件存在时，后件一定不存在

  C. 当前件不存在时，后件一定不存在

  D. 当前件不存在时，后件一定存在

12. 必要条件假言命题的逻辑含义是（　　）。

  A. 有前件，必有后件   B. 有前件，没有后件

  C. 没有前件，就没有后件   D. 没有前件，有后件

13. 当必要条件假言命题假时，则它的前件p与后件q的真假情况是（　　）。

  A. p真q假   B. p假q真   C. p真q真   D. p假q假

14. 已知p←q为假，则p和q的真值为（　　）。

  A. p真q真   B. p真q假   C. p假q真   D. p假q假

15. 当p和q皆假时，下列命题形式中取值为真的是（　　）。

  A. P并且q   B. p或者q

  C. p要么q   D. 只有p才q

16. 当p假q假时，下列为真的命题是（　　）。

  A. p∧q   B. p∨q   C. p→q   D. p∀q

17. 负特称否定命题的等值命题是（　　）。

  A. SAP   B. SEP   C. SIP   D. SOP

18. 负全称否定命题的等值命题是（　　）。

  A. SAP   B. SIP   C. SOP   D. SEP

19. 负全称肯定命题的等值命题是（　　）。
   A. SAP　　　　B. SIP　　　　C. SOP　　　　D. SEP

20. "并非（p并且q）"等值于（　　）。
   A. p或者q　　　　　　　　　B. p并且非q
   C. 非p或者非q　　　　　　　D. 非p并且非q

21. "并非如果受灾，就减产"等值于（　　）。
   A. 受灾并且没减产　　　　　B. 没受灾并且减产
   C. 没受灾或者没减产　　　　D. 没受灾并且没减产

22. "并非只有贪污，才犯罪"等值于（　　）。
   A. 贪污并且没犯罪　　　　　B. 没贪污并且犯罪
   C. 没贪污或者没犯罪　　　　D. 没贪污并且没犯罪

23. "并非如果学好外语，就能出国"与下述（　　）具有等值关系。
   A. 学好外语且能出国　　　　B. 不学好外语但能出国
   C. 学好外语而不能出国　　　D. 不学好外语也不能出国

24. 下列各组命题中具有等值关系的有（　　）。
   A. "并非所有植物是绿色植物"和"有些植物是绿色植物"
   B. "并非工厂都不是企业"和"工厂都是企业"
   C. "并非小张和小李都是工人"和"小张和小李都不是工人"
   D. "并非老马是江苏人或浙江人"和"老马既不是江苏人也不是浙江人"

25. 能驳斥命题"有的天才是生而知之"的相应命题是（　　）。
   A. "有的天才不是生而知之"　　B. "所有的天才都不是生而知之"
   C. "所有的天才都是生而知之"　　D. "这个天才不是生而知之"

26. "并非所有S是P"等值于（　　）。
   A. 有的S是P　　　　　　　　B. 有的S不是P
   C. 所有S不是P　　　　　　　D. 某个S不是P

27. 与"并非所有被告都是有罪的"等值的命题是（　　）。
   A. 所有被告都是有罪的　　　B. 所有被告都不是有罪的
   C. 有些被告是有罪的　　　　D. 有些被告不是有罪的

28. "并非张三既懂数学又懂天文学"这一命题等值于（　　）。

A. "或者张三懂数学，或者张三懂天文学"

B. "张三虽然懂数学，但不懂天文学"

C. "张三既懂数学，又懂天文学"

D. "张三或者不懂数学或者不懂天文学"

29. 由"或者小张不是 A 大学的学生，或者小李不是 A 大学的学生"这一命题出发，可以推出（　　）。

A. 小张和小李都不是 A 大学的学生

B. 并非小张和小李都是 A 大学的学生

C. 小张是 A 大学的学生，但小李不是 A 大学的学生

D. 小李是 A 大学的学生，但小张不是 A 大学的学生

30. 与"他或者是诗人，或者是画家"相矛盾的命题是（　　）。

A. 他既不是诗人又不是画家

B. 他是诗人但不是画家

C. 他是画家但不是诗人

D. 他或者不是诗人或者不是画家

31. 下列命题中与"非 p 或非 q"等值的命题是（　　）。

A. 并非（p 并且 q）　　　　　B. 并非"非 p 并且非 q"

C. 如果 p 那么 q　　　　　　 D. 如果非 p，那么 q

32. "如果一个人有丰富的想象力，就一定会做出重大的科学发现"，与这一命题的负命题相等值的命题是（　　）。

A. 如果一个人没有丰富的想象力，那么不一定会做出重大的科学发现。

B. 一个人有丰富的想象力，但不一定会做出重大的科学发现。

C. 一个人没有丰富的想象力，或者不一定会做出重大的科学发现。

D. 一个人没有丰富的想象力，或者一定会做出重大的科学发现。

33. 与"并非如果某甲有罪则某乙有罪"等值的命题是（　　）。

A. 某甲和某乙都有罪　　　　　B. 某甲和某乙都无罪

C. 某甲有罪而某乙无罪　　　　D. 某甲无罪而某乙有罪

34. 与"如果甲队获胜，则乙队败北"这一命题相矛盾的命题是（　　）。

A. 如果乙队败北，那么甲队获胜　　B. 只有甲队获胜，乙队才败北

C. 甲队获胜，并且乙队也获胜　　　　D. 乙队败北，并且甲队也败北

35. 与"并非当且仅当风调雨顺，才能丰收"等值的命题是（　　）。

A. 风调雨顺但不能丰收

B. 并非风调雨顺才能丰收

C. 风调雨顺没获得丰收或者并非风调雨顺但获得了丰收

D. 并非风调雨顺才不获得丰收

36. 下列几个命题中，哪个命题与"并非如果天一冷，就送暖气"不等值（　　）。

A. "天一冷，就不送暖气"

B. "并非如果不送暖气，天就不冷"

C. "并非如果天不冷，就一定送暖气"

D. "不送暖气，但天冷"

37. 下列命题形式中，与"p↔q"等值的是（　　）。

A. （p→q）∧（p←q）　　　　B. ¬（p∨q）

C. ¬p→¬q　　　　　　　　　D. （¬p∨q）∧（p∨¬q）

38. 已知"A 没作案但 B 作案"与"当且仅当 A 作案，B 才作案"均假，下列命题中为真的是（　　）。

A. A 作案且 B 也作案

B. A 作案但 B 没作案

C. 并非"或者 A 作案，或者 B 作案"

D. 如果 A 作案，那么 B 也作案

39. 古希腊哲人说，未经反省的人生是没有价值的。
下面哪一个选项与这句格言的意思最不接近？（　　）

A. 只有经过反省，人生才有价值。

B. 要想人生有价值，就要不时地对人生进行反省。

C. 糊涂一世，快活一生。

D. 人应该活得明白一点。

40. 有人在谈到美军虐待俘虏的照片时说道："如果不想在做蠢事时被当场抓住，就不要做蠢事。"
下面哪一句话所表达的意思与上面这句话的意思不同？（　　）

A. 如果做蠢事，就要准备在做蠢事时被当场捉住

B. 只有不愚蠢事，才能避免在做蠢事时被当场捉住

C. 或者在蠢事时被当场捉住，或者不做蠢事

D. 若做蠢事时被当场捉住，那就自认倒霉吧

41. 小张承诺：如果天不下雨，我一定去听音乐会。
以下哪项为真，说明小张没有兑现承诺？（　　）

Ⅰ. 天没下雨，小张没去听音乐会。

Ⅱ. 天下雨，小张去听了音乐会。

Ⅲ. 天下雨，小张没去听音乐会。

  A. 仅Ⅰ   B. 仅Ⅱ   C. 仅Ⅲ   D. 仅Ⅰ和Ⅱ

42. 孔子说："己所不欲，勿施于人。"
下面哪一个选项不是上面这句话的逻辑推论？（　　）

  A. 只有己所欲，才能施于人   B. 若己所欲，则施于人

  C. 除非己所欲，否则不施于人   D. 凡施于人的都应该是己所欲的

43～44题基于以下题干：

某岛上的男性公民分为骑士和无赖。骑士只讲真话，无赖只讲假话。骑士又分为贫穷的和富有的两部分。有一个姑娘，她只喜欢贫穷的骑士，一个男性公民只讲了一句话，使得这姑娘确信他是一个贫穷的骑士。另外，姑娘问任何一个男性公民一个问题，根据回答就能确定他是贫穷的骑士。

43. 以下哪项可能是该男性公民所讲的话？（　　）

  A. 我不是无赖   B. 我是贫穷的骑士

  C. 我不是富有的骑士   D. 我很穷但我不说假话

44. 以下哪项可能是姑娘的问句？（　　）

  A. 你是富有的骑士吗？   B. 你是无赖吗？

  C. 你是贫穷的骑士吗？   D. 你说真话吗？

45. 甲、乙、丙、丁四人在一起议论本班同学申请建行学生贷款的情况。

甲说："我班所有同学都已申请了贷款。"

乙说："如果班长申请了贷款，那么学习委员就没申请。"

丙说："班长申请了贷款。"

丁说:"我班有人没有申请贷款。"

已知四人中只有一人说假话,则可推出以下哪项结论? (   )

　　A. 甲说假话,学习委员没申请

　　B. 乙说假话,学习委员没申请

　　C. 丙说假话,班长没申请

　　D. 丁说假话,学习委员申请了

46. 一个身穿工商行政管理人员制服的人从集贸市场走出来。根据以上陈述,可得出下列哪项命题? (   )

　　A. 这个人一定是该市场的管理人员

　　B. 这个人可能是其他市场的管理人员

　　C. 这个人一定不是该市场的管理人员

　　D. 这个人一定是来买东西的市场的管理人员

47. 与"他可能不是电大学生"具有等值关系的命题是(   )。

　　A. 他可能是电大学生　　　　B. 他不可能是电大学生

　　C. 他不必然是电大学生　　　D. 他不必然不是电大学生

48. 若"某甲必然是凶手"为假,则(   )为真。

　　A. 某甲必然不是凶手　　　　B. 某甲可能是凶手

　　C. 某甲可能不是凶手　　　　D. 某甲不必然不是凶手

49. "明天必然不是晴天"与"明天可能是晴天"之间具有(   )。

　　A. 不可同真也不可同假　　　B. 可同真也可同假

　　C. 不可同真但可同假　　　　D. 可同真但不可同假

50. "并非今年不出现洪灾"这一命题是(   )。

　　A. 特称否定命题　　　　　　B. 复合命题

　　C. 模态命题　　　　　　　　D. 关系命题

51. "艺术性强的作品必然获奖"和"有些艺术性强的作品可能不获奖",这两个命题之间是(   )。

　　A. 矛盾关系　　B. 反对关系　　C. 差等关系　　D. 下反对关系

52. 不可能所有的错误都能避免。

以下哪项最接近于上述断定的含义? (   )

A. 所有的错误必然都不能避免　　B. 所有的错误可能都不能避免

C. 有的错误可能不能避免　　　　D. 有的错误必然不能避免

53. 从"甲队必然获胜"假，可以推出（　　）。

A. "甲队必然不获胜"为真　　　　B. "甲队可能不获胜"为真

C. "甲队可能获胜"为假　　　　　D. "甲队可能获胜"为真

54. 当可能 P 真时，则（　　）为真。

A. 必然 P　　　　　　　　　　　B. 不必然非 P

C. 必然非 P　　　　　　　　　　D. 可能非 P

55. 若"某甲必然是凶手"为假，则（　　）为真。

A. 某甲必然不是凶手　　　　　　B. 某甲可能是凶手

C. 某甲可能不是凶手　　　　　　D. 某甲不必然不是凶手

56. 据卫星提供的最新气象资料表明，原先预报的明年北方地区的持续干旱不一定出现。

以下哪项最接近于上文中气象资料所表明的含义？（　　）

A. 明年北方地区的持续干旱可能不出现

B. 明年北方地区的持续干旱可能出现

C. 明年北方地区的持续干旱一定不出现

D. 明年北方地区的持续干旱出现的可能性比不出现的大

57. "并非这个生产计划是可能完成的"，这等于说（　　）。

A. 这个生产计划可能完不成

B. 这个生产计划必然完成

C. 这个生产计划必然完不成

58. 在下列各组命题中，具有差等关系的是（　　）。

A. 必然 P 与可能 P　　　　　　　B. 必然非 P 与可能 P

C. 可能 P 与可能非 P　　　　　　D. 可能非 P 与必然 P

59. 你可以随时愚弄某些人。

假若以上属实，以下哪些命题必然为真？（　　）

（1）张三和李四随时都可能被你愚弄。

（2）你随时都想愚弄人。

（3）你随时都可能愚弄人。

（4）你只能在某些时候愚弄人。

（5）你每时每刻都在愚弄人。

A. 只有（3） B. 只有（2）

C. 只有（1）和（3） D. 只有（2）、（3）和（4）

60. 小王、小李、小张准备去爬山。天气预报说，今天可能下雨。围绕天气预报，三个人争论起来。

小王："今天可能下雨，那并不排斥今天也可能不下雨，我们还是去爬山吧。"

小李："今天可能下雨，那就表明今天要下雨，我们还是不去爬山了吧。"

小张："今天可能下雨，只是表明今天不下雨不具有必然性，去不去爬山由你们决定。"

对天气预报的理解，三个人中：（　　）。

A. 小王和小张正确，小李不正确　　B. 小王正确，小李和小张不正确

C. 小李正确，小王和小张不正确　　D. 小张正确，小王和小李不正确

61. 《文化新报》记者小白周四去某市采访陈教授与王研究员。次日，其同事小李问小白："昨天你采访到那两位学者了吗？"小白说："不，没那么顺利。"小李又问："那么，你一个都没采访到？"小白说："也不是。"

以下哪项最有可能是小白周四采访所发生的真实情况？（　　）

A. 小白采访到了两位学者

B. 小白采访了李教授，但没有采访王研究员

C. 小白根本没有去采访两位学者

D. 小白采访到了其中一位，但是没有采访到另一位

62. 小张是某公司营销部的员工。公司经理对他说："如果你争取到这个项目，我就奖励你一台笔记本电脑或者给你项目提成。"

以下哪项如果为真，说明该经理没有兑现承诺？（　　）

A. 小张没有争取到这个项目，该经理没有给他项目提成，但送了他一台笔记本电脑

B. 小张没有争取到这个项目，该经理没奖励给他笔记本电脑，也没给他项目提成

C. 小张争取到了这个项目，该经理给他项目提成，但并未奖励他笔记本电脑

D. 小张争取到了这个项目，该经理未给他项目提成，但奖励了他一台台式电脑

63. 2010年上海世博会盛况空前，200多个国家场馆和企业主题馆让人目不暇接。大学生王刚决定在学校放暑假的第二天前往世博会参观。前一天晚上，他特别上网查看了各位网友相对热门场馆选择的建议，其中最吸引王刚的有三条：

（1）如果参观沙特馆，就不参观石油馆。

（2）石油馆和中国国家馆择一参观。

（3）中国国家馆和石油馆不都参观。

实际上，第二天王刚的世博会行程非常紧凑，他没有接受上述三条建议中的任何一条。

关于王刚所参观的热门场馆，以下哪项描述正确？（　　）

A. 参观沙特馆、石油馆，没有参观中国国家馆

B. 沙特馆、石油馆、中国国家馆都参观了

C. 沙特馆、石油馆、中国国家馆都没有参观

D. 没有参观沙特馆，参观石油馆和中国国家馆

64. 在家电产品"三下乡"活动中，某销售公司的产品受到了农村居民的广泛欢迎。该公司总经理在介绍经验时表示：只有用最流行畅销的明星产品面对农村居民，才能获得他们的青睐。

以下哪项如果为真，最能质疑总经理的论述？（　　）

A. 某品牌电视由于其较强的防潮能力，尽管不是明星产品，仍然获得了农村居民的青睐

B. 流行畅销的明星产品由于价格偏高，没有赢得农村居民的青睐

C. 流行畅销的明星产品只有质量过硬，才能获得农村居民的青睐

D. 有少数娱乐明星为某些流行畅销的产品做虚假广告

65. 教育专家李教授指出：每个人在自己的一生中，都要不断地努力，否则就会像龟兔赛跑的故事一样，一时跑得快并不能保证一直领先。如果你本来基础好又能不断努力，那你肯定能比别人更早取得成功。

如果李教授的陈述为真，以下哪项一定为假？（　　）

A. 不论是谁，只有不断努力，才可能取得成功

B. 只要不断努力，任何人都可能取得成功

C. 小王本来基础好并且能不断努力，但也可能比别人更晚取得成功

D. 人的成功是有衡量标准的

66. 某公司人力资源管理部人士指出：由于本公司招聘职位有限，本招聘考试中不可能所有的应聘者都被录用。基于以下哪项可以得出该人士的上述结论？（　　）

A. 在本次招考中必然有应聘者被录用

B. 招聘考试中可能有应聘者被录用

C. 招聘考试中可能有应聘者不被录用

D. 招聘考试中必然有应聘者不被录用

67. 陈先生在鼓励他孩子时说道："不要害怕暂时的困难和挫折，不经历风雨怎么见彩虹？"他孩子不服气地说："您说得不对。我经历了那么多风雨，怎么就没见到彩虹呢？"

陈先生孩子的回答最适宜用来反驳以下哪项？（　　）

A. 如果想见到彩虹，就必须经历风雨

B. 如果经历了风雨，就可以见到彩虹

C. 只有经历风雨，才能见到彩虹

D. 即使经历了风雨，也可能见不到彩虹

68. 只有当老张的工龄满 30 年，他才能享受特殊津贴。

以下哪项是上述命题的矛盾命题？（　　）

A. 老张的工龄未满 30 年，但能享受特殊津贴

B. 老张的工龄满 30 年，但不能享受特殊津贴

C. 老张的工龄满 30 年，并且能享受特殊津贴

D. 如果老张的工龄满 30 年，那么他能享受特殊津贴

思考题

1. 什么是复合命题?复合命题由哪几部分组成?
2. 什么是联言命题?怎样确定联言命题的真假?
3. 什么是相容选言命题?怎样确定相容选言命题的真假?
4. 什么是不相容选言命题?怎样确定不相容选言命题的真假?
5. 什么是假言命题?如何区别充分条件假言命题和必要条件假言命题?
6. 怎样确定各种假言命题的真假?
7. 什么是负命题?它与否定命题有何不同?它与其肢命题是何种真值关系?
8. 各种命题的负命题的等值命题是什么?
9. 什么是模态命题?

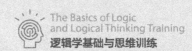

06

第六章

复合命题的推理

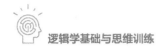

第一节 联言推理

一、联言推理的含义

联言推理就是以联言命题为前提或结论,并根据联言命题的逻辑特性进行推演的推理。例如:

革命不能输出,也不能输入

所以,革命不能输入

上例中,前提是一个联言命题,结论是该联言命题的一个肢命题。

联言推理有两种有效式:分解式和合成式。

二、联言推理的分解式

联言推理的分解式是以一个联言命题为前提,以这个联言命题的肢命题为结论的联言推理式。其逻辑形式是(以两个联言肢为例):

$$\frac{p \text{ 并且 } q}{\text{所以},p} \qquad \frac{p \text{ 并且 } q}{\text{所以},q}$$

以上两式也可以用符号表示为:

$$\frac{p \wedge q}{\therefore p} \qquad \frac{p \wedge q}{\therefore q}$$

如果用蕴涵式表示则为:$(p \wedge q) \to (p \vee q)$

例如:

$$\frac{\text{我们的干部要德才兼备,}}{\text{所以,我们的干部要有德。}}$$

三、联言推理的合成式

联言推理的合成式是以两个或两个以上的命题为前提,以这几个命题所构成的联言命题为结论的联言推理式。其逻辑形式是:

  p
  q
  ―――――
所以,p 并且 q

也可以用符号表示为:

  p
  q
  ―――――
  ∴ p ∧ q

如果用蕴涵式表示则为:(p,q)→(p ∧ q)

例如:

  每个科学发现都给科学知识增加了新的内容
  每个科学发现都使人了解到自然界更多的方面
  ――――――――――――――――――――――――

所以,每个科学发现都给科学知识增加了新的内容,并且使人了解到自然界更多的方面

联言推理比较简单,容易为人们所忽视,但在实际认识过程中是运用得比较多的。论述问题由总论到分论或由分论到总论,往往是运用分解式或合成式的联言推理。比如邓小平同志在改革开放的不同时期曾经分别指出"教育要面向现代化""教育要面向世界""教育要面向未来",并联系我国实际加以阐述,1983年10月1日参观北京景山学校时题词:"教育要面向现代化,面向世界,面向未来",将自己多年来对于教育问题的认识做了总结。这就是合成式的联言推理在实际工作中的具体运用。

联言推理在人们的认识活动和思想交流中运用比较广泛。如果人们要在肯定整体的同时突出重点,就往往选用联言推理的分解式;如果要形成对于事物的整

体的、全面的认识，就往往选用联言推理的合成式。

第二节 选言推理

一、选言推理的含义

选言推理是前提中有一选言命题，根据选言命题的逻辑特性进行推论的推理。例如：

甲案的错误，或是由于事实认定失实，或是由于适用法律不当
甲案的错误不是由于事实认定失实
——————————————————————
所以，甲案的错误是由于适用法律不当

这就是一个选言推理。它的大前提是选言命题，小前提是直言命题，结论也是直言命题。

选言命题有相容选言命题和不相容选言命题两种，相应地选言推理也有相容的选言推理和不相容的选言推理两种。

二、相容选言推理

相容选言推理是前提中有一个相容选言命题，依据相容选言命题的逻辑性质进行推论的推理。

相容选言推理的理论依据是相容选言命题的逻辑性质。相容选言命题断定选言肢中至少有一真，也可以都真。根据这一性质，我们可以提出相容选言推理的规则：

① 前提中否定一个选言肢以外的选言肢，结论可以肯定余下的那个选言肢。
② 前提中肯定一部分选言肢，结论不能否定另一部分选言肢。

根据这些规则，相容选言推理只有一个有效式，即否定肯定式。

否定肯定式（有效式）的逻辑形式是：

  p 或者 q   p 或者 q

  非 p   非 q

  ――――   ――――

  所以，q   所以，p

以上两式也可以用符号表示为：

  p ∨ q   p ∨ q

  ¬ p   ¬ q

  ――――   ――――

  ∴ q   ∴ p

如果用蕴涵式表示则为：（（p ∨ q）∧ ¬p）→ q

          （（p ∨ q）∧ ¬q）→ p

例如：

  这句话或者有语法错误，或者有逻辑错误

  这句话没有语法错误

  ――――――――――――――――――――

  所以，这句话有逻辑错误

相容选言推理的选言前提也可以包含不止两个选言肢，例如：

  某学员学习成绩不好，或者因为学习不努力，或者因为学习方法不当，或者因为基础太差，或者因为身体健康状况欠佳

  经了解，不是因为学习不努力，也不是因为学习方法不当，也不是因为健康状况欠佳

――――――――――――――――――――

  所以，其学习成绩不好是因为其基础太差

这是相容选言推理的否定肯定式，其逻辑形式是：

  或者 p，或者 q，或者 r

  非 p 且非 q

  ――――――――

  所以，r

上式用符号表示为：

p ∨ q ∨ r
¬p ∧ ¬q
─────────
∴ r

否定肯定式是相容选言推理唯一的有效形式，其有效性可以从相容选言命题的真值表得到验证。由于相容选言命题并未断定其选言肢仅有一真，因此，不能由肯定其一部分选言肢推出否定另一部分选言肢的结论，即相容选言推理没有"肯定否定式"，也可以说，相容选言推理的肯定否定式是无效的。

肯定否定式（无效式）的形式是：

p 或者 q   p 或者 q
p   q
─────────   ─────────
所以，非 q   所以，非 p

以上两式也可以用符号表示为：

p ∨ q   p ∨ q
p   q
─────────   ─────────
∴ ¬q   ∴ ¬p

例如：

这句话或者有语法错误，或者有逻辑错误
这句话有语法错误
───────────────────────────────
所以，这句话没有逻辑错误

三、不相容选言推理

不相容选言推理是前提中有一个不相容选言命题，依据不相容选言命题的逻辑性质进行推论的推理。

不相容选言推理的理论依据是不相容选言命题的逻辑性质。不相容选言命题断定选言肢中有而且只能有一真。因此，不相容选言推理的规则是：

① 前提中否定一个选言肢以外的选言肢，结论可以肯定余下的那个选言肢；
② 前提中肯定一个选言肢，结论可以否定其他选言肢。

根据这些规则，不相容选言推理具有两个有效式：否定肯定式和肯定否定式。

否定肯定式（有效式）的逻辑形式是：

要么 p，要么 q　　　　要么 p，要么 q
非 p　　　　　　　　　非 q
——————　　　　　——————
所以，q　　　　　　　所以，p

以上两式也可以用符号示为：

$p \veebar q$　　　　　$p \veebar q$
$\neg p$　　　　　　　$\neg q$
——————　　　　　——————
$\therefore q$　　　　　　　$\therefore p$

如果用涵式表示则为：$((p \veebar q) \wedge \neg p) \to q$
$((p \veebar q) \wedge \neg q) \to p$

例如：

一场战争要么是正义战争，要么是非正义战争
我国人民抵抗日本侵略者的战争不是非正义战争
————————————————————————
所以，我国人民抵抗日本侵略者的战争是正义战争

由于不相容选言命题断定其选言肢仅有一真，因此，不相容选言推理还有肯定否定式，即不相容选言推理的肯定否定式也是有效的。

肯定否定式的逻辑形式是：

要么 p，要么 q　　　　要么 p，要么 q
p　　　　　　　　　　q
——————　　　　　——————
所以，非 q　　　　　　所以，非 p

以上两式也可以用符号表示为：

$p \dot{\vee} q$ $\qquad$ $p \dot{\vee} q$

p $\qquad\qquad$ q

─────────── ───────────

$\therefore \neg q$ $\qquad$ $\therefore \neg p$

如果用涵式表示则为：$((p \dot{\vee} q) \wedge p) \to \neg q$

$\qquad\qquad\qquad\qquad ((p \dot{\vee} q) \wedge q) \to \neg p$

例如：

自然数 X 要么小于等于 5，要么大于 5

自然数 X 大于 5

────────────────────────────

所以，自然数 X 不是小于等于 5

不相容选言推理的选言前提也可以包含不止两个选言肢，例如：

这次会议要么在北京举行，要么在上海举行，要么在广州举行

这次会议不在北京举行，也不在上海举行

────────────────────────────

所以，这次会议在广州举行

这是不相容选言推理的否定肯定式，其逻辑形式是：

要么 p，要么 q，要么 r

非 p 且非 q

──────────────

所以，r

上式用符号 $\dot{\vee}$ 表示为 $\dot{\vee}$

$p \dot{\vee} q \dot{\vee} r$

$\neg p \wedge \neg q$

──────────────

$\therefore \ r$

再如：

这次会议要么在北京举行，要么在上海举行，要么在广州举行
这次会议在北京举行
─────────────────────────────────────
所以，这次会议不在上海举行，也不在广州举行

这是不相容选言推理的肯定否定式，其逻辑形式是：

要么 p，要么 q，要么 r
p
─────────────────────
所以，非 q 且非 r

上式用符表示为：

p $\underline{\vee}$ q $\underline{\vee}$ r
p
─────────────────
∴ ¬q ∧ ¬r

选言推理在日常工作、生活中也是运用得较多的。人们在分析或解决某一问题的过程中，要求事先估计到关于这一问题的各种可能情况，然后通过调查研究，排除其中的一部分可能性，从而做出正确的选择，找到解决问题的有效办法。这种"排除法"，实际上就是选言推理的具体运用。修理人员检修机械故障，工程立项，刑事侦查，乃至人们升学就业等，都经常要面临选择，做出取舍，都要运用到选言推理。例如，在侦查一起谋杀案时，在作案现场共发现五对足印，经现场勘查可确定其中至少有一对足印为作案人所留，这样，公安人员就可以通过调查首先排除一些明显不符合作案条件的人所留下的足印，从而缩小侦查范围，有利于迅速破案。一般说来，在侦查工作初期，用足够的证据来肯定某一选言肢为真是比较困难的，但根据现场勘查和侦查获得的材料，排除一部分选言肢可能比较容易。如果能够排除一些选言肢，那就排除了一些可能性，缩小了侦查范围，突出了重点嫌疑对象和侦破方向，从而缩短侦破期限，提高破案率。

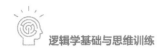

第三节　假言推理

一、假言推理的含义

假言推理是前提中有一假言命题，并根据假言命题的逻辑性质进行推论的推理。例如：

　　如果某甲的行为不具有社会危害性，则他的行为不是犯罪
　　某甲的行为不具有社会危害性
　　―――――――――――――――――――――――――――
　　所以，某甲的行为不是犯罪

假言推理的前提之中有一个是假言命题，另一个通常为直言命题，结论通常也是直言命题，因此又被称为假言直言推理。

假言推理的逻辑依据是假言前提前后件之间的关系。假言命题分为充分条件假言命题、必要条件假言命题和充分必要条件假言命题，因此，假言推理也分为三类：充分条件假言推理、必要条件假言推理和充分必要条件假言推理。

二、充分条件假言推理

充分条件假言推理，就是前提中有一个充分条件假言命题，并根据充分条件假言命题的逻辑性质进行推论的推理。

充分条件假言命题的逻辑性质告诉我们，一个真的充分条件假言命题，当它的前件真时，其后件必然是真的。因此，可以通过肯定其前件推出肯定其后件的结论。这种推理形式叫作充分条件假言推理的肯定前件式。其逻辑形式是：

如果 p，那么 q
p
——————
所以，q

这个公式也可以用符号表示为：

p → q
p
——————
∴ q

如果用蕴涵式表示则为：（（p→q）∧p）→q

例如：

如果物体受到摩擦，那么它就会发热
此物受到了摩擦
————————————————
所以，此物会发热

根据充分条件假言命题的逻辑性质还可知，一个真的充分条件假言命题，当它的后件假时，其前件必然是假的，因此，可以通过否定其后件推出否定其前件的结论。这种推理形式叫做充分条件假言推理的否定后件式。其逻辑形式是：

如果 p，则 q
非 q
——————
所以，非 p

这个公式也可以用符号表示为：

p → q
¬q
——————
∴ ¬p

如果用蕴涵式表示则为：（（p→q）∧¬q）→¬p

例如：

如果此物受到摩擦，那么它就会发热

此物没有发热
_____

所以，此物没有受到摩擦

充分条件假言命题的逻辑性质表明，一个真的充分条件假言命题，当其前件假时，后件可真可假，因此，不能通过否定其前件必然推出否定其后件的结论。这就是说，充分条件假言推理的否定前件式是无效的。

充分条件假言推理的否定前件式的逻辑形式是：

如果 p，那么 q

非 p
_____

所以，非 q

此公式用符号表示为：

p → q

¬ p
_____

∴ ¬ q

下面的充分条件假言推理的否定前件式是错误的。例如：

如果物体受到摩擦，那么它就会发热

此物没有受到摩擦
_____

所以，此物不会发热

根据充分条件假言推理的逻辑性质，一个真的充分条件假言命题，其后件真时，前件也是可真可假，因此，运用充分条件假言推理时，肯定后件不能肯定前件。即充分条件假言推理肯定后件式是无效的。

充分条件假言推理肯定后件式的逻辑形式是：

如果 p，则 q

q
_____

所以，p

这个公式也可以用符号表示为：

　　p → q

　　q

　　────────

　　∴ p

下面的充分条件假言推理的肯定后件式是错误的。例如：

　　如果物体受到摩擦，那么它就会发热

　　此物体发热

　　──────────────────────────

　　所以，此物体受到摩擦

综上所述，充分条件假言推理有两种有效推理形式：肯定前件式和否定后件式。

充分条件假言推理的规则是：

① 肯定前件必然要肯定后件，否定前件不能必然否定后件；

② 否定后件必然要否定前件，肯定后件不能必然肯定前件。

三、必要条件假言推理

必要条件假言推理，就是前提中有一个必要条件假言命题，并根据必要条件假言命题的逻辑性质进行推论的推理。

根据必要条件假言命题的逻辑性质，一个真的必要条件假言命题，当它的前件假时，其后件必然是假的，因此，可以通过否定其前件推出否定其后件的结论。这种推理形式叫作必要条件假言推理的否定前件式。其逻辑形式是：

　　只有 p，才 q

　　非 p

　　────────

　　所以，非 q

这个公式也可以用符号表示为：

p ← q

¬p

─────────

∴ ¬q

如果用蕴涵式表示则为：((p←q)∧¬p)→¬q

例如：

只有行为具有社会危害性，才能是犯罪行为

甲的行为不具有社会危害性

─────────────────────────

所以，甲的行为不是犯罪行为

根据必要条件假言命题的逻辑性质，一个真的必要条件假言命题，当它的后件真时，其前件必然是真的。因此，可以通过肯定其后件推出肯定其前件的结论。这种推理形式叫作必要条件假言推理的肯定后件式。其逻辑形式是：

只有p，才q

q

─────────

所以，p

这个公式也可用符号表示为：

p ← q

q

─────────

∴ p

如果用蕴涵式表示则为：((p←q)∧q)→p

例如：

只有行为具有社会危害性，才能是犯罪行为

甲的行为是犯罪行为

─────────────────────────

所以，甲的行为具有社会危害性

根据必要条件假言命题的逻辑性质可知，一个真的必要条件假言命题，当其前件真时，后件可真可假，因此，不能通过肯定其前件必然推出肯定其后件的结论。这就是说，必要条件假言推理的肯定前件式是无效的。其逻辑形式是：

只有 p，才 q

p

―――――――

所以，q

这个公式也可以用符号表示为：

p ← q

p

―――――

∴ q

下面的必要条件假言推理的肯定前件式是错误的。例如：

只有行为具有社会危害性，才能是犯罪行为

甲的行为具有社会危害性

――――――――――――――――――――

所以，甲的行为是犯罪行为

根据必要条件假言命题的逻辑性质可知，一个真的必要条件假言命题，当其后件假时，前件可真可假，因此，不能通过否定其后件必然推出否定其前件的结论。这就是说，必要条件假言推理的否定后件式是无效的。其逻辑形式是：

只有 p，才 q

非 q

―――――――

所以，非 p

这个公式也可用符号表示为：

p ← q

¬ q

―――――

∴ ¬ p

下面的必要条件假言推理的否定后件式是错误的。例如：

  只有行为具有社会危害性，才能是犯罪行为

  甲的行为不是犯罪行为

  ————————————————

  所以，甲的行为不具有社会危害性

综上所述，必要条件假言推理有两种有效推理式：否定前件式和肯定后件式。

必要条件假言推理的规则是：

① 否定前件必然要否定后件，肯定前件不能必然肯定后件；

② 肯定后件必然要肯定前件，否定后件不能必然否定前件。

四、充分必要条件假言推理

充分必要条件假言推理，就是前提中有一个充分必要条件假言命题，并根据充分必要条件假言命题的逻辑性质进行推论的推理。

根据充分必要条件假言命题的逻辑性质可知，一个真的充分必要条件假言命题，当它的前件真时，其后件必然是真的，因此，可以通过肯定其前件推出肯定其后件的结论。这种推理形式叫作充分必要条件假言推理的肯定前件式。其逻辑形式是：

  当且仅当 p，则 q

  p

  ————————

  所以，q

这个公式也可用符号表示为：

  $p \leftrightarrow q$

  p

  ————————

  ∴ q

如果用蕴涵式表示则为：$((p \leftrightarrow q) \wedge p) \rightarrow q$

例如：

当且仅当某机关是法院，它才有审判权
某机关是法院
_____

所以，某机关有审判权

根据充分必要条件假言命题的逻辑性质可知，一个真的充分必要条件假言命题，当它的前件假时，其后件必然是假的，因此，可以通过否定其前件推出否定其后件的结论。这种推理形式叫作充分必要条件假言推理的否定前件式。其逻辑形式是：

当且仅当 p，则 q
非 p
_____

所以，非 q

这个公式也可用符号表示为：

p ↔ q
¬ p
_____

∴ ¬ q

如果用蕴涵式表示则为：$((p \leftrightarrow q) \land \neg p) \to \neg q$

例如：

当且仅当某机关是法院，它才有审判权
某机关不是法院
_____

所以，某机关没有审判权

根据充分必要条件假言命题的逻辑性质可知，一个真的充分必要条件假言命题，当它的后件真时，其前件必然是真的，因此，可以通过肯定其后件推出肯定其前件的结论。这种推理形式叫作充分必要条件假言推理的肯定后件式。其逻辑形式是：

当且仅当 p，则 q
q
_____

所以，p

193

这个公式也可用符号表示为：

p ↔ q

q

─────────

∴ p

如果用蕴涵式表示则为：（（p ↔ q）∧ q）→ p

例如：

当且仅当某机关是法院，它才有审判权

某机关有审判权

─────────────────────

所以，某机关是法院

根据充分必要条件假言命题的逻辑性质可知，一个真的充分必要条件假言命题，当它的后件假时，其前件必然是假的，因此，可以通过否定其后件推出否定其前件的结论。这种推理形式叫作充分必要条件假言推理的否定后件式。其逻辑形式是：

当且仅当 p，则 q

非 q

─────────

所以，非 p

这个公式也可用符号表示为：

p ↔ q

¬ q

─────────

∴ ¬ p

如果用蕴涵式表示则为：（（p ↔ q）∧ ¬ q）→ ¬ p

例如：

当且仅当某机关是法院，它才有审判权

某机关没有审判权

─────────────────────

所以，某机关不是法院

综上所述，充分必要条件假言推理有四种有效推理式：肯定前件式、否定前件式、肯定后件式、否定后件式。

充分必要条件假言推理的规则是：

① 肯定前件必然要肯定后件，否定前件必然要否定后件；

② 肯定后件必然要肯定前件，否定后件必然要否定前件。

假言推理在日常思维中运用得十分广泛。假言推理的客观基础是普遍存在于事物之间的联系和关系。在日常学习、工作、生活中常常要研究这些联系和关系，因而常常要运用假言推理。对未来作种种预测常常用到假言推理；论述问题、驳斥谬误时也往往要运用假言推理。例如：

  据说俄国作家赫尔岑有一次去做客，主人家演奏音乐，赫尔岑却睡着了。醒来后，主人问他："你不喜欢这些音乐吗？它们都是现在流行的。"

  "难道流行的都是好东西吗？"

  "不好，为什么会流行呢？"

  "那么流行性感冒也是好东西吗？"

这段话里包含这样一个否定后件式的充分条件假言推理：

  如果流行的都是好东西，那么流行性感冒也是好东西

  流行性感冒不是好东西

  ―――――――――――――――――――

  所以，并非流行的都是好东西

第四节　二难推理

一、二难推理的含义

二难推理是由假言命题和选言命题作前提构成的推理。其中，假言前提的数量与选言前提的选言肢的数量相同。由于它是假言命题与选言命题的结合，又称假言选言推理。

二难推理通常是由两个假言命题和一个两肢的选言命题作为前提构成的推理。由于它在论辩中能置论敌于左右为难的境地，故称二难推理。例如：

如果上帝能够创造出一块连自己也推不动的石头，那么上帝不是万能的（因为上帝推不动这块石头）

如果上帝不能创造出连自己也推不动的石头，那么上帝不是万能的（因为上帝不能创造出这种石头）

上帝或者能创造或者不能创造这种石头

——————————————————————

所以，上帝不是万能的

二、二难推理的形式

根据二难推理的结论是简单命题还是复合命题，可以将其分为简单式的二难推理和复杂式的二难推理。根据其选言前提的选言肢是分别肯定两个假言前提的前件，还是分别否定两个假言前提的后件，又可将其分为构成式的二难推理和破坏式的二难推理。

综合上述两个区分标准，二难推理便可分为四种基本形式：简单构成式、简单破坏式、复杂构成式、复杂破坏式。

（一）简单构成式

简单构成式是以选言前提肯定两个假言前提不同的前件，结论肯定其相同的后件的一种推理式。

简单构成式的特点是：两个充分条件假言前提的前件不同而后件相同，选言前提的两个选言肢分别肯定两个假言前提的前件，结论肯定两个假言前提相同的后件，结论为一个简单命题。其逻辑形式为：

如果 p，那么 r
如果 q，那么 r
或者 P，或者 q
——————
所以，r

也可以用符号表示为：

 p→r
 q→r
 p∨q
 ─────────
 ∴ r

如用蕴涵式表示则为：

 （（p→r）∧（q→r）∧（p∨q））→r

毛泽东同志在《论人民民主专政》一文中说："在武松看来，景阳冈上的老虎，刺激它是那样，不刺激它也是那样，总之是要吃人的。"这段话包含一个二难推理：

 如果刺激老虎，那么老虎是要吃人的
 如果不刺激老虎，那么老虎是要吃人的
 或者刺激老虎，或者不刺激老虎
 ──────────────────────────
 总之，老虎是要吃人的

（二）简单破坏式

简单破坏式是以选言前提否定两个假言前提不同的后件，结论否定其相同的前件的一种推理式。

简单破坏式的特点是：两个充分条件假言前提的前件相同而后件不同，选言前提的两个选言肢分别否定两个假言前提的后件，结论否定两个假言前提相同的前件，结论为一个简单命题。其逻辑形式为：

 如果 p，那么 q
 如果 p，那么 r
 或者非 q，或者非 r
 ─────────────
 所以，非 p

也可以用符号表示为：

$p \to q$

$p \to r$

$\neg q \vee \neg r$

―――――――――

∴ ¬p

如用蕴涵式表示则为：

$((p \to q) \wedge (p \to r) \wedge (\neg q \vee \neg r)) \to \neg p$

例如：

如果你要登上这座高峰，就得有足够的毅力

如果你要登上这座高峰，就得有足够的体力

你或者毅力不够，或者体力不足

―――――――――――――――――――

所以，你不能登上这座高峰

（三）复杂构成式

复杂构成式是以选言前提肯定两个假言前提不同的前件，结论肯定其不同的后件的一种推理式。

复杂构成式的特点是：两个充分条件假言命题前、后件均不相同，选言前提的两个选言肢分别肯定两个假言前提的前件，结论肯定两个假言前提的后件，结论为一选言命题。其逻辑形式为：

如果 p，那么 r

如果 q，那么 s

或者 p，或者 q

―――――――――

所以，或者 r，或者 s

也可以用符号表示为：

$p \to r$

$q \to s$

$p \vee q$

―――――――

∴ $r \vee s$

如用蕴涵式表示则为：

$((p \to r) \land (q \to s) \land (p \lor q)) \to (r \lor s)$

据说，古雅典一个居民在给他那位想靠演说口才求取功名的儿子的一次警告中，就运用了如下的一个复杂构成式的二难推理：

如果你说真话，那么富人和显贵就要憎恨你

如果你说假话，那么黎民百姓就要憎恨你

你或者说真话，或者说假话

——————————————————————

总之，或者富人和显贵憎恨你，或者黎民百姓憎恨你

（四）复杂破坏式

复杂破坏式是以选言前提否定两个假言前提不同的后件，结论否定其不同的前件的一种推理式。

复杂破坏式的特点是：两个充分条件假言前提的前后件均不相同，选言前提的两个选言肢分别否定两个假言前提的后件，结论否定两个假言前提的前件，结论为一个选言命题。其逻辑形式为：

如果 p，那么 r

如果 q，那么 s

或者非 r，或者非 s

————————————

所以，非 p 或者非 q

也可以用符号表示为：

$p \to r$

$q \to s$

$\neg r \lor \neg s$

————————

$\therefore \neg p \lor \neg q$

如用蕴涵式表示则为：

$((p \to r) \land (q \to s) \land (\neg r \lor \neg s)) \to (\neg p \lor \neg q)$

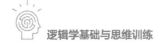

例如:
  如果某人在学术上有所建树,那么他治学刻苦
  如果某人在工作上有所成就,那么他工作认真
  张三或者治学不刻苦,或者工作不认真
  ———————————————————————
  所以,张三或在学术上无所建树,或在工作上无所成就

二难推理是一种强有力的论辩工具,它在司法工作中被广泛使用,特别是在法庭辩论中,二难推理更有其特殊的作用。在法庭辩论中,辩论的一方为了使对方处于困难境地,就常用二难推理的构成式。

美国总统林肯(曾当过律师)在一起谋杀案的辩护中运用二难推理获得彻底胜利。从那以后,林肯就成为当时美国最有声誉的名律师。一次,他有个老朋友的儿子小阿姆斯特朗,被人指控谋财害命。原告收买了福尔逊作证人。福尔逊赌咒发誓说他亲眼看到被告开枪击毙被害者,被告有口难辩。林肯主动担任了小阿姆斯特朗的辩护律师。开庭时,林肯首先问证人福尔逊,他是否亲眼看见被告开枪:

"你认清是小阿姆斯特朗吗?"

"是的",福尔逊回答。

"你在草堆后面,小阿姆斯特朗在大树下,相距有二三十米,你能看得清楚吗?"

福尔逊:"看得很清楚,因为当时月光很亮"。

林肯又一次强调地问:"你肯定不是从衣着方面看清楚的吗?"

福尔逊:"不是从衣着方面看清楚的,我肯定是看清了他的脸,因为月光正照在他的脸上。"

最后,林肯问证人:"具体时间也能肯定吗?"

福尔逊说:"完全可以肯定,因为我回到屋里时,看了时钟,那时是十一点一刻。"

说完这些,福尔逊松了一口气,因为林肯不再提问了。

"这个证人是一个彻头彻尾的骗子!"林肯不容置疑的口气令举座皆惊。林肯接着说:"他一口咬定10月18日晚上十一点一刻他在月光下认清了被告人的脸。

请大家想一想，10 月 18 日那天是上弦月，到了晚上十一点一刻，月亮早已下山了，哪里还有月光？退一步说，也许他把时间记得不十分精确，时间稍有提前，月亮还没有下山，但那时月光应是从西边往东边照射，草堆在东，大树在西。如果被告脸朝草堆，那么月光就只能照在被告的后脑勺上，证人又怎能看到月光照在被告的脸上呢？又怎么能从距离二三十米的地方看清被告的脸呢？"

这里，林肯用的就是二难推理的简单构成式。其形式为：

　　如果被告脸朝大树，月光可以照到脸上，那么证人就根本看不到被告的脸
　　如果被告脸朝草堆，那么月光只能照在被告的后脑勺上，证人也看不到被告的脸
　　被告或者脸朝大树，或者脸朝草堆
　　――――――――――――――――――――――――
　　总之，证人看不到被告的脸

证人福尔逊被林肯驳得张口结舌，无地自容，法庭宣告被告小阿姆斯特朗无罪释放。

三、二难推理的破斥方法

二难推理由于论理有力，成为论辩双方经常使用的辩论武器。但是，由于它结构比较复杂，容易出错，也常常会被诡辩论者加以利用。学习二难推理，既要学会灵活巧妙地使用二难推理为自己的正确观点服务，又要学会识别、破斥错误的二难推理。二难推理的破斥方法有以下三种。

1. 指出其推理形式上的错误

二难推理的前提由充分条件假言命题和选言命题组成，所以，推理过程中必须要遵守充分条件假言推理和选言推理的规则。充分条件假言推理只有肯定前件式和否定后件式，因此，二难推理的选言前提也只能要么是肯定假言前提的前件，要么是否定假言前提的后件。如果选言前提肯定的是假言前提的后件，或否定的是假言前提的前件，从而推出结论，那就是无效推理。例如：

如果某甲贪污数额巨大，那么某甲构成犯罪
如果某甲受贿数额巨大，那么某甲也构成犯罪
某甲或者贪污数额不大，或者受贿数额不大
──────────────────────────
所以，某甲不构成犯罪

这一推理显然违反了充分条件假言推理关于"否定前件不能必然否定后件"的推理规则，因此，是一个形式错误的二难推理。

2. 指出其选言前提或假言前提虚假

如果一个推理前提虚假，则不能保证结论为真。二难推理有两个假言前提和一个选言前提，假言前提可能出现的错误主要是前后件之间没有条件关系；而选言前提可能出现的错误主要表现为选言肢不穷尽而可能漏掉真的选言肢。例如：

有个新兵刚到军营，一个军官想敲诈他，于是故意叫他走在前面。新兵服从命令走在前面。军官骂他道："你这是要我做你的跟班呀？"又让新兵走在后面，跟着军官走，新兵听从，军官又破口大骂："你想叫我为你带路吗？"新兵觉得很为难，不知如何是好，就问军官："您说我该怎么走呢？"军官说："只要你给我钱，你想怎么走都行！"

在这个小故事中，军官运用了一个二难推理：

如果你走在我前面，那么你是要我做你的跟班
如果你走在我后面，那么你是要我为你带路
或者你走在我前面，或者你走在我后面
──────────────────────────
总之，或者你是要我做你的跟班，或者你是要我为你带路

这是一个复杂构成式的二难推理。这个二难推理的荒谬之处就在于两个假言前提前后件之间没有充分条件关系，因而推理不能成立。再如：

如果甲队实力比乙队强很多，那么甲队就能轻易战胜乙队
如果乙队实力比甲队强很多，那么乙队就能轻易战胜甲队
或者甲队实力比乙队强很多，或者乙队实力比甲队强很多
──────────────────────────
所以，或者甲队轻易战胜乙队，或者乙队轻易战胜甲队（总之，都不会

是精彩的比赛）

这是一个复杂构成式的二难推理，这个推理的结论同样不能成立。因为其中的选言前提漏掉了一个选言肢："甲队和乙队实力相差不大"，如果事实如此，那么两队之间的比赛仍有可能成为一场势均力敌、对抗激烈的精彩比赛。

3. 构造一个相反的二难推理

在实际辩论过程中，为了增强驳斥力，达到"以彼之道，还施彼身"的目的，人们可以通过构造一个与原二难推理形式相同但结论相反的二难推理来加以破斥。在日常生活中，人们经常运用这种破斥方法。

第五节　推理知识在逻辑试题训练中的应用

一、例题讲解

例题 1　母亲要求儿子从小就努力学外语。儿子说："我长大又不想当翻译，何必学外语。"

以下哪项是儿子的回答中包含的前提？

A. 要当翻译，需要学外语

B. 只有当翻译，才需要学外语

C. 当翻译没什么大意思

D. 学了外语才能当翻译

[解题分析]　正确答案：B

儿子的结论是不学外语，理由是不想当翻译，其推理过程是："只有当翻译，才要学外语，我不想当翻译，所以不要学外语"（这是一个必要条件推理，把"当翻译"作为"学外语"的必要条件）。选项 C 只是反映儿子对当翻译的态度，排除。选项 A、D 不选，因为该两项选择表示"当翻译"是"学外语"的充分条件，并不一定必要，不当翻译也可能需要学外语。

例题 2 如果风很大,我们就会放飞风筝。

如果天空不晴朗,我们就不会放飞风筝。

如果天气很暖和,我们就会放飞风筝。

假定上面的陈述属实,如果我们现在正在放飞风筝,则下面的哪项也必定是真的?

Ⅰ. 风很大。

Ⅱ. 天空晴朗。

Ⅲ. 天气暖和。

A. 仅Ⅰ   B. 仅Ⅰ、Ⅲ   C. 仅Ⅲ   D. 仅Ⅱ

[解题分析] 正确答案:D

从"如果天空不晴朗,我们就不会放飞风筝"和"我们现在正在放飞风筝",可以推出"天空晴朗"。至于"风很大"和"天气暖和"均不能从题干的条件中推出。因为从"如果 P 那么 Q,并且非 Q",可以推出非 P,但是从"如果 P 那么 Q,并且 Q",不能推出 P。

例题 3 未完成某一电力安全程序课程的人不能够在帕克郡登记成为一名电工。在帕克郡技术大学主修计算机科技的所有学生在毕业前必须完成那门课。因此任何在大学生修计算机科技的毕业生都可以在帕克郡登记成为一名电工。

上面论述的推理是有问题的,因为论述中没有建立_____?

A. 完成电力安全程序课程的每个人对这个程序都一样地了解

B. 在帕克郡技术大学主修计算机科技并且完成电力安全程序课程的所有学生最终都能毕业

C. 完成电力安全程序课程是在帕克郡登记成为一名电工所有的必要条件

D. 一个人想对电力安全程序了解的唯一方法是参加这些程序的课程

[解题分析] 正确答案:C

题干的前提是"完成电力安全程序课程是成为电工的必要条件",但结论却是"完成电力安全程序课程是成为一名电工充分条件",因此,推理的缺陷是论述中没有建立"完成电力安全程序课程是在帕克郡登记成为一名电工所有的必要条件"。(注意:所有的必要条件就是充分条件)

例题 4 如果秦川考试及格了，那么钱华、孙旭和沈楠肯定也都及格了。如果上述断定是真的，那么，以下哪项也是真的?

A. 如果秦川考试没有及格，那么钱、孙、沈三人中至少有一人没有及格

B. 如果秦川考试没有及格，那么钱、孙、沈三人都没及格

C. 如果钱、孙、沈考试都及格了，那么秦川的成绩也肯定及格了

D. 如果孙旭的成绩没有及格，那么秦川和沈楠不会都考及格

[解题分析] 正确答案：D

如果孙旭没及格，说明钱华、孙旭和沈楠没有都及格，则由条件可推出秦川没及格，因而秦川和沈楠不会都及格。因此，D 是题干的一个推论。其余各项均不能从题干中推出。

例题 5 假设"如果甲是经理或乙不是经理，那么，丙是经理"为真，由以下哪个前提可推出"乙是经理"的结论?

A. 丙不是经理　　　　　　　　B. 甲和丙都是经理

C. 丙是经理　　　　　　　　　D. 甲不是经理

[解题分析] 正确答案：A

要想推出"乙是经理"，我们首先要看一下"如果甲是经理或乙不是经理，那么，丙是经理"这个真命题的逆否命题：如果丙不是经理，那么甲不是经理而且乙是经理。因此，选项 A 就能充分保证"乙是经理"的结论成立。

例题 6 如果丽达和露丝不去墨西哥，那么尤思去纽约

以此为前提，再加上下列的哪个条件，就可以推出丽达去墨西哥的结论?

A. 尤思去纽约，露丝不去墨西哥

B. 尤思不去纽约，露丝去墨西哥

C. 露丝不去墨西哥

D. 露丝不去墨西哥，尤思不去纽约

[解题分析] 正确答案：D

"如果丽达和露丝不去墨西哥，那么尤思去纽约" 等价于其逆否命题"如果尤思不去纽约，那么丽达或露丝至少有一人去墨西哥"加上选项 D 这个条件，即"露丝不去墨西哥，尤思不去纽约"，那么就可以肯定"丽达去墨西哥"。

选项 C 的条件是不足以推出结论的。

例题 7　甲排球队有 A、B、C、D、E、F、G、P、Q、R、S、T 等十二个队员。由于存在着队员的配合是否默契的问题，W 教练在每次比赛时，对上场队员的挑选，都考虑了以下的原则：

1. 如果 P 不上场，那么，S 就不上场；
2. 只有 D 不上场，G 才上场；
3. A 和 C 要么都上场，要么都不上场；
4. 当且仅当 D 上场，R 才不上场；
5. 只有 R 不上场，C 才不上场；
6. A 和 P 两人中，只能上场一个；
7. 如果 S 不上场，那么 T 和 Q 也不上场；
8. R 和 F 两人中也只能上场一个。

有一次，甲队同乙队的比赛中，甲队上场了 6 人，其中包含了 G。

请问：在这场比赛中，上场的是哪几个队员？

[解题分析]　上场的是 G、A、B、C、E、R 6 名队员。整个推理过程分 9 步：

第一步：根据前提 2 和"G 上场了"的题设，可以推出 D 不上场。

第二步：根据前提 4 和 D 不上场，可以推出 R 上场。

第三步：根据前提 5 和 R 上场，可以推出 C 上场。

第四步：根据前提 3 和 C 上场，可以推出 A 上场。

第五步：根据前提 6 和 A 上场，可以推出 P 不上场。

第六步：根据前提 1 和 P 不上场，可以推出 S 不上场。

第七步：根据前提 7 和 S 不上场，可以推出 T 和 Q 不上场。

第八步：根据前提 8 和 R 上场，可以推出 F 不上场。

第九步：根据以上步骤，推出 D、P、S、T、F、Q 这 6 名队员不上场，则剩下的队员都上场。

例题 8　如果你犯了法，你就会受到法律制裁；如果你受到法律制裁，别人就会看不起你；如果别人看不起你，你就会无法受到尊重；而只有得到别人的尊重，你才能过得舒心。

从上述叙述中，可以推出下列哪一个结论？

A. 你不犯法，日子就会过得舒心

B. 你犯了法，日子就不会过得舒心

C. 你日子过得不舒心，证明你犯了法

D. 你日子过得舒心，表明你看得起别人

[解题分析]　正确答案：B

由题干可得到如下推理：

（1）犯了法 → 受到法律制裁

（2）受到法律制裁 → 别人就会看不起你

（3）别人看不起你 → 无法受到尊重

（4）无法受到尊重 → 不能过得舒心

从题干顺推，我们能够得到选项 B。其余选项不能必然得出。

例题 9　一个医生在进行医疗检查时过于细致，可能使病人感到麻烦，并进行了不必要的化验而导致浪费。而一个不够细致的一生，却有可能遗漏某些严重的问题，使病人错误地自以为安然无恙。医生是很难精确地判断它们究竟应当细致到什么程度的。所以，对于病人来说，当他们感到没有病时，去做医疗检查一般来说是不明智的。

以下哪项如果为真，最严重地削弱了上述论证？

A. 某些严重的疾病在其早期阶段具有某种症状，尽管病人还未感到有任何不适，但医生却能轻而易举地检查出来

B. 在收入减少的情况下，医生们一直在压缩他们在医疗检查时所花费的平均时间量

C. 缺乏医学知识的病人，自己无法判断医生作医疗检查时究竟细致到何种程度是适宜的

D. 许多医生在做医疗检查时细致到了恰到好处

[解题分析]　正确答案：D

题干中包含着一个错误二难推理，选言前提未穷尽一切可能情况，选项 E 正好是被遗漏的情况，因而可起削弱作用。

例题 10　某学院要提拔一个品行端正、学识渊博的教授担任学院领导，但这位教授只想在学术和教学上有所建树。便对同他谈话的组织代表说："我不能胜任这个职务。"代表问："为什么？"他答道："如果我说的是真话，那就

不应提拔我——明明不能胜任,干吗还要提拔?如果我说的是假话,那就更不应提拔我——一个说假话的人,怎么能提拔呢?总之,无论我说的是真话还是假话,都不能提拔我。"

以下除了哪项外,都与这位教授的推理类似?

A. 东方朔偷喝了汉武帝的不死酒,汉武帝要杀他,他说:"你如果杀我,杀死了,说明不死酒根本没用,又何必杀我呢?如果杀不死我,不是白费力吗?"

B. 元朝有个名叫姚燧的诗人,写了一首这样的曲子反映边塞军人妻子的困境:"欲寄君衣君不还,不寄君衣君又寒,寄与不寄间,妾身千万难。"

C. 一个影视作品,要想有高的收视率或票房价值,作品本身的质量和必要的包装宣传缺一不可。电影《青楼月》上映以来票房价值不佳但实际上质量堪称上乘。因此,看来它缺少必要的广告宣传和媒介炒作。

D. 父亲对他那喜欢到处游说的儿子说:"你不要到处游说。如果你说真话,那么富人恨你;如果你说假话,那么穷人恨你。既然游说只会招致大家恨你,你又何苦为之呢?"

[解题分析] 正确答案:C

本题题干与选项 A、B、D 都是二难推理,而 C 不是。

例题 11 经济学家:任何有经济效益的国家都能够创造财富。仅当一个国家的财富平均分配时,这个国家才能保持政治稳定。财富的平均分配消除了风险的存在,而风险的存在正是经济有效运转不可缺少的前提条件。

以下哪项结论可从以上的陈述中适当地推出?

A. 没有国家能够无限期地保持经济效益和政治稳定

B. 没有国家能够无限期地保持政治稳定和大量财富

C. 经济效益是一个国家创造财富不可缺少的前提条件

D. 任何一个平均分配财富的国家都将会无限期地保持政治稳定

[解题分析] 正确答案:A

题干推理是:

① 如果保持政治稳定,则平均分配财富;

② 如果平均分配财富,则消除风险的存在;

③ 如果 p(经济有效运转),则 ¬q(不能消除风险的存在)。

由①和②得④：如果 r（保持政治稳定），则 q（消除风险的存在）。

否定③和④的后件：q（消除风险的存在）或者 ¬q（不除风险的存在）。

得出结论：要么 ¬q（不能保持经济有效运转），要么 ¬r（不能保持政治稳定）。这种通过否定后件而否定前件所构成的二难推理称为"破坏式"。

由上述推理可得出：任何国家要么不能保持经济有效运转，要么不能保持政治稳定。即没有国家能够无限期地保持经济效益和政治稳定。因此，A 项正确。

例题 12 一对夫妻带着他们的一个孩子在路上碰到一个朋友。朋友问孩子："你是男孩还是女孩？"朋友没有听清孩子的回答。孩子的父母中某一个说，我孩子回答的是"我是男孩"；另一个接着说："这孩子撒谎，她是女孩。"这家人中男性从不说谎，而女性从来不连续说两句真话，也不连续说两句假话。

如果上述陈述为真，那么，以下哪项一定为真？

Ⅰ．父母俩第一个说话的是母亲。

Ⅱ．父母俩第一个说话的是父亲

Ⅲ．这孩子是男孩

A．只有 Ⅰ   B．只有 Ⅱ
C．只有 Ⅰ 和 Ⅲ   D．只有 Ⅱ 和 Ⅲ

[解题分析]　正确答案：A

先设：父母俩第一个说话的是父亲，那么第二个说话的是母亲。所以，父母俩第一个答话："我孩子回答的是'我是男孩'"这句话真（因这家人中男性从不说谎）。在这种情况下，当孩子是男孩时，母亲的答话"这孩子撒谎，她是女孩"这两句话都为假；当孩子是女孩时，母亲的这两句话全为真话，从这两种假设得出的结论都不合题意（因这家人中女性从来不连续说两句真话，也从不连续说两句假话）。所以，父母俩第一个说话的是母亲，第二个说话的是父亲，又据题干，这家人男性从不说谎，所以，这孩子是女孩。由此推知：题干中的断定Ⅱ、Ⅲ都为假。

二、同步练习

1．"p ∧ q"真，据联言推理分解式可推出（　　　　）。

A. "p"真　　　B. "p"假　　　C. "q"假　　　D. "非q"真

2. 由"并非小杨和小王都没有考取北京大学"和"小王考取了北京大学"这两个前提出发（　　）。

A. 可以得到"小杨考取了北京大学"的结论

B. 可以得到"小杨没有考取北京大学"的结论

C. 不能必然得出以上的结论

D. 得不出结论

3. 相容选言推理的错误形式是（　　）。

A. 肯定否定式　　　　　　　　B. 否定肯定式

C. 否定前件式　　　　　　　　D. 否定后件式

4. "高考落榜生或者在家待业或者准备来年再考，这位高考落榜生不准备来年再考，所以，在家待业。"这一推理属于（　　）。

A. 相容选言推理否定肯定式　　B. 不相容选言推理否定肯定式

C. 相容选言推理肯定否定式　　D. 不相容选言推理肯定否定式

5. "一份报表有错误，或者是资料来源有错误，或者是计算有错误。现已查明资料来源有错误，所以计算肯定没有错误。"属于选言推理的（　　）。

A. 正确的肯定否定式　　　　　B. 正确的否定肯定式

C. 错误的肯定否定式　　　　　D. 错误的否定肯定式

6. "如果物价继续上扬或不受控制，那么工薪阶层的生活水平就会下降，要使工薪阶层的生活水平不致下降，所以物价不能继续上扬并受到控制。"这个假言推理属于（　　）。

A. 正确的肯定前件式　　　　　B. 错误的肯定前件式

C. 正确的否定后件式　　　　　D. 错误的否定后件式

7. 以"如果取得好成绩，那么是努力学习了"为前提，进行正确的必然性推理，应当是（　　）。

A. 肯定前件就要肯定后件　　　B. 否定前件就要否定后件

C. 肯定后件就要肯定前件　　　D. 否定后件不一定就要否定前件

8. 由前提"如果线路畅通，又没停电，那么电灯一定是亮的"，再加上（　　）这个前提，就可以必然推出"现在一定是线路不畅通"的结论。

A. 现在没停电而电灯不亮　　　B. 现在停电而电灯不亮
C. 现在没停电而电灯亮　　　　D. 现在停电而电灯亮

9. 如果方法好，并且是够努力的，再加上有一定基础，那么学习成绩一定会好的。现在确知他有一定的基础，但他的学习成绩不好。所以，可以肯定(　　)。

A. 他方法不好，并且努力不够　　B. 他方法好，但努力不够
C. 他努力够，但方法不好　　　　D. 他或者方法不好，或者努力不够

10. "只要下场透雨，就能解除旱情；这里尚未解除旱情，所以这里没下过一场透雨。"这个推理是(　　)。

A. 充分条件假言推理否定后件式　B. 必要条件假言推理否定后件式
C. 相容选言推理肯定否定式　　　D. 不相容选言推理否定肯定式

11. 以"如果渎职，则犯法"为前提进行假言推理，其小前提可以是(　　)。

A. 渎职　　　　　　　　　　　B. 没渎职
C. 犯法　　　　　　　　　　　D. 并非没有犯法

12. "加强物质文明建设和加强精神文明建设都是重要的。因此，加强物质文明的建设是重要的"这是运用了(　　)。

A. 直接推理　　B. 关系推理　　C. 选言推理　　D. 联言推理

13. "肯定否定式"是(　　)的有效形式。

A. 相容选言推理　　　　　　　B. 不相容选言推理
C. 充分条件假言三段论推理　　D. 必要条件假言三段论推理

14. 由前提"p→(q∨r)"再加上下列前提中的(　　)必然推出结论¬p。

A. ¬q∧¬r　　B. ¬q∨¬r　　C. ¬(q∧r)　　D. ¬(¬q→r)

15. 运用假言推理，从"只有到分数线，才能被录取"，可以推出(　　)。

A. 如果到分数线，就能被录取　　B. 如果没被录取，就不到分数线
C. 如果被录取了，就到分数线了　D. 只有不到分数线，才不能被录取

16. "如果一部好的作品，那么它的思想性一定强；如果是一部好作品，那么它的艺术性一定高；这部作品或者思想性不强，或者艺术性不高，"那么可得结论(　　)。

A. 这是一部好作品　　　　　　B. 这是一部不好的作品
C. 这是一部思想性不强的作品　D. 这是一部艺术性不高的作品

17. "欲寄君衣君不还，不寄君衣君又寒，寄与不寄间，妾身千万难"，这首诗表达的二难推理是（   ）。

    A. 简单构成式　　　　　　　　B. 简单破坏式
    C. 复杂构成式　　　　　　　　D. 复杂破坏式

18. "如果这是一部好作品，那么它思想性一定好；如果这是一部好作品，那么它的艺术性一定高；而这部作品或者思想性不好，或者艺术性不高；所以，这不是一部好作品。"这是什么形式的二难推理？（   ）

    A. 简单构成式　　　　　　　　B. 简单破坏式
    C. 复杂构成式　　　　　　　　D. 复杂破坏式

19. "如果一个人自觉地散布谣言，那么，他就是别有用心；如果一个人不自觉地去散布谣言，那么，他就是愚昧无知，某人或者自觉地或者不自觉地散布谣言；所以，他或者别有用心，或者是愚昧无知。"这是什么形式的二难推理？（   ）

    A. 简单构成式　　　　　　　　B. 简单破坏式
    C. 复杂构成式　　　　　　　　D. 复杂破坏式

20. "如果承认矛可以戳穿盾，这说明盾没有他所夸的那么好；如果承认矛戳不穿盾，这就说明矛没有他所说的那么好；或者矛可以戳穿盾，或者矛戳不穿盾；所以，或者他的盾不好，或者他的矛不好。"这是什么形式的二难推理？（   ）

    A. 简单构成式　　　　　　　　B. 简单破坏式
    C. 复杂构成式　　　　　　　　D. 复杂破坏式

21. 如果上帝能创造一块连他自己都举不起来的石头，那么上帝就不是全能的（因为有一块石头他举不起来）；如果上帝不能创造一块连他自己也举不起来的石头，那么上帝也不是全能的（因为有一块石头他创造不出来）；或者上帝能创造，或者不能创造，总之，他不是全能的。这是什么形式的二难推理？（   ）

    A. 简单构成式　　　　　　　　B. 简单破坏式
    C. 复杂构成式　　　　　　　　D. 复杂破坏式

22. A、B、C 三位同学一起做一道数学题，三人得出三种不同答案。现已知：

    （1）如果 A 的答案正确，则 B 的答案不正确；

    （2）B 和 C 中至少有一人答案正确；

（3）A 和 C 中至少有一人答案不正确。

问：A 的答案是否正确？（   ）

A. 正确　　　　　B. 不正确　　　　C. 不能确定

23. 某大学生，不慎丢失一高级文曲星。已知真实情况有下列几条：

（1）若文曲星不是在宿舍丢失的，那么就一定是在校园里或大街上丢失的；

（2）如果出宿舍时看到过文曲星，则就不是在宿舍丢失的；

（3）出宿舍时看过文曲星；

（4）如果是在校园丢失的，则会有失物招领；

（5）没有失物招领。

请根据上述情况，推出这个学生的文曲星丢失在何处？（   ）

A. 宿舍　　　　B. 校园里　　　　C. 大街上　　　　D. 不能确定

24. 有张、王、李三人。张说："王说假话。"王说："李说假话。"李说："张王二人，必有一个说假话的。"请你判断一下，张、王、李三人，谁说的是真话？
（   ）

A. 王　　　　　B. 张　　　　　C. 李　　　　　D. 不能确定

25. 世界乒乓球锦标赛男子团体赛的决赛前，某国的教练在排兵布阵，他的想法是：如果 8 号队员的竞技状态好，并且伤势已经痊愈，那么让 8 号队员出场；只有 8 号队员不能出场，才派 6 号队员出场。

如果决赛时 6 号队员出场，则以下哪一项肯定为真？（   ）

A. 8 号队员伤势比较重

B. 8 号队员的竞技状态不好

C. 6 号队员没有受伤

D. 如果 8 号队员伤已痊愈，那么他的竞技状态不好

26. 一个热力站有 5 个阀门控制对外送蒸汽，使用这些阀门必须遵守以下操作规则：

（1）如果开启 1 号阀，那么必须同时打开 2 号阀并且关闭 5 号阀。

（2）如果开启 2 号阀或者 5 号阀，则要关闭 4 号阀。

（3）不能同时关闭 3 号阀和 4 号阀。

现在要打开 1 号阀，同时要打开的阀门是哪两个？（   ）

A. 2号阀和4号阀　　　　　　B. 2号阀和3号阀

C. 3号阀和5号阀　　　　　　D. 4号阀和5号阀

27. 某电路中有S、T、W、X、Y、Z六个开关，使用这些开关必须满足下面的条件：

（1）如果W接通，则X也要接通；

（2）只有断开S，才能断开T；

（3）T和X不能同时接通，也不能同时断开；

（4）若Y和Z同时接通，则W也必须接通。

如果现在同时接通S和Z，则以下哪项一定为真？（　　）

A. T是接通状态并且Y是断开状态

B. W和T都是接通状态

C. T和Y都是断开状态

D. X是接通状态并且Y是断开状态

28. "如果货币的储蓄额和销售回笼额都没有增长，那么货币的入股额一定增长"，以此为前提，若再增加一个前提，可以推出"货币的储蓄额事实上增长了"的结论。以下哪项可以是该增加的前提？（　　）

A. 货币的入股额事实上增长了

B. 货币的入股额事实上没增长

C. 货币的销售回笼额事实上没增长

D. 货币的销售回笼额和入股额事实上都没有增长

29. 如果飞行员严格遵守操作规程，并且飞机在起飞前经过严格的例行技术检验，那么飞机就不会失事，除非出现如劫机这样的特殊意外。这架波音747在金沙岛上空失事。如果上述断定是真的，那么以下哪项也一定是真的？（　　）

A. 如果失事时无特殊意外发生，那么飞行员一定没有严格遵守操作规程，并且飞机在起飞前没有经过严格的例行技术检验

B. 如果失事时有特殊意外发生，那么飞行员一定严格遵守操作规程，并且飞机在起飞前经过了严格的例行技术检验

C. 如果飞行员没有严格遵守操作规程，并且飞机在起飞前没有经过严格的例行技术检验，那么失事时没有特殊意外发生

D. 如果失事时没有特殊意外发生，那么可得出结论：只要飞机失事的原因不是飞机在起飞前没有经过严格的例行技术检验，那么，定是飞行员没有严格遵守操作规程

30. 法制的健全或者执政者强有力的社会控制能力，是维持一个国家社会稳定的必不可少的条件。Y 国社会稳定但法制尚不健全。因此，Y 国的执政者具有强有力的社会控制能力。以下哪项论证方式和题干的最为类似？（   ）

A. 一个影视作品，要想有高的收视率或票房，作品本身的质量和必要的包装宣传缺一不可。电影《青楼月》上映以来票房不佳但实际上质量堪称上乘。因此，看来它缺少必要的广告宣传和媒介炒作

B. 只有有超常业绩或者 30 年以上服务于本公司的工龄的雇员，才有资格获得本公司本年度的特殊津贴。黄先生获得了本年度的特殊津贴但在本公司仅供职 5 年。因此，他一定有超常业绩

C. 如果既经营无方又铺张浪费，那么一个企业将严重亏损。Z 公司虽经营无方但并没有严重亏损，这说明它至少没有铺张浪费

D. 一个罪犯要实施犯罪，必须既有作案动机，又有作案时间。在某案中，W 先生有作案动机但无作案时间。因此，W 先生不是该案的作案者

31. 只要天上有太阳并且气温在零度以下，街上总会有很多人穿皮外套。只要天下着雨并且气温在零度以上，街上总有人穿雨衣。有时，天上有太阳却同时下着雨。

如果上述断定是真的，那么以下哪项一定是真的？（   ）

A. 如果气温在零度以上但街上没有人穿雨衣，那么天一定没下雨

B. 如果街上有很多人穿着皮外套但天没下雨，那么天上一定有太阳

C. 如果气温在零度以下并且街上没有多少人穿着皮外套，那么天一定下着雨

D. 如果气温在零度以上并且街上有人穿着雨衣，那么天一定下着雨

32. 一个产品要想稳固地占领市场、产品本身的质量和产品的售后服务二者缺一不可。空谷牌冰箱的质量不错，但售后服务跟不上，因此，很难长期稳固地占领市场。

以下哪项推理的结构和题干的最为类似？（   ）

A. 德才兼备是一个领导干部尽职胜任的必要条件。李主任富于才但疏于德，因此，他难以尽职胜任

B. 如果天气晴朗并且风速在三级以下，跳伞训练场将对外开放。今天的天气晴朗但风速在三级以上，所以跳伞场地不会对外开放

C. 必须有超常业绩或者教龄在30年以上，才有资格获得教育部颁发的特殊津贴。张教授获得了教育部颁发的特殊津贴但教龄只有15年，因此，他一定有超常业绩

D. 如果不深入研究广告制作的规律，那么所制作的广告知名度和信任度不可见的。空谷牌冰箱的广告既有知名度又有信任度，因此，这一广告的制作者肯定深入研究了广告制作的规律

33～34题基于以下题干：

（1）所有并且只有在高速公路上运行的交通工具才是交通污染源。

（2）自行车不是交通污染源。

（3）我的汽车在高速公路上行驶的时候，天都下着雨。

（4）现在天正下着雨。

33. 如果上述断定都是真的，下面哪项断定也一定是真的？（　　）

A. 自行车并不在高速公路上行驶

B. 只有当天下雨的时候，自行车才在高速公路上行驶

C. 如果我的汽车不在制造污染，那么天没下雨

D. 我现在正在高速公路上驾车

34. 给上述断定加上以下哪项条件可逻辑地得出结论"我的汽车没有在制造污染"？（　　）

A. （2）改为"自行车是交通污染源"

B. （2）改为"我的汽车是交通污染源"

C. （3）改为"如果自行车是交通污染源的话，我一定会在高速公路上驾驶我的汽车的"

D. （4）改为"天现在没下雨"

35. 如果你犯了法，你就会受到法律制裁；如果你受到法律制裁，别人就会看不起你；如果别人看不起你，你就无法受到尊重；而只有得到别人的尊重，你才能过得舒心。从上述叙述中，可以推出下列哪一个结论？（　　）

A. 你不犯法，日子就会过得舒心

B. 你犯了法，日子就不会过得舒心
C. 你日子过得不舒心，证明你犯了法
D. 你日子过得舒心，表明你看得起别人

36～37题基于以下题干：

如果"红都"娱乐官在同一天既开放交谊舞厅又开放迪斯科舞厅，那么它也一定开放保龄球厅，该娱乐官星期二不开放保龄球厅。李先生只有当开放交谊舞厅时才去"红都"娱乐官。

36. 如果上述断定是真的，那么以下哪项断定也一定是真的？（　　）

A. 星期二李先生不会光顾"红都"娱乐官
B. 李先生不会同一天在"红都"娱乐官既光顾交谊舞厅又光顾迪斯科舞厅
C. 如果"红都"在星期二开放交谊舞厅，那么这一天它一定不开放迪斯科舞厅
D. "红都"娱乐官只在星期二不开放交谊舞厅

37. 如果题干的断定是真的，并且事实上李先生星期二光顾"红都"娱乐官，那么以下哪项断定一定是真的？（　　）

A. "红都"在李先生光顾的那天没开放迪斯科舞厅
B. "红都"在李先生光顾的那天没开放交谊舞厅
C. "红都"在李先生光顾的那天开放了保龄球厅
D. "红都"在李先生光顾的那天既开放了交谊舞厅又开放了迪斯科舞厅

38～39题基于以下题干：

P：任何在高速公路上运行的交通工具的时速必须超过60千米。

Q：自行车的最高时速是20千米。

R：我的汽车只有逢双日才被允许在高速公路上驾驶。

S：今天是5月18日。

38. 如果上述断定都是真的，下面哪项断定也一定是真的？（　　）

（1）自行车不允许在高速公路上行驶。
（2）今天我的汽车仍然可能不被允许在高速公路上行驶。
（3）如果我的汽车的时速超过60千米，那么当日肯定是逢双日。

A. （1）、（2）和（3）　　　　B. 仅（1）
C. 仅（1）和（2）　　　　　　D. 仅（1）和（3）

39. 假设只有高速公路才有最低时速限制，则从上述断定加上以下哪项条件可合理地得出结论："如果我的汽车正在行驶的话,时速不必超过60千米。"（　　）

  A．Q 改为："自行车的最高时速可达 60 千米"

  B．P 改为："任何在高速公路上运行的交通工具的时速必须超过 70 千米"

  C．R 改为："我的汽车在高速公路上驾驶不受单双日限制"

  D．S 改为："今天是 5 月 19 日"

40. 如果新产品打开了销路，那么本企业今年就能实现转亏为盈。

只有引进新的生产线或者对现有设备进行有效的改造，新产品才能打开销路。

本企业今年没能实现转亏为盈。

如果上述断定是真的，那么以下哪项也一定是真的？（　　）

  Ⅰ．新产品没能打开销路。

  Ⅱ．没引进新的生产线。

  Ⅲ．对现有设备没实行有效的改造。

  A．只有Ⅰ　　 B．只有Ⅱ

  C．只有Ⅲ　　 D．Ⅰ、Ⅱ和Ⅲ

41. 林园小区有住户家中发现了白蚁。除非小区中有住户家中发现白蚁，否则任何小区都不能免费领取高效杀蚁灵。静园小区可以免费领取高效杀蚁灵。

如果上述断定都真，那么以下哪项据此不能断定真假？（　　）

  Ⅰ．林园小区有的住户家中没有发现白蚁。

  Ⅱ．林园小区能免费领取高效杀蚁灵。

  Ⅲ．静园小区的住户家中都发现了白蚁。

  A．只有Ⅰ　　 B．只有Ⅱ

  C．只有Ⅲ　　 D．Ⅰ、Ⅱ和Ⅲ

42. 如今这几年参加注册会计师考试的人越来越多了，可以这样讲，所有想从事会计工作的人都想要获得注册会计师证书。小朱也想获得注册会计师证书，所以，小朱一定是想从事会计工作了。

以下哪项如果为真，最能加强上述论证？（　　）

  A．目前越来越多的从事会计工作的人具有了注册会计师证书

  B．不想获得注册会计师证书，就不是一个好的会计工作者

C. 只有想获得注册会计师证书的人，才有资格从事会计工作

D. 只有想从事会计工作的人，才想获得注册会计师证书

43. 红星中学的四位老师在高考前对某理科毕业班学生的前景进行推测，他们特别关注班里的两个尖子生。

张老师说："如果余涌能考上清华，那么方宁也能考上清华。"

李老师说："依我看这个班没人能考上清华。"

王老师说："不管方宁能否考上清华，余涌考不上清华。"

赵老师说："我看方宁考不上清华，但余涌能考上清华。"

高考的结果证明，四位老师中只有一人的推测成立。

如果上述断定是真的，则以下哪项也一定是真的？（　　）

A. 李老师的推测成立

B. 王老师的推测成立

C. 如果方宁考不上清华大学，那么张老师的推测成立

D. 如果方宁考上了清华大学，那么张老师的推测成立

44. 某矿山发生了一起严重的安全事故。关于事故原因，甲乙丙丁四位负责人有如下断定：

甲：如果造成事故的直接原因是设备故障，那么肯定有人违反操作规程。

乙：确实有人违反操作规程，但造成事故的直接原因不是设备故障。

丙：造成事故的直接原因确实是设备故障，但并没有人违反操作规程。

丁：造成事故的直接原因是设备故障。

如果上述断定只有一个人的断定为真，那么以下断定都不可能为真，除了：（　　）。

A. 甲的断定为真，有人违反了操作规程

B. 甲的断定为真，但没有人违反操作规程

C. 丙的断定为真

D. 丁的断定为真

45. 有一种观点认为，"只要有足够多的钱，就可以买到一切"。

从这个观点可以推出下面哪个结论？（　　）

A. 有些东西，即使有足够的钱，也不能买到，如友谊、健康、爱情等

B. 如果没有足够的钱，那么什么东西也买不到

C. 有一件我买不到的东西，便说明我没有足够的钱

D. 没有足够多的钱，也可以买到一切东西

46. 对冲基金每年提供给它的投资者的回报从来都不少于25%。因此，如果这个基金每年最多只能给我们20%的回报的话，它就一定不是对冲基金。

以下哪项的推理方法与上文相同？（　　）

A. 好的演员从来都不会因为自己的一点进步而沾沾自喜，谦虚的黄升一直注意不以点滴的成功而自傲，看来，黄升就是好演员

B. 移动电话的话费一般比普通电话贵。如果移动电话和普通电话都在身边时，我们选择了普通电话，那就体现了节约的美德

C. 如果一个公司在遇到像亚洲金融危机这样的挑战的时候还能够保持良好的增长势头，那么在危机过后就会更红火。秉东电信公司今年在金融危机中没有退步，所以明年会更旺

D. 一个成熟的学校在一批老教授离开自己的工作岗位后，应当有一批年轻的学术人才脱颖而出，勇挑大梁。华成大学去年一批老教授退休后，大批年轻骨干纷纷外流，一时间群龙无首，看来华成大学还算不上是一个成熟的学校

47. 李进：这学期没有女生获得"银士达"奖学金。

王芳：这就是说这学期没人获得"银士达"奖学金。

李进：不，事实上有几个男生这学期获得了"银士达"奖学金。

王芳的回答可能假设了以下所有的断定，除了：（　　）。

A. "银士达"奖学金只发给女生

B. 只有女生能申请"银士达"奖学金

C. 所有的女生"银士达"奖学金申请者要比男生申请者更为够格

D. 这学期"银士达"奖学金的申请者中，女生多于男生

48. 只有她去，你和我才会一起去唱"卡拉OK"；而她只到能跳舞的"卡拉OK"厅唱歌，那些场所都在市中心。只有你参加，她妹妹才会去唱"卡拉OK"。

如果上述断定是真的，那么以下哪项也一定为真？（　　）

A. 她不和她妹妹一起唱"卡拉OK"

B. 你和我不会一起在市郊的"卡拉 OK"厅唱歌

C. 我不在,你不会和她一起去唱"卡拉 OK"

D. 她不在,你不会和她妹妹一起去唱"卡拉 OK"

49. 赵明、钱红、孙杰三人被北京大学、清华大学和北京师范大学录取。他们分别被哪个学校录取的,同学们做了如下的猜测:

同学 A 猜:赵明被清华大学录取,孙杰被北京师范大学录取

同学 B 猜:赵明被北京师范大学录取,钱红被清华大学录取

同学 C 猜:赵明被北京大学录取,孙杰被清华大学录取

结果,他们的猜测各对了一半。那么,他们的录取情况是:(　　)。

A. 赵明、钱红、孙杰分别被北京大学、清华大学和北京师范大学录取

B. 赵明、钱红、孙杰分别被清华大学、北京师范大学和北京大学录取

C. 赵明、钱红、孙杰分别被北京师范大学、清华大学和北京大学录取

D. 赵明、钱红、孙杰分别被北京大学、北京师范大学和清华大学录取

50. 小张约小李第二天去商场,小李说:"如果明天不下雨,我去爬山。"第二天,天下起了毛毛细雨,小张以为小李不会去爬山了,就去小李的宿舍找他,谁知小李仍然去爬山了。待两人又见面时,小张责怪小李食言,既然天下雨了,为什么还去爬山;小李却说,他并没有食言,是小张的推论不合逻辑。

对于两人的争论,以下哪项论断是合适的?(　　)

A. 小张和小李的这个争论是没有意义的

B. 小张的推论不合逻辑

C. 两个人对毛毛细雨的理解不同

D. 由于小李食言,引起了这场争论

51. 森达集团规定,它的下属连锁分店,年营额超过 800 万元的,雇员可获得年超额奖。年终统计显示,该集团所属 10 个连锁分店,其中 7 个年营业额超过 800 万元,其余的不足 500 万元。森达集团又规定,只有年营业额超过 500 万元的,雇员才能获得敬业奖。

如果上述断定都是真的,那么以下哪项关于该集团的断定也一定是真的?(　　)

Ⅰ. 得敬业奖的雇员,一定得年超额奖。

Ⅱ．得年超额奖的雇员，一定得敬业奖。

Ⅲ．森达集团的大多数雇员都得了年超额奖。

    A．仅Ⅰ   B．仅Ⅱ   C．仅Ⅲ   D．Ⅰ、Ⅱ和Ⅲ

52．远大汽车公司生产的小轿车都安装了驾驶员安全气囊。在安装驾驶员安全气囊的小轿车中，有80%安装了乘客安全气囊。只有安装乘客安全气囊的小轿车才会同时安装减轻冲击力的安全杠和防碎玻璃。

如果上述断定为真，并且事实上李先生从远大汽车公司购进一辆小轿车中装有防碎玻璃，则以下哪项断定一定是真的？（　　）

Ⅰ．这辆车一定装有安全杠。

Ⅱ．这辆车一定装有乘客安全气囊。

Ⅲ．这辆车一定装有驾驶员安全气囊。

    A．仅Ⅰ   B．仅Ⅱ   C．仅Ⅲ   D．Ⅰ、Ⅱ和Ⅲ

53．微波炉清洁剂中加入漂白剂，就会释放出氯气；在浴盆清洁剂中加入漂白剂，也会释放出氯气；在排烟机清洁剂中加入漂白剂，没有释放出氯气。现有一种未知类型的清洁剂，加入漂白剂后，没有释放出氯气。

根据上述实验，以下哪项关于这种未知类型的清洁剂的断定一定为真？（　　）

Ⅰ．它是排烟机清洁剂。

Ⅱ．它既不是微波炉清洁剂，也不是浴盆清洁剂。

Ⅲ．它要么是排烟机清洁剂，要么是微波炉清洁剂或浴盆清洁剂。

    A．仅Ⅰ   B．仅Ⅱ   C．仅Ⅲ   D．Ⅰ、Ⅱ和Ⅲ

54．甲、乙、丙三人在讨论"不劳动者不得食"这一原则所包含的意义。

甲说："不劳动者不得食，意味着得食者可以不劳动。"

乙说："不劳动者不得食，意味着得食者必须是劳动者。"

丙说："不劳动者不得食，意味着得食者可能是劳动者。"

以下哪项结论是正确的？（　　）

    A．甲的意见正确，乙和丙的意见不正确

    B．乙和丙的意见正确，甲的意见不正确

    C．甲和丙的意见正确，乙的意见不正确

D. 乙的意见正确，甲和丙的意见不正确

55. 丹丹、小颖、淑珍去参加奥林匹克竞赛。奥林匹克竞赛有数学、物理和化学三种，每人只参加一种。建国、小杰、大牛作了以下猜测：

建国：丹丹参加了数学竞赛，小颖参加了物理竞赛。

小杰：淑珍没参加物理竞赛，小颖参加了数学竞赛。

大牛：丹丹没参加数学竞赛，小颖参加了化学竞赛。

如果他们的猜测都对了一半，则以下哪项为真？（　　）

A. 丹丹、小颖、淑珍分别参加数学、物理和化学竞赛

B. 丹丹、小颖、淑珍分别参加物理、数学和化学竞赛

C. 丹丹、小颖、淑珍分别参加数学、化学和物理竞赛

D. 丹丹、小颖、淑珍分别参加化学、物理和数学竞赛

56. 甲："我最近经常看到他带着孩子散步。"

乙："这么说，他已经做父亲了。"

乙谈话的逻辑前提是：（　　）

A. 所有已经做了父亲的人，一定经常带孩子散步

B. 有些经常带孩子散步的人已经做了父亲

C. 只有经常带着孩子散步的人，才是已做父亲的人

D. 不是已做父亲的人，不可能经常带孩子散步

57. 父亲对儿子说："你只有努力学习，才能考上重点大学。"

后来可能发生的情况是：

Ⅰ. 儿子努力了，没有考上重点大学。

Ⅱ. 儿子没努力，考上了重点大学。

Ⅲ. 儿子没努力，没有考上重点大学。

Ⅳ. 儿子努力了，考上了重点大学。

发生哪几种情况时，父亲说的话没有错误？（　　）

A. 仅Ⅲ、Ⅳ　　　　　　　　　B. 仅Ⅱ、Ⅳ

C. 仅Ⅰ、Ⅲ、Ⅳ　　　　　　　D. 仅Ⅱ、Ⅲ、Ⅳ

58. 只有住在广江市的人才能够不理睬通货膨胀的影响；住在广江市的每一个人都要付税；每一个付税的人都发牢骚。

根据上面的这些句子，命题下列各项哪项一定是真的？（　　）

Ⅰ．每一个不理睬通货膨胀影响的人都要付税。

Ⅱ．不发牢骚的人中没有一个能够不理睬通货膨胀的影响。

Ⅲ．每一个发牢骚的人都能够不理睬通货膨胀的影响。

A．仅Ⅰ　　　　　　　　　　B．仅Ⅰ和Ⅱ

C．仅Ⅱ和Ⅲ　　　　　　　　D．Ⅰ、Ⅱ和Ⅲ

59．正是因为有了充足的奶制品作为食物来源，生活在呼伦贝尔大草原的牧民才能摄入足够的钙质。很明显，这种足够的钙质，对呼伦贝尔大草原的牧民拥有健壮的体魄是必不可少的。

以下哪项情况如果存在，最能削弱上述断定？（　　）

A．有的呼伦贝尔大草原的牧民从食物中能摄入足够的钙质，且有健壮的体魄

B．有的呼伦贝尔大草原的牧民不具有健壮的体魄，但从食物中摄入的钙质并不少

C．有的呼伦贝尔大草原的牧民不具有健壮的体魄，他们从食物中不能摄入足够的钙质

D．有的呼伦贝尔大草原的牧民有健壮的体魄，但没有充足的奶制品作为食物来源

60．记者："作为一个政治家所必须具备的才能是什么？"

首相："政治家要有准确预测的才能，如果预测的事不能发生，也必须有巧妙说明的本领。"

如果首相的断定是真的，那么以下哪项不能是真的？（　　）

A．政治家可能做出错误的预测

B．政治家如果没有巧妙说明的本领，就必须有准确预测的才能

C．政治家如果有巧妙说明的能力，那么不一定事事都能做出准确的预测

D．政治家可能既没有准确预测的才能，又没有巧妙说明的本领

61．总经理：我主张小王和小李两人中至少提拔一人。

董事长：我不同意。

以下哪项，最为准确地表述了董事长实际上同意的意思？（　　）

A. 小王和小李两人都得提拔

B. 小王和小李两人都不提拔

C. 小王和小李两人中至多提拔一人

D. 如果提拔小王，那么不提拔小李

62. "常在河边走，哪能不湿鞋"。搞财会工作的，都免不了有或多或少的经济问题，特别是在当前商品经济大潮下，更是如此。

以下哪项如果是真的，最有力地削弱了上述断定？（　　）

A. 以上断定，宣扬的是一种"人不为己，天诛地灭"的剥削阶级世界观

B. 随着法制的健全，以及打击经济犯罪的深入，经济犯罪已受到严厉的追究与打击

C. 由于进行了两个文明建设，广大财务人员的思想觉悟与敬业精神有了明显的提高

D. 万国投资信托公司房产经营部会计胡大全，经营财务30年，分文不差，一丝不苟，并勇于揭发上司的贪污受贿行为，多次受到表彰嘉奖

63. 关于确定商务谈判代表的人选，甲、乙、丙三位公司老总的意见分别是：

甲：如果不选派李经理，那么不选派王经理。

乙：如果不选派王经理，那么选派李经理。

丙：要么选派李经理，要么选派王经理。

以下诸项中，同时满足甲、乙、丙三人意见的方案是：（　　）。

A. 选李经理，不选王经理

B. 选王经理，不选李经理

C. 两人都选派

D. 两人都不选派

64. 只要前提正确且逻辑推理结构有效，则结论必然正确。

根据以上命题，以下哪几种情况是可能出现的？（　　）

Ⅰ. 结论正确且前提正确，但逻辑结构是无效的。

Ⅱ. 逻辑推理结构有效且结论正确，但前提是错误的。

Ⅲ. 前提错误且逻辑结构无效，但结论正确。

Ⅳ. 前提错误且逻辑结构无效，结论也是错误的。

A. Ⅰ、Ⅱ、Ⅲ和Ⅳ　　　　　　B. 仅Ⅰ和Ⅳ
C. 仅Ⅰ、Ⅱ和Ⅳ　　　　　　D. 仅Ⅰ、Ⅲ和Ⅳ

65. 某一城市有两大支柱产业，传统手工业和旅游业。发展传统手工业将不可避免地导致污染，从而破坏生态环境。但良好的生态环境又是发展旅游业的必要条件。

以下哪项能作为结论从上述断定中推出？（　　）

A. 市政府应大力加强对生态环境的保护
B. 这城市无法同时发展传统手工业和旅游业
C. 应该用其他产业代替传统手工业和旅游业
D. 这城市的经济收入主要靠传统手工业

66. 以下是一个西方经济学家陈述的观点：一个国家如果能有效地运作经济，就一定能创造财富而变得富有；而这样的一个国家想保持政治稳定，它所创造的财富必须得到公正的分配；而财富的公正分配将减少经济风险；但是经济风险的存在正是经济有效运作的不可或缺的先决条件。

这个经济学家的上述观点，可以得出以下哪项结论？（　　）

A. 一个国家政治上的稳定和经济上的富有不可能并存
B. 一个国家政治上的稳定和经济上的有效率运作不可能并存
C. 一个富有国家的经济运作一定是有效率的
D. 在一个经济运作无效率的国家中，财富一定得到了公正的分配

67. 媒体上最近充斥着关于某名人的八卦新闻，这使该名人陷入一种尴尬的境地：如果她不出面做澄清和反驳，那些谣言就会被大众信以为真；如果她出面做澄清和反驳，这反而会引出更多人的关注，使那些八卦新闻传播得更快更广。这也许就是当名人不得不付出的代价吧。

如果题干中的陈述为真，则下面哪一项必定为真？（　　）

A. 该名人实际上无法阻止那些八卦新闻对她个人声誉的损害
B. 一位名人的声誉不会受媒体上八卦新闻的影响
C. 在面对八卦新闻时，该名人所能采取的最好策略就是澄清真相
D. 该名人的一些朋友出面夸奖她，发而会起反效果

68. 王涛和周波是理科（1）班同学，他们是无话不说的好朋友。他们发现

班里每一个人或者喜欢物理，或者喜欢化学。王涛喜欢物理，周波不喜欢化学。

Ⅰ．周波喜欢物理。

Ⅱ．王涛不喜欢化学。

Ⅲ．理科（1）班不喜欢物理的人喜欢化学。

Ⅳ．理科（1）班一半喜欢物理，一半喜欢化学。

A．仅Ⅰ、Ⅱ　　　　　　　　B．仅Ⅲ、Ⅳ

C．仅Ⅰ、Ⅲ　　　　　　　　D．仅Ⅱ、Ⅳ

69．李明、王兵、马云三位股民对股票A和股票B分别做了如下预测：

李明：只有股票A不上涨，股票B才不上涨。

王兵：股票A和股票B至少有一个不上涨。

马云：股票A上涨当且仅当股票B上涨。

若三人的预测都为真，则以下哪项符合他们的预测？（　　）

A．股票A上涨，股票B才不上涨

B．股票A不上涨，股票B上涨

C．股票A和股票B均上涨

D．股票A和股票B均不上涨

70．只有具有一定文学造诣且具有生物学专业背景的人，才能读懂这篇文章。

如果上述命题为真，以下哪项不可能为真？（　　）

A．小张没有读懂这篇文章，但他的文学造诣是大家所公认的。

B．计算机专业的小王没有读懂这篇文章。

C．从未接触过生物学知识的小李读懂了这篇文章。

D．小周具有生物学专业背景，但他没有读懂这篇文章。

71．临江市地处东部沿海，下辖临东、临西、江南、江北四个区，近年来，文化旅游产业成为该市的经济增长点。2010年，该市一共吸引全国数十万人次游客前来参观旅游。

12月底，关于该市四个区吸引游客人数多少的排名，各位旅游局局长做了如下预测：

（1）临东区旅游局局长：如果临西区第三，那么江北区第四；

（2）临西区旅游局局长：只有临西区不是第一，江南区才是第二；

（3）江南区旅游局局长：江南区不是第二；

（4）江北区旅游局局长：江北区第四。

最终的统计表明，只有一位局长的预测符合事实，则临东区当年吸引游客人次的排名是（　　）。

　　A．第一　　　　B．第二　　　　C．第三　　　　D．第四

72．只有通过身份认证的人才允许上公司内网，如果没有良好的业绩就不可能通过身份认证，张辉有良好的业绩而王纬没有良好的业绩。

如果上述断定为真，则以下哪项一定为真？（　　）

　　A．允许张辉上公司内网

　　B．不允许王纬上公司内网

　　C．张辉通过身份认证

　　D．有良好的业绩，就允许上公司内网

73．经理说："有了自信不一定赢"。董事长回应说："但是没有自信一定会输。"

以下哪项与董事长的意思最为接近？（　　）

　　A．不输即赢，不赢即输

　　B．如果自信，则一定会赢

　　C．只有自信，才可能不输

　　D．除非自信，否则不可能输

74．如果他勇于承担责任，那么他就一定会直面媒体，而不是选择逃避；如果他没有责任，那么他就一定会聘请律师，捍卫自己的尊严。可是事实上，他不仅没有聘请律师，现在逃得连人影都不见了。

根据以上陈述，可以得出以下哪项结论？（　　）

　　A．即使他没有责任，也不应该选择逃避

　　B．虽然选择了逃避，但是他可能没有责任

　　C．如果他有责任，那么他应该勇于承担责任

　　D．他不仅有责任，而且他没有勇气承担责任

75～77题基于以下题干：

东宇大学公开招聘 3 个教师职位，哲学学院、管理学院和经济学院各一个。每个职位都有分别来自南山大学、西京大学、北清大学的候选人。有位"聪明"人士李先生对招聘结果做出了如下预测：

如果哲学学院录用北清大学的候选人，那么管理学院录用西京大学的候选人；如果管理学院录用南山大学的候选人，那么哲学学院也录用南山大学的候选人；如果经济学院录用北清大学或者西京大学的候选人，那么管理学院录用北清大学的候选人。

75. 如果哲学学院、管理学院和经济学院最终录用的候选人的大学归属信息依次如下，则哪项符合李先生的预测？（　　）

A. 南山大学、南山大学、西京大学
B. 北清大学、南山大学、南山大学
C. 北清大学、北清大学、南山大学
D. 西京大学、北清大学、南山大学

76. 若哲学学院最终录用西京大学的候选人，则以下哪项表明李先生的预测错误？（　　）

A. 管理学院录用北清大学候选人
B. 管理学院录用南山大学候选人
C. 经济学院录用南山大学候选人
D. 经济学院录用北清大学候选人

77. 如果三个学院最终录用的候选人分别来自不同的大学，则以下哪项符合李先生的预测？（　　）

A. 哲学学院录用西京大学候选人，经济学院录用北清大学候选人
B. 哲学学院录用南山大学候选人，管理学院录用北清大学候选人
C. 哲学学院录用北清大学候选人，经济学院录用西京大学候选人
D. 哲学学院录用西京大学候选人，管理学院录用南山大学候选人

78. 只要每个司法环节都能坚守程序正义，切实履行监督制约职能，结案率就会大幅提高，去年某国结案率比上一年提高了 70%，所以该国每个司法环节都能坚守程序正义，切实履行监督制约职能。

以下哪项与上述论证方式最为相似？（　　）

A. 只有在校期间品学兼优，才可以获得奖学金，李明获得了奖学金，所以他在校期间一定品学兼优

B. 在校期间品学兼优，就可以获得奖学金，李明获得了奖学金，所以他在校期间一定品学兼优

C. 在校期间品学兼优，就可以获得奖学金，李明没有获得奖学金，所以他在校期间一定不是品学兼优

D. 在校期间品学兼优，就可以获得奖学金，李明不是品学兼优，他不可能获得奖学金

79. 某国大选在即，国际政治专家陈研究员预测：选举结果或者是甲党控制政府，或者是乙党控制政府。如果甲党赢得对政府的控制权，该国将出现经济问题；如果乙党赢得对政府的控制权，该国将陷入军事危机。

根据陈研究员上述预测，可以得出以下哪项？（　　）

A. 该国可能不会出现经济问题也不会陷入军事危机

B. 如果该国出现经济问题，那么甲党赢得了对政府的控制权

C. 该国将出现经济问题，或者将陷入军事危机

D. 如果该国陷入了军事危机，那么乙党赢得了对政府的控制权

80. 一个人如果没有崇高的信仰，就不可能守住道德的底线；而一个人只有不断加强理论学习，才能始终保持崇高的信仰。

根据以上信息，可以得出以下哪项？（　　）

A. 一个人没能守住道德的底线，是因为他首先丧失了崇高的信仰

B. 一个人只要有崇高的信仰，就能守住道德的底线

C. 一个人只有不断加强理论学习，才能守住道德的底线

D. 一个人如果不能守住道德的底线，就不可能保持崇高的信仰

81. 有关数据显示，2011年全球新增870万结核病患者，同时有140万患者死亡。因为结核病对抗生素有耐药性，所以对结核病的治疗一直都进展缓慢。如果不能在近几年消除结核病，那么还会有数百万人死于结核病。如果要控制这种流行病，就要有安全、廉价的疫苗。目前有12种新疫苗正在测试之中。

根据以上信息，可以得出以下哪项？（　　）

A. 有了安全、廉价的疫苗，我们就能控制结核病
B. 新疫苗一旦应用于临床，将有效控制结核病的传播
C. 只有在近几年消除结核病，才能避免数百万人死于这种疾病
D. 如果解决了抗生素的耐药性问题，结核病治疗将会获得突破性进展

思考题

1. 什么是联言推理？它有几种形式？
2. 什么是选言推理？它有几种形式？
3. 什么是假言推理？它有几种形式？
4. 什么是二难推理？它有几种形式？

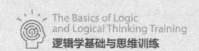

第七章

归纳与类比推理

第一节 归纳推理的概述

一、归纳推理的含义

归纳推理就是以个别或特殊性认识为前提推出一般性认识为结论的推理。也可以说是由已知为真的命题做前提引出可能真实的命题做结论的推理。

我们都知道，任何个别都是单独的、特殊的、具体的，都有它特有的属性；任何一般都存在于个别中，是个别事物的共同性。个别不能脱离一般而存在，一般必须通过个别而存在。在客观世界中，个别和一般的辩证关系，就是归纳推理的客观基础。

例如，铁导电，铜导电，铝导电……铁、铜、铝都是金属，因此可以得出金属都是导电的。

我们还知道，水稻能够进行光合作用，大豆能进行光合作用，松树能进行光合作用，水稻、大豆、松树都是绿色植物，因此凡是绿色植物都能进行光合作用。这就是一个归纳推理。归纳推理的一般形式可以表示如下：

S_1 是（或不是）P

S_2 是（或不是）P

……

S_n 是（或不是）P

（S_1—S_n 是 S 类的全部或部分对象）

所以，凡 S 都是（或不是）P

上述公式中的"S"表示一般性的事物类，"S1—Sn"表示个别事物或特殊事物类，可以是 S 类的全部或部分分子。前提中的诸命题是以单独概念为主项的单称命题或以普遍概念（种）为主项的全称命题，结论是以普遍概念（属）为主项的全称命题。前提与结论中主项的关系是种属关系，推理过程是由种到属的认识过程，即由个别或特殊到一般的过程。例如：

铁导电

铜导电

铝导电

……

铁、铜、铝等都是金属

―――――――――――――

所有金属都是导电的

再例如：

水稻具有光合作用

大豆具有光合作用

松树具有光合作用

……

（水稻、大豆、松树等是绿色植物的一部分）

―――――――――――――

所以，所有的绿色植物都具有光合作用

归纳推理的特点是，结论所断定的范围超出了前提所断定的范围。前提与结论之间的联系不是必然的，即前提真，结论未必真。归纳推理是或然推理。

在人们的实际生活中，按照前提中是否考察了一类事物的全部对象，将归纳推理分为完全归纳推理和不完全归纳推理。而不完全归纳推理又可按照是否以对象和属性间的必然联系为依据，把它分成简单枚举归纳推理和科学归纳推理。

二、归纳推理与演绎推理的关系

人的认识过程，是由个别到一般，又由一般到个别的过程。这是一个非常丰富和复杂的过程，在这个过程中演绎推理和归纳推理都起着非常重要的作用。

演绎推理是从一般的原理、原则，推出关于个别事物的结论；而归纳推理则是从个别事例，推出一般的原理、原则。在认识过程中，这两者是紧密联系着的。

在古代，由于人类经验知识的缺乏，往往根据一般的原则来说明问题。在近代，由于科学技术的发达和发展，人们开始从观察、实验中获得的经验材料来进行归纳。这就是我们前面讲的逻辑发展史中提到的亚里士多德的演绎法论证以及培根的归纳法的创建。但是这两位伟人都是把他们的方法极端化了，认为是世界上最好的获得真理的方法。其实我们知道，演绎和归纳在人的认识中是起到不同的不可替代的作用的。

归纳推理与演绎推理之间的关系是相互联系与相互区别的。一般的原理、原则，不是主观自生的，而是人们在实践中对个别具体事物抽象概括出来的。人们认识事物，研究问题，归纳和演绎是交替使用的，没有归纳，演绎的前提就无法形成；没有演绎，归纳的成果将无法扩大和深化。恩格斯曾说："归纳和演绎，正如分析和综合一样，是必然相互联系着的。不应当牺牲一个而把另一个捧到天上去，应当把每一个都用到该用的地方上去，要做到这一点，就只有注意它们的相互联系和它们的相互补充。"❸

相互联系表现在以下两个方面。

① 演绎推理离不开归纳推理。因为演绎推理是以表达一般性知识的命题为前提，然后推出特殊的命题作结论的推理，而一般性知识的获得往往是归纳推理的结果。而且，演绎推理的各种形式和推理规则，也是人们对思维活动进行归纳的产物。所以，可以说没有归纳推理就没有演绎推理，演绎推理依赖于归纳推理。

② 归纳推理离不开演绎推理。因为归纳推理的前提是一些表达个别性知识的命题，而要获得这些表达个别性知识的命题，人们就要用观察、实验、调查等方法收集资料，然后进行分析、分类，这些都离不开理论的指导。

相互区别表现在以下两个方面。

① 从思维方向来看，演绎推理是从一般性认识推出个别性认识；而归纳推理是从个别性认识推出一般性认识。

② 从结论可靠性程度来看，演绎推理的前提蕴涵结论，结论断定的范围没有超出前提，其结论是必然性的，即只要前提真实、形式正确，就必然推出真实结论。

---

❸ 《马克思恩格斯选集》第三卷，第548页，人民出版社。

而归纳推理（完全归纳推理除外）的结论的断定范围超出了前提，其结论是或然的，也就是说，前提真实，结论并不一定真实。

在实际思维过程中，归纳推理中有演绎推理，演绎推理中也有归纳推理。二者互相依赖，互相补充，相辅相成。有时以归纳为主，有时又以演绎为主，它们是不可分割的，又是相互区别的。

第二节 完全归纳推理

一、完全归纳推理的含义

完全归纳推理是根据某类事物中每一对象都具有或不具有某种属性，推出该类事物的全部对象都具有或不具有某种属性的推理。例如，当我们已知，北京市是缺水城市，天津市是缺水城市，上海市是缺水城市，重庆市是缺水城市，并且北京、天津、上海、重庆是中国直辖市的全部对象以后，我们就可以推论：中国直辖市都是缺水城市。这就是完全归纳推理，它的形式如下：

S_1 是（或不是）P

S_2 是（或不是）P

……

S_n 是（或不是）P

（S_1—S_n 是 S 类的全部对象）

————————————————

所以，所有 S 都是（或不是）P

二、完全归纳推理的特点、逻辑要求和作用

（一）完全归纳推理的特点

① 前提对某一类事物的每一个对象都做了断定，无一遗漏。

② 结论所断定的范围没有超出前提所断定的范围，前提与结论之间的联系是必然的，结论是真实可靠的。现代逻辑认为完全归纳推理是必然性推理。

（二）正确运用完全归纳推理要遵守的要求

① 前提中必须完全考察一类事物的全部对象，做到无一遗漏。但是有些类分子是无限的，完全归纳推理就无能为力了，在这样的情况下就只好依靠不完全归纳推理。这也是完全归纳推理的局限性。

② 前提中每一个命题必须真实可靠。因为在前提中只要出现一个虚假的命题，完全归纳推理的结论就是虚假的。

如果有些事物在一定时期内出现巧合，由这样的前提归纳而得的结论是不可靠的。

③ 每一个前提中的谓项必须是同一概念。

④ 每一个前提中的联项必须完全相同。

（三）完全归纳推理的作用

① 认识作用。完全归纳推理能使人们的认识从个别上升到一般，使人们对某类事物的认识深化。例如，当我们知道某班的三个小组中，第一、第二、第三组的同学都通过了英语四级，所以我们可以得出结论，某班全部同学都通过了英语四级。

② 论证作用。因为完全归纳推理的前提与结论之间存在着必然的联系，所以我们可以通过对前提中的每一对象进行考察并确定，从而达到对一般性结论的确定和证明。例如，在证明三段论一般规则中"两特称前提不能得结论"和"前提中有一特称命题，则结论必特称"时，就是列举了两特称前提的一切情况和前提中有一个特称命题的所有情况，运用完全归纳推理进行论证的。

完全归纳推理也有局限性，因为它要考察所有的对象。当对象数量有限时，运用完全归纳推理有它的优越性，可是，当人们所要认识的事物对象数量极大，甚或无限时，就很难甚至根本无法使用完全归纳推理。如果出现这种情况，就要使用不完全归纳推理。

第三节 不完全归纳推理

一、不完全归纳推理的含义

不完全归纳推理是根据一类事物中的部分对象具有（或不具有）某种属性，推出该类对象都具有（或不具有）某种属性的推理。例如，孔雀会飞，麻雀会飞，啄木鸟会飞，大雁会飞，孔雀、麻雀、啄木鸟、大雁都是鸟，由此得出结论，所有的鸟都会飞。又例如，当我们知道，北京实行限制汽车尾气排放，空气质量得以提高；天津实行限制尾气排放，空气质量得以提高；西安实行限制汽车尾气排放，空气质量得以提高；北京、天津、西安是我国北方的大城市，因此，我们推出结论：北方实行限制尾气排放的城市，空气质量都得以提高。这就是不完全归纳推理。它的公式可以表示如下：

S_1 是（或不是）P

S_2 是（或不是）P

S_n 是（或不是）P

……

（S_1—S_n 是 S 类的部分对象）

―――――――――――

所以，所有 S 都是（或不是）P

不完全归纳推理与完全归纳推理的区别是：

① 不完全归纳推理的前提是某事物的部分对象；而完全归纳推理的前提是某类中的全部对象。

② 不完全归纳推理的结论超出了前提所断定的范围，前提与结论之间的联系是或然的，结论是或然性的。而完全归纳推理的结论没有超出前提所断定的范围，故结论是必然性的。

根据前提中是否考察了事物对象与其属性间内在联系,不完全归纳推理分为简单枚举归纳推理和科学归纳推理。

二、简单枚举归纳推理

(一)简单枚举归纳推理的含义

简单枚举归纳推理也称简单枚举法。它是以经验为主要依据,根据一类事物中的部分对象具有(或不具有某种属性),又没有遇到反例,从而推出该类事物的全部对象具有(或不具有)某种属性的归纳推理。例如,水稻可以进行光合作用;松树可以进行光合作用;小草可以进行光合作用等;而水稻、松树、小草等都是绿色植物,所以我们得出结论:绿色植物可以进行光合作用。它的形式可以表示如下:

S_1 是(或不是)P

S_2 是(或不是)P

…

S_n 是(或不是)P

(S_1、S_2、…、S_n 是 S 类的部分对象,并且枚举中未遇到相反情况)

_____

所以,所有 S 都是(或不是)P

实际上,简单枚举归纳推理是以经验认识为主,在考察该类部分对象的过程中没有遇到反例,从而推出该类对象全部具有或不具有某种属性。这种推理方法显而易见,结论不是必然的。因为,在我们经验认识中,可能是没有遇到反例,但并不等于反例不存在,就如当时说"天鹅都是白的"一样,人们考察了欧洲、亚洲、非洲、美洲,结果是一样的,从而得出"所有的天鹅都是白的"的结论。这就是经验认识过程中未遇到反例,可是在后来,人们在澳洲发现了黑天鹅,一下子就把原有的结论推翻了。数学家华罗庚曾对简单枚举归纳推理的或然性做了生动的说明:

从一个袋子里摸出来的第一个是红玻璃球,第二个是红玻璃球,甚至第三个、第四个、第五个都是红玻璃球的时候,我们立刻会出现一种猜想:"是不是这个袋子里的东西全部都是红玻璃球?"但是,当我们有一次摸出一个白玻璃球的时候,这个猜想就失败了,这时,我们会出现另一个猜想:"是不是袋里的东西全部都是玻璃球?"但是,当有一次摸出来的是一个木球的时候,这个猜想又失败了。那时我们会出现第三个猜想:"是不是袋里的东西全是球?"这个猜想对不对,还必须继续加以检验,要把袋里的东西全部摸出来,才能见个分晓。

(二)简单枚举归纳推理的作用

(1)简单枚举归纳推理是人们日常生活、工作经验概括的重要手段。如我们常说"冰冻三尺,非一日之寒""谦虚使人进步,骄傲使人落后""八月十五云遮月,正月十五雪打灯""天下乌鸦一般黑"等,都是根据生活中多次重复的事例用简单枚举归纳推理概括出来的。

(2)简单枚举归纳推理是科学研究的辅助手段。人们在科学研究中经常要使用观察、实验的方法。在这些方法的运用过程中,经常会出现一些用已有的理论不能解释的现象,这时就可以运用简单枚举归纳推理,从一些意外发现的事实中寻求所蕴含的普遍性、规律性,做出一种初步的假定性解释。

(三)提高简单枚举归纳推理结论的可靠性的方法

(1)被考察的数量越多,考察的范围越广,简单枚举归纳推理的结论越可靠。如果仅根据少量粗略的事实,就轻率得出一般性结论,而且把它看成是必然的,这样就会犯"轻率概括"或"以偏概全"的逻辑错误。例如,根据"理学院的许多学生都学了音乐欣赏课",得出"音乐欣赏课是理学院的必修课",这一结论就是犯了"以偏概全"的逻辑错误。

(2)注意收集反例。由于简单枚举归纳推理是否有效,关键在于有没有发现反例。因此,在尽可能多地列举事例后,注意考察一下有无反例是非常重要的。只有注意收集反例,并且始终未发现反例,结论的可靠程度才比较高。

三、科学归纳推理

科学归纳推理又叫科学归纳法,它是以科学分析为主要根据,依据某类事物中部分对象与其属性之间具有（或不具有）因果联系，推出该类事物的全部对象都具有（或不具有）某种属性的归纳推理。例如：铁受热后体积膨胀；铜受热后体积膨胀；铝受热后体积膨胀；银受热后体积膨胀。铁、铜、铝、银是金属中的一部分，因为它们受热后，分子的凝聚力减弱，运动速度加快，分子间的距离增大，从而导致体积膨胀。所以我们得出结论：所有金属受热后体积膨胀。它的逻辑形式表示如下：

S_1 是（或不是）P

S_2 是（或不是）P

…

S_n 是（或不是）P

S_1、S_2、…、S_n 是 S 类的部分对象，并且 S 与 P 有因果联系

所以，所有 S 都是（或不是）P

例如：1960 年，英国一个农场的十万只鸡、鸭，由于吃了发霉的花生而得癌症死了，用这种饲料喂养的羊、猫、鸽子等，也先后患癌症而死去。1963 年，有人在实验室里观察白鼠吃了发霉的花生后的反应，结果白鼠得了肝癌，最后也死去了。

为什么动物吃了发霉的花生就会得癌症而死去呢？有个科学家将发霉的花生进行了化学分析，发现其中有黄曲霉素，而黄曲霉素是致癌物质。因此，这个科学家得出结论：动物吃了发霉的花生，就会致癌而死。

这个科学家在推理过程中就是使用了科学归纳推理。

四、科学归纳推理与简单枚举归纳推理的联系与区别

（一）二者的联系

（1）二者的前提中都只是考察了一类事物的部分对象。因此都属于不完全归纳推理。

（2）结论都是对一类事物的全部对象的断定，结论所断定的知识范围都超

出了前提的范围，前提与结论的联系都不是必然的。

（二）二者的区别

（1）二者的推理根据不同。科学归纳推理是以分析事物与属性之间的必然联系为依据的；而简单枚举归纳推理是以观察某一事物情况的重复出现而又没有发现反例为依据的。

（2）前提数量的多少，对结论的意义不同。对科学归纳推理来说，前提数量的多少，对结论的可靠性并不起主要作用，只要真正揭示了事物对象与其属性间的因果联系，就可以得出非常可靠的结论；而简单枚举归纳推理是要求前提数量尽可能的多，这样得出的结论可靠性也就越大。

（3）二者结论的可靠程度不同。科学归纳推理结论的可靠程度高于简单枚举归纳推理。因为科学归纳推理在前提中考察了一类事物对象与其属性间的因果联系，是建立在科学分析的基础之上的，这种方式显然是优于仅凭经验次数的众多而得结论的简单枚举归纳推理。当然结论的可靠程度也就得到了加强。

第四节　探求因果联系的方法

在上一节，我们探讨了科学归纳推理，那就是说通过事物与属性之间的因果联系进行分析，从而得出结论。显然，因果联系是科学归纳推理的依据。那么什么是因果联系呢？探求它的方法又有哪些呢？

在传统的归纳逻辑中，有五种探求因果联系的逻辑方法。简称求因果五法。也称之为"穆勒五法"，因为它是英国逻辑学家穆勒在总结培根等人归纳方法的基础上提出来的。在了解探求因果五法之前，首先要知道因果联系的实质。

事物现象间的因果联系是普遍存在的。其实在我们的生活和学习中，我们经常自觉不自觉地发现，任何现象都有它产生或存在的原因，任何原因都必然造成一定结果。没有无因之果，也没有无果之因。某个现象的存在和产生，必然引起另一现象产生，这个现象叫原因，被引起的现象就是结果。例如我们经常说"热胀冷缩"，这就是说的金属的属性。热是原因，胀是结果；冷是原因，缩是结果。

因果联系具有以下特征。

① 现象间的因果联系是普遍存在的。任何现象都有其产生的原因，任何原因都必然引起一定的结果。没有无因之果，也没有无果之因。

② 因果联系具有先后相继性。原因总是在前，而结果总是在后。但是，两个先后相继的情况也不一定存在着因果联系，这是值得注意的。比如，我们中国传统中的十二生肖，虽然它们前后相继的非常有规律，但是谁也不能成为谁的原因或结果。

③ 因果联系具有必然性。"因"与"果"之间的联系是客观的、必然的，不是偶然的。只要在相同的条件下，同样的原因会产生同样的结果。因此，探求现象间的因果联系，对认识事物规律具有重要的意义。

④ 因果联系具有复杂性。因果联系是复杂多样的。某一现象发生的原因可能是另一现象所引起的结果，某一现象的结果可能又是引起另一现象的原因。有一因一果、多因一果、一因多果、多因多果等情况。原因和结果的关系构成了客观世界的因果关系的链条。但是，在一定的因果链条上，在一定的因果环节上，原因和结果的关系又是确定的，原因就是原因，不是结果；结果就是结果，不是原因。如果把原因当结果，或者把结果当原因，就会犯"因果倒置"的逻辑错误。例如：

在19世纪的英国，有一位改革家发现在英国凡是勤劳的农民都有两头牛，懒惰的人没有两头牛，于是他设计了改革方案给每位懒惰的农民两头牛，这样整个英国就勤劳起来了。本来是勤劳以后才会有两头牛，而改革家却本末倒置。有两头牛未必勤劳，这些懒惰的农民在得到两头牛以后可能会更懒惰，甚至整个英国农民都可能会变成懒惰的人。

认识现象间的因果联系是一个十分复杂，也是非常重要和必须的过程。古典归纳逻辑所讲的探求因果联系的逻辑方法，是以一因一果为基本依据的，它们是一些比较简单的，但又具有一般性意义的方法。这些方法是：求同法、求异法、求同求异并用法、共变法和剩余法。

一、求同法

（一）什么是求同法

求同法，也称契合法，其基本内容是：如果被研究现象在各种不同场合出现，而在这些不同场合中只有一个共同情况，那么，这个唯一的共同情况就可能是被研究现象的原因。

例如，从井里向上提水，水桶只要一离开水面，马上我们就会感觉到相当的重量；在水中搬运木头就比在岸上搬运轻得多；游泳时能够托起一个人，可是离开水中要托起这个人却相当的困难。以上这些现象虽然各自的情况不同，但有一点是共同的，那就是都在水里，水能够产生浮力是人们感到物体在水中变轻现象发生的原因。

它的逻辑形式表示如下：

场合	先行情况	被研究对象
（1）	A，B，C	a
（2）	A，D，E	a
（3）	A，F，G	a
…		

————————————————————

所以，A 是 a 的原因。

再例如，十八世纪俄国科学家罗蒙诺索夫写了一篇《关于热和冷的原因之探索》的论文，其中曾做过这样一个推论：我们摩擦冻僵了的双手，手便暖和起来；我们敲击冰冷的石块，石块能发出火花；我们用锤子不断地锤击铁块，铁块也可以热到发红。由此可知，"运动能够产生热"。

罗蒙诺索夫就是使用求同法而得出了结论。这种方法的特点就是异中求同，即通过排除事物现象间不同的因素，寻找共同的因素来确定被研究现象的原因。

（二）运用求同法应注意的问题

求同法的特点是"异中求同"，它所依据的主要方法是经验观察，因而结论是或然的。为了提高它的结论的可靠程度，应该注意以下几个问题。

（1）被研究现象出现的不同场合越多越好。考察的不同场合数量过少，各场合不同情况之间差异就小，不容易排除不相干的共同情况，结论的可靠程度就差；相反考察的场合越多，各场合不同情况之间的差异也就越大，越容易排除不相干的共同情况，真正找到不同场合中的唯一相同的情况，结论的可靠程度就越大。

（2）注意观察各场合是否还有其他的共同情况。正确分析不同场合中的相同情况，分析除已被发现的共同情况外，是否还有其他共同情况。人们运用求同法时，往往在发现了一个共同的情况时，就把它当作被研究现象的原因或是结果，而忽略了隐藏的另一个共同情况，有时这个被掩盖被忽略的共同情况，可能恰好是被研究现象的原因。

例如，人们最早寻找疟疾的原因时发现，住在低洼潮湿地带的人易患疟疾，于是认为低洼潮湿是患病的原因。经过长期的探索和研究，人们终于发现患疟疾的真正原因，那就是由于疟原虫才导致得病。之所以住在低洼潮湿地带的人易患此病，是由于疟原虫的传播是靠蚊子来完成的，而低洼潮湿正好为蚊子的生长提供了良好的场所。

二、求异法

（一）什么是求异法

求异法，也称差异法，其基本内容是：如果某一被研究现象在第一个场合出现，在第二个场合不出现，而这两个场合中的其他情况完全相同，只有一个情况不同，那么，这个情况就是被研究现象的原因。例如：

有两块土质、品种、耕作技术都相同的油菜田，其中一块用蜜蜂帮助授粉，结果比没有用蜜蜂授粉的土地单位面积产量增加了近40%，因为两块土地的其他情况完全相同，仅仅是蜜蜂授粉不同。因此得出结论，用蜜蜂授粉是油菜可以增产的原因。

它的逻辑形式表示如下：

场合	先行情况	被研究现象
（1）	A，B，C	a
（2）	—，B，C	—a

所以，A 是 a 的原因。

再例如：

我们都知道蝙蝠的飞行技巧异常高超，不管是在茂密的树林中，还是在漆黑的岩洞中，都能飞行自如并捕捉住昆虫，因而人们认为蝙蝠有异常敏锐的双眼。为了证实这个观点人们甚至把蝙蝠的双眼罩住，或使之失明，结果蝙蝠依然能够正常飞行，丝毫不受影响。那么到底是什么原因呢？科学家又试验，把蝙蝠的双耳塞住，结果人们惊奇地发现，原来飞行自如的蝙蝠一下子失去了所有的风采，毫无建树。只有人们把它耳朵中的塞子拔掉以后，它才能恢复如初。显然这个实验证明蝙蝠实际上是用双耳来"看"东西的。后来科学家进一步用超声波仪器对蝙蝠进行实验，结果确证蝙蝠是用超声波来定位的。即蝙蝠在飞行时它的喉内产生超短波，通过口或鼻孔发射出来，被食物或障碍物反射回来的超声波信号，由它们的耳朵接收，并据此判定目标和距离。

这个例子就是一个典型的差异法，它的实验分两步：把耳朵塞上是一种情况，拿下来又是另一种情况，在其他条件都相同的情况下，从中确定真正的原因。

求异法的特点是同中求异，即通过排除两个场合的许多现象之中的相同情况，找出相异之处，来寻找被研究现象的原因（或结果）。求异法是应用实验的方法，较之求同法的经验观察，可靠程度显然要高。

（二）运用求异法应注意的问题

（1）被考察的两个场合，只有一个不同情况，其他情况必须完全相同。如果不同情况不止一个，就不易确定被研究现象的真正原因。

（2）要分析两种场合中唯一的不同情况是被研究现象的整体原因，还是部分原因。如果是部分原因，还应当继续寻求其他原因，尤其是在表面的差异背后是否还有真正的差异情况被掩盖着。如果还有其他的真正的差异情况存在，就不能说我们所看到的差异情况就是被研究现象的原因。

在穆勒五法中,求同法和求异法是最基本的方法,其余三法都以它们为基础。在日常思维和科研过程中,求同法和求异法也是必不可少的,因为"同中求异""异中求同"是创造思维的必要条件。

三、求同求异并用法

(一)什么是求同求异并用法

求同求异并用法也叫契合差异并用法,也就是说,在被研究现象出现的若干场合(正事例组)中,如果只有一个共同的情况,而在被研究现象不出现的若干场合(负事例组)中,却没有这个情况,其他情况不尽相同,那么,这个唯一共同的情况就是被研究现象的原因(或结果)。

例如,我国著名的古代医学家孙思邈发现,得脚气病的往往是富人,穷人却很少得这种病。通过观察发现,穷人虽然各有各的生活方式和经历,但是有一个情况是相同的,就是他们的食物中多粗粮。富人的生活方式也各不相同,但是他们的食物中多是细粮。于是孙思邈得出结论,粗粮可以治疗脚气病。

它的逻辑形式可以表示如下:

	先行情况	被研究现象
正面场合	(1) A, B, C	a
	(2) A, C, D	a
	(3) A, D, E	a
反面场合	(1) —, E, F	—
	(2) —, F, G	—
	(3) —, G, H	—

所以,A 是 a 的原因。

再例如,在我们总结挽救失足青年的经验时,选择了许多改好的和没改好的事例。经过分析,发现那些改好的失足青年都受到了家庭和社会的热情关怀和耐心帮助;而那些没有改好的失足青年,都没有受到家庭和社会的热情关怀和耐心帮助。因而得到这样一条经验：对失足青年热情关怀和耐心帮助（A）是失足青年改好（a）的原因（或部分原因）。

我们不难看出，求同求异并用法是两次运用求同法，一次运用求异法，最后得出结论。这种方法的重点在于求异。由于它是经过正负两个方面的考察和比较，即原因存在，结果就产生；原因不存在，结果也就不发生，因而得到的结论比单纯用求同法或求异法所得的结论要可靠得多。

（二）运用求同求异并用法应注意的问题

（1）考察的正负事例组越多，结论的可靠性也就越大。

（2）负事例组与正事例组的事例越相似，结论的可靠性也就越大。就是说，对于反面场合的各种情况，应选择与正面场合较为相似的来比较，因为反面场合无限多，它们对于探求被研究现象的因果联系并不都是有意义的，反面场合的情况与正面场合的情况愈相似，结论的可靠程度就愈高。

四、共变法

（一）什么是共变法

如果某一被研究现象发生某种程度的变化，另一现象总是随之发生相同程度的变化，那么，前一现象就是后一现象的原因。

例如，某个生产企业，如果资金利用率为50%，那么利润增加80%；资金利用率为60%，利润增加100%；资金利用率为90%，那么利润增加120%。其他的情况没有变化，资金利用率的提高就是利润增加的原因。

它的逻辑形式表示如下：

场合	先行情况	被研究现象
（1）	A1，B，C，D	a1
（2）	A2，B，C，D	a2
（3）	A3，B，C，D	a3

所以，A是a的原因。

再例如，在其他情况不变的情况下，气温上升了，温度计里的水银柱也就上升了；温度下降了，温度计里的水银柱也就下降了，我们由此就可得出结论说，温度的升降是温度计里水银柱升降的原因。这就是共变法。

共变法比求同法和求异法有更多的优点：共变法不但能求出原因，并且还能找出因果的数量关系；共变法较求异法更简单，只要共变，便可推出结论，不必像求异法那样要从无到有，比较有、无两个方面。但是，共变法的结论也是或然性的。

（二）运用共变法应注意的问题

（1）注意与被研究现象发生共变的情况是不是唯一的。即运用共变法时，只能有一个情况发生变化而另一现象随之变化，其他情况应保持不变。如果还有其他情况发生变化，那么运用共变法就有可能出错。例如，在研究温度的变化与气体体积变化之间的关系时，如果气体所受到的压强也在变化，那么通过共变法所得到的结论就会出现错误。

（2）有些现象虽然有共变关系，但是没有因果关系。例如，闪电在先，雷鸣在后，前者不是后者的原因，它们之间有共变关系，却没有因果关系。

（3）共变关系不能离开一定的条件。例如，酒精和杀菌有共变关系，这也是一种有因果关系的共变关系。酒精可以进入细菌中使蛋白质凝固，起到杀死细菌的作用，所以医院一般用酒精来进行消毒。但是这个酒精浓度要保证在含70%的乙醇条件下才可以起到杀菌的作用，因为酒精的浓度超过这个限度就会使细菌表面的蛋白质凝固，形成一层硬膜，对细菌反而起到保护作用。

五、剩余法

（一）什么是剩余法

如果已知被研究的某复合现象是由某复合原因引起的，并且已知这个复合现象的一部分是复合原因中的一部分引起的，那么被研究现象的剩余部分和复合原因的剩余部分也有因果联系。

例如，居里夫妇通过测定发现，几块沥青铀矿样品的放射性大过纯铀的放射性，这就意味着这些沥青矿石中一定含有其他放射性元素，于是居里夫妇进行了艰苦的提炼工作，成功地发现了放射性元素镭。

它的逻辑形式表示如下：

复合原因 ABC 是复合现象 abc 的原因；

已知 B 是 b 的原因，

已知 C 是 c 的原因，

──────────

所以，A 是 a 的原因。

例如，镭的发现就是应用了剩余法。居里夫人已经知道纯铀发出的放射性强度，也知道一定量的沥青铀矿所含的纯铀数量。但是，她发现一定量的沥青铀矿发出的放射线比它所含的纯铀的放射线强得多。纯铀不足以说明这一现象，于是，用剩余法推出，在沥青矿石中一定含有其他的放射性元素。后来发现了这个元素，就是镭。

剩余法的特点是"从余果求余因"，其结论也是或然的，它适用于观察、实验和日常生活中，也是科学探索和司法工作必不可少的方法及手段。

（二）运用剩余法时应注意的问题

（1）必须明确被研究的某复合现象是由某复合原因引起的，并且确知其中部分现象是对应的部分原因引起的，而已知的部分原因与剩余部分的现象无因果联系。否则，结论就不可靠。

（2）注意观察剩余现象与剩余原因是单一的，还是复合的，如果是复合的，还必须进一步探索，不能轻率地得出结论。

在对五种方法的介绍中，我们已经了解了它们的重要作用。但是，在认识过程中，这几种方法并不是孤立地进行的，常常是联合运用的。特别是求同法、求异法和共变法应用得较多。但是它们的结论都是或然性的，即使前提都是真的，结论也可能是假的。因此要尽可能提高结论的可靠性程度。

求同法是异中求同；求异法是同中求异；求同求异并用法是两次求同，一次求异。与求同法相比较，求异法的结论具有更大的可靠性。共变法与求异法既有区别又有联系。如果共变法中具有共变关系的现象变到极限，就达到求异法要求的条件了。求异法是共变法的极端场合。

对于探求事物间的因果联系而言，穆勒五法是较为初步的逻辑方法。对于现象间错综复杂的因果联系，单用这些方法来寻求因果联系是不够的，所以不能满足于、局限于运用这些方法。

第五节 类比推理

一、类比推理的含义

类比推理是根据两个或两类对象某些属性相同或相似，从而推出它们在另外的属性上也相同或相似的推理。

例如：甲厂和乙厂在技术力量、工人素质、资金设备、原料供应、管理水平等方面大体相同，既然甲厂的产品能打入国际市场，那么乙厂也应该能打入国际市场。

它的逻辑形式表示如下：

A 对象具有属性 a、b、c、d
B 对象具有属性 a、b、c
——————————————
所以，B 对象也有属性 d

其中，A、B 表示相比较的两个（或两类）对象，a、b、c 表示 A、B 间相同或相似的属性，d 表示推出属性。

再例如：鲁班发明锯子就是用的类比方法。传说鲁班有一次承接了建造一座大官殿的工程需要很多木材，他叫徒弟上山去砍伐大树。当时还没有锯子，用斧子砍，一天砍不了多少棵树，木料供应不上，他很着急，就亲自上山去看看。山非常陡，他在爬山的时候，一只手拉着丝茅草，一下子就把手指头拉破了，流出血来。鲁班非常惊奇，一根小草为什么这样厉害？一时也想不出道理来。在回家的路上，他就摘下一棵丝茅草，带回家去研究。他左看右看，发现丝茅草的两边有许多小细齿，这些小细齿很锋利，用手指去扯，就划破一个口子。这一下提醒了鲁班，他想，如果像丝茅草那样，打成有齿的铁片，不就可以锯树了吗？于是，他就和铁匠一起试制了一条带齿的铁片，拿去锯树，果然成功了。有了锯子，木料供应问题就解决了。

在这里鲁班就是根据丝茅草与铁片的共同点的类比，再由丝茅草因有小细齿而更加锋利的事实推出结论：如果铁片边上刻上细齿，也将更加锋利。根据这样的推理，鲁班发明了锯子。

类比推理具有以下特点：

（1）从思维进程来看，类比推理主要是从个别到个别的推理，其前提和结论通常都是关于个别对象的断定。

（2）类比推理的结论不是一定可靠的。类比推理结论所断定的范围超出了前提断定的范围，结论所断定的内容是前提中所没有的。因此，当前提真时，结论未必真。正是基于这个意义，我们也可以把类比推理看成归纳推理。鉴于此我们才把类比推理放在归纳推理这一章来论述。

二、运用类比推理应注意的问题

应用类比推理最根本的问题是要注重提高它结论的可靠性。一般认为，提高类比推理结论可靠性程度的条件主要在于提高共有属性的广度和本质性程度。具体地讲有以下几点。

（一）前提中所提供的两个类比对象的属性越多，结论的可靠性越大

两个或两类对象相同属性越多，它们所属的类别可能越接近，差异性就越小，一致的共有属性和推出属性之间的相关程度就越高，结论就越可靠；如果相同属性过少，结论的可靠程度就小，甚至可能得出荒唐的结论。例如，医学人员爱在猴子身上做病理实验和药物试验，以此类推这种疾病在属性上更接近人，人与猴子在生理上的相似点很多，所以在猴子身上做这种病理和药理试验，比在其他动

物身上做实验的结果更准确，推出的结论可靠性大。如果用与人相同属性较少的低等动物作类比，其结论可靠程度就低。

（二）前提中所提供的相同属性与所推出属性之间的联系应尽可能密切，这样结论的可靠性就越大

前提中类比的共有属性越是本质的，则意味着两个或两类事物的类属关系越接近，其他的相同属性就越多，相同属性与推出属性之间的相关程度就越大，结论就越可靠。如果两个或两类对象仅仅表面相同而本质不同就据以推出结论，容易得出错误的结论。例如，美国成功地移植世界各国特有的经济作物，就是非常严格地考虑了引种地区与原产地区在自然环境和气候条件（温度、湿度、日光等）方面的相同属性尽可能的多，因此，成功地将包括我国的柑橘、大豆、油桐等在内的各国经济作物移植到了美国。如果只考虑温度条件相同而不考虑湿度和日照时间，那么这种移植就很可能是失败的。

（三）类比的逻辑根据应是现象间规律性的东西，而不是偶然的表面的相同

这里有两层含义：

一是前提所确认的共有属性应是对象较本质的属性，这样类比推理结论的可靠性程度就越高；

二是说前提所确认的共有属性与推出属性之间越具相关性，类比推理的应用越有效。

例如要用类比推理推断动物的智能活动水平，如果不是任意地抽取一些属性进行类比，而是考察与智能水平相关的脑的绝对重量、相对重量的大小及脑的复杂程度是否有相同之处，这样的类比推理的结论就可靠一些。

如果不是从两个或两类事物的较本质的属性方面来进行类比，不是从与推出属性相关的属性去进行类比，只是从表面的、非本质属性的相同而得出两个或两类事物在另一属性上也相同的结论，这叫作"机械类比"，它是进行类比推理常见的一种错误。

三、类比推理的作用

类比推理的结论虽然是或然的,但这种推理在科学研究、发明创造及人们日常生活中的应用十分普遍,在人们认识世界、改造世界和论证表达思想中有着重要作用。

(一)类比推理是探索真理和发现真理的重要手段

类比推理在人们探索世界奥秘方面最重要的作用是能触发人们创造的灵感,帮助人们提出科学家说,构建一条认识真理的桥梁。科学史上许多重要理论,最初是借助于类比推理提出的,科学史上的许多重大发现是应用类比推理取得的成果。无论是电话的发明,还是动物细胞核的发现、血液循环理论的发现、天王星及海王星的发现,等等,都体现了类比推理在其中的作用。

(二)类比推理有"举一反三",触类旁通的作用

例如,古代发明家鲁班把丝茅草和设想中的铁锯作类比,根据它们都具有片形齿状的属性,又如丝茅草能割破皮肤,从而推断出锯能割断树木,由此发明了锯。

(三)类比推理是人们说理论证的手段之一

类比推理的结论是或然的,它不能单独做逻辑证明,但它确是证明的辅助工具,在人们表达思想、论证道理、驳斥谬误中有着重要作用。例如:有位贵妇人对新来的女佣说:"如果你不介意,我就叫你阿莲,这是我以前女佣的名字,我不喜欢改变我的习惯。"女佣说:"夫人,我太喜欢你这个习惯了,因为我也有这个习惯。因此,如果你不介意的话,我就叫你马先生吧。因为这是我以前主人的名字。"

以类比推理的方法进行反驳,以其人之道还治其人之身,不但把道理说得浅显易懂,而且非常形象、生动,从而增强了说服力。无论是作为科学研究、发明创造的探索工具,还是作为说理论证的辅助工具,类比推理都是人们"由此及彼"的思维过程。因而,类比推理可以启发人思考、联想,开拓人的思路,发展、提高人的创造思维能力。

（四）类比推理是仿生学的理论基础

仿生学是20世纪60年代出现的一门新兴学科。它应用类比推理的逻辑机理，专门研究生物的生理结构和功能，并模仿某些生物特殊的结构与功能创造出许多先进的技术设备。近年来，仿生学的理论和技术飞速发展，仿生学的技术成果也丰富多样：仿生学专家模仿昆虫的翅膀，造出了振动陀螺仪，用于高速飞行的火箭和飞机；模仿蜜蜂的眼睛，造出了偏光天文罗盘，用于航海；模仿水母，造成了自动漂流的浮标站，用来进行气象预测；模仿海豚身体的外形和皮肤的结构，不断改进鱼雷，使鱼雷的射速大大提高。此外还有，电脑是对人脑的模拟，机器人对人体结构和功能的模拟等。目前，仿生技术的成果已广泛应用于科学技术和人们生活的各个领域，仿生学所创造的新成果正不断地将科学技术水平及人们的生活水平推进到新的高度。

事物的同一性和差异性是类比推理的客观基础。因为事物存在着同一性，我们才可能从某些属性相同推出另一属性也相同；因为事物存在差异性，从某些属性相同并不必然推出另一属性也相同，所以类比推理的结论具有或然性。

演绎推理是从一般到个别，归纳推理是从个别到一般，而类比推理则是从个别到个别。亚里士多德也曾指出，类比所表示的不是部分对整体的关系，也不是整体对部分的关系，而是部分对部分的关系。

第六节　归纳与类比推理知识在逻辑试题训练中的应用

一、例题讲解

例题 1　母亲：这学期冬冬的体重明显下降，我看这是因为他的学习负担太重了。

父亲：冬冬体重下降和学习负担没有关系。医生说冬冬营养不良，我看这是冬冬体重下降的原因。

以下哪项如果为真,最能对父亲的意见提出质疑?

A. 学习负担过重,会引起消化紊乱,妨碍对营养的正常吸收

B. 隔壁松松和冬冬一个班,但松松是个小胖墩,正在减肥

C. 由于学校的重视和努力,这学期冬冬和同学们的学习负担比上学期有所减轻

D. 现在学生的普遍问题是过于肥胖,而不是体重过轻

[解题分析] 正确答案:A

题干中的父亲认为,冬冬体重下降的原因是营养不良,但是选项 A 却指出,营养不良又可以是由学习负担过重引起的。这样,营养不良仅仅是冬冬体重下降的表面原因,而真正的原因还是学习负担过重,所以,父亲说的"冬冬体重下降和学习负担过重没有关系"是不对的。选项 B 和 C 是对父亲的意见的支持,选项 D 不能构成对父亲的意见的质疑。所以,正确答案是 A。

例题 2 最近举行的一项调查表明,师大附中的学生对滚轴溜冰的着迷程度远远超过其他任何游戏,同时调查发现经常玩滚轴溜冰的学生的平均学习成绩相对于其他学生更好一些。看来,玩滚轴溜冰可以提高学生的学习成绩。

以下哪项如果为真,最能削弱上面的推论?

A. 师大附中与学生家长订了协议,如果孩子的学习成绩的名次没有排在前 20 名,双方共同禁止学生玩滚轴溜冰

B. 玩滚轴溜冰能够锻炼身体,保证学习效率的提高

C. 玩滚轴溜冰的同学受到了学校有效的指导,其中一部分同学才不至于因此而荒废学业

D. 玩滚轴溜冰有助于智力开发,从而提高学习成绩

[解题分析] 正确答案:A

根据选项 A,学生因为成绩好,才能参加滚轴溜冰;正好说明题干犯了"倒置因果"的错误。选项 B、D 对题干有支持作用。选项 C 对题干没有削弱作用。

例题 3 陈华为了图便宜花 50 元买了双旅游鞋,不到一个月鞋底就断了。不久,他按市价的几乎一半的价钱买了件皮夹克,结果发现原来是仿羊皮的。于是他得出结论:便宜东西无好货。陈华得出结论的思维方法,与下列哪项最

为类似？

A. 李京是语文教师，他仔细地阅改了每一篇作文，得出结论，全班同学的文字表达能力普遍有提高

B. 王江检验一批产品，第一件合格，第二件是次品，于是得出结论，这批产品不全合格

C. 美国挑战者号航天飞机失事的原因或是设备故障，或是操作失误，联邦调查局已经找到了操作失误的证据，因此得出结论：可以排除设备故障的原因

D. 吴琼邻居的小男孩，头发有两个旋，脾气很犟；吴琼的小侄子，头发也有两个旋，脾气也很犟。吴琼因此得出结论：头发上有两个旋的孩子，脾气很犟

[解题分析]　正确答案：D

题干中陈华得出结论运用了简单枚举归纳推理，但犯有"以偏概全"的逻辑错误。选项 A 运用的方法是完全归纳推理，推理正确。选项 B 是一个正确的枚举归纳推理。选项 C 运用的是从肯定到否定的错误的相容选言推理。只有选项 D 运用的推理方法与题干相同，都犯了"以偏概全"的逻辑错误。所以，正确答案是 D。

例题 4　人们早已知道，某些生物的活动是按时间的变化（昼夜交替或四季变更）来进行的，具有时间上的周期性节律，如鸡叫三遍天亮，青蛙冬眠春晓，大雁春来秋往，牵牛花破晓开放，等等。人们由此做出概括：凡生物的活动都受生物钟支配，具有时间上的周期性节律。　以下哪项的论证手法与上面所使用的方法不同？

A. 麻雀会飞，乌鸦会飞，大雁会飞，天鹅、秃鹫、喜鹊、海鸥等也会飞，所以，所有的鸟都会飞

B. 我们摩擦冻僵的双手，手便暖和起来；我们敲击石块，石块会发出火花；我们用锤子不断地捶击铁块，铁块也能热到发红；古人还通过钻木取火。所以，任何两个物体的摩擦都能生热

C. 在我们班上，我不会讲德语，你不会讲德语，红霞不会讲德语言，阳光也不会讲德语，所以我们班没有人会讲德语

D. 外科医生在给病人做手术时可以看 X 光片，律师在为被告辩护时可以查看辩护书，建筑师在盖房子时可以对照设计图，教师备课可以看各种参考书，为什么独独不允许学生在考试时看教科书及其相关的材料？

[解题分析]　正确答案：D

题干中使用了枚举归纳推理来进行论证。选项 A、B、C 都与题干一样，都使用了枚举归纳推理，只有选项 D 不同，该选项所使用的论证方法是类比推理，犯有"机械类比"的逻辑错误。所以，正确答案是 D。

例题 5　电视纪录片不只是表现了那些来自遥远的东非的人们对保护野生动物的虔诚，而且还向我们展示了在一个缺少食品的国度，大象是一种有害的动物，而且是一种聪明的有害动物。目前好像还没有办法保护非洲东部的农田免受晚上出来寻找食物的狼吞虎咽的象群的破坏。显然，这个例子表明——

以下哪项最合逻辑地完成上文的论述？

A．保护野生动物可能会危害人类的安康

B．现在应将大象从濒临灭绝的动物名单中除去

C．电视纪录片除了重复那些被接受的虔诚外不应再记录别的事

D．农民和农业官员在采取任何控制象群的措施前应当与野生动物保护者密切合作

[解题分析]　正确答案：A

这是用枚举推理做出的论证。

题干论述：保护大象就不能避免大象破坏农田。A 选项顺理成章，正确。无论大象是否得到保护都不影响它是否濒危，B 排除。C、D 为明显无关选项，排除。

例题 6　一些哺乳动物的牙齿上有明显的"年轮"痕迹——来自在夏天时形成的不透明的牙骨质沉淀和在冬天形成的半透明的牙骨质沉淀的积累。在对一个石器时代的遗址的发掘中发现的猪的牙齿的横断面表明，除最外一层以外，其他的各层"年轮"都有令人惊讶的相似的宽度。最外这一层大概只有其他各层一半左右的宽度，而且是半透明的。

上文的论述最有力地支持了以下哪一项关于这些动物死亡的结论？

A．死在一个反常的初冬　　　B．大约死于相同的年龄

C．大约死在一个冬季的中期　D．死于一次自然灾害中

[解题分析]　正确答案：C

这是一则用科学归纳法做出的论证。

题干论述：牙齿年轮反映季节变化，而发现石器时代猪牙齿的年轮最外一层

有异常。如果猪死在初冬，根据题干，牙齿反映冬季的年轮应该刚刚出现，不会达到其他各层一半的厚度，A 排除。

题干并没有关于全部动物牙齿的年轮层数相等之类的描述，不能推出 B；牙齿最外面冬季特征年轮等于其他各层的一半，说明最后一个冬季过去了一半，C 正确；D 论的情况题干没有涉及，排除。

例题 7　光线的照射，有助于缓解冬季抑郁症。研究人员曾对 9 名患者进行研究，他们均因冬季白天变短而患上了冬季抑郁症。研究人员让患者在清早和傍晚各接受 3 小时伴有花香的强光照射。一周之内，7 名患者完全摆脱了抑郁，另外两个也表现了显著的好转。由于强光照会诱使身体误以为夏季已经来临，这样便治好了冬季抑郁症。

以下哪项如果为真，最能削弱上述论证的结论？

A. 研究人员在强光照射时有意使用花香伴随，对于改善患上冬季抑郁症的患者的适应性有不小的作用

B. 9 名患者中最先痊愈的 3 位均为女性。而对男性患者治疗的效果较为迟缓

C. 每天 6 小时的非工作状态，改变了患者原来的生活环境，改善了他们的心态，这是对抑郁症患者的一种主要影响

D. 强光照射对于皮肤的损害已经得到专门研究的证实，其中夏季比起冬季的危害性更大

[解题分析]　正确答案：C

题干所提供的案例在论证"由于强光照会治好冬季抑郁症"这一结论时，运用了求同法，然而，这一求同法推理违反了"在先行情况中只能有一个相同情况"的规则；选项 C 表明：先行情况和伴随现象中，除"伴随花香的强光照射"这一共同情况外，还有"每天 6 小时的非工作状态"这一共同情况。因而题干结论不能确定。题干中的论证犯了"强加因果"的错误。选项 A 只是部分重复题干内容。选项 B、D 也构不成对题干结论的反驳。

例题 8　最近的一项研究指出："适量饮酒对妇女的心脏有益。"研究人员对 1000 名女护士进行调查，发现那些每星期饮酒 3 到 15 次的人，其患心脏病的可能性较每星期饮酒少于 3 次的人为低。因此，研究人员发现了饮酒量与妇女心脏病之间的联系。

以下哪项如果为真，最不可能削弱上述论证的结论？

A. 许多妇女因为感觉自己的身体状况良好，从而使得她们的饮酒量增加

B. 调查显示：性格独立的妇女更愿意适量饮酒并同时加强自己的身体锻炼

C. 护士因为职业习惯的原因，饮酒次数比普通妇女要多一些。再者，她们的年龄也偏轻

D. 对男性饮酒的研究发现，每星期饮酒 3 到 15 次的人中，有一半人患心脏病的可能性比饮酒少于 3 次的人还要高

[解题分析]　正确答案：D

题干中结论"适量饮酒对妇女的心脏有益"的得出，有"样本不科学（片面）"（从"女护士"到"妇女"）错误。题干中用了共变法，但如加上选项 A、B、C 都表明未能做到"只有一个不同情况"而产生"强加因果"错误。只有选项 D 与题干无关，不起削弱作用。

例题 9　在一项实验中，实验对象的一半作为实验组，食用了大量的味精。而作为对照组的另一半没有吃这种味精。结果，实验组的认知能力比对照组差得多。这一不利的结果是由于这种味精的一种主要成分——谷氨酸造成的。

以下哪项如果为真，则最有助于证明味精中某些成分造成这一实验结论？

A. 大多数味精消费者不像实验中的人那样食用大量的味精

B. 上述结论中所提到的谷氨酸在所有蛋白质中都有，为了保证营养必须摄入一定量

C. 实验组中人们所食用的味精数量是在政府食品条例规定的安全用量之内的

D. 两组实验对象是在实验前按其认知能力均等划分的

[解题分析]　正确答案：D

题干中所述之实验为差异法（求异法）实验，其特点是同中求异，也就是其他先行条件相同，只有一点不同，即实验组食用大量味精，对照组不食用。所以，本题答案是 D，因为有了 D. 这实验才可靠。

例题 10　京华大学的 30 名学生近日答应参加一项旨在提高约会技巧的计划。在参加这项计划前一个月，他们平均已经有过一次约会。30 名学生被分成两组：第一组与 6 名不同的志愿者进行 6 次"实习性"约会，并从约会对象得到对其外表和行为的看法的反馈；第二组仅为对照组。在进行实习性约会前，每一组

都要分别填写社交忧惧调查表，并对其社交的技巧评定分数。进行实习性约会后，第一组需要再次填写调查表。结果表明：第一组较之对照组表现出更少社交忧惧，在社交场合更多自信，以及更易进行约会。显然，实际进行约会，能够提高我们社会交际的水平。 以下哪项如果为真，最可能质疑上述推断？

A. 这种训练计划能否普遍开展，专家们对此有不同的看法

B. 参加这项训练计划的学生并非随机抽取的，但是所有报名的学生并不知道实验计划将要包括的内容

C. 对照组在事后一直抱怨他们并不知道计划已经开始，因此，他们所填写的调查表因对未来有期待而填得比较忧惧

D. 填写社交忧惧调查表时，学生需要对约会的情况进行一定的回忆，男学生普遍对约会对象评价较为客观，而女学生则显得比较感性

[解题分析]　正确答案：C

题干中使用了求异法来进行论证。将30名学生分为两组：实验组和对照组。为什么实验组较之对照组表现出更少的社交忧惧呢？不同的相关情况是：实验组进行了6次"实习性"约会。该方法要求其他情况必须相同，即不能有别的不同情况。但是，选项C却指出了还有别的不同情况，即"对照组在事后一直抱怨他们并不知道计划已经开始，因此，他们所填写的调查表因对未来有期待而填得比较悲观"，这一不同的相关情况也就构成了对题干中所得出的结论"进行实习性约会可以表现出更少的社交忧惧"的质疑。选项A只是怀疑了题干中所得出的结论的普遍意义，并没有质疑题干的结论本身。选项B说"参加这项计划的学生并非随机抽取"，但这对于实验组和对照组都一样，不影响实验的可靠性。选项D讲的是在参加计划的男学生和女学生之间对所约会对象的评价不一致，但题干中并没有考察男女生之间的差异情况，该选项与题干无关。所以，正确答案是C。

例题 11　世界卫生组织在全球范围内进行了一项有关献血对健康影响的跟踪调查。调查对象分为三组。第一组对象中均有两次以上的献血记录，其中最多的达数十次；第二组中的对象均仅有一次献血记录；第三组对象均从未献过血。调查结果显示，被调查对象中癌症和心脏病的发病率，第一组分别为0.3%和0.5%，第二组分别为0.7%和0.9%，第三组分别为1.2%和2.7%。一些专家依此得出结论，献血有利于减少患癌症和心脏病的风险。这两种病已经不仅在

发达国家而且也在发展中国家成为威胁中老人生命的主要杀手。因此，献血利己利人，一举两得。

以下哪项如果为真，将削弱以上结论？

Ⅰ．60岁以上的调查对象，在第一组中占60%，在第二组中占70%，在第三组中占80%。

Ⅱ．献血者在献血前要经过严格的体检，一般具有较好的体质。

Ⅲ．调查对象的人数，第一组为1700人，第二组为3000人，第三组为7000人。

A．只有Ⅰ　　　B．只有Ⅱ　　　C．只有Ⅲ　　　D．只有Ⅰ和Ⅱ

[解题分析]　正确答案：D

这个调查实际上也是一个对比实验，所依据的是求异法。这个调查的结论要成立，则要求被调查对象除了是否献血这个差异因素外，在其他方面没有重要的差别。如果能发现存在其他差异因素（即存在他因），则对其结论就构成了削弱。

Ⅰ能削弱题干的结论。因为在三个组中，60岁以上的被调查对象，呈10%递增，又题干断定，癌症和心脏病是威胁中老人生命的主要杀手，因此，有理由认为，三个组的癌症和心脏病的递增，与其中中老年人比例的递增有关，而并非说明献血有利于减少症和心脏病的风险。

Ⅱ能削弱题干的结论。因为如果献血者一般有较好的体质，则献血记录较高的调查对象，一般患癌症和心脏病的可能性就较小，因此，并非是献血减少了他们患癌症和心脏病的风险。

Ⅲ不能削弱题干。因为题干中进行比较的数据是百分比，被比较各组的绝对人数的一定差别，不影响这种比较的说服力。

例题12　在经历了全球范围的股市暴跌的冲击以后T国政府宣称，它所经历的这场股市暴跌的冲击，是由于最近国内一些企业过快地非国有化造成的。以下哪项，如果事实上是可操作的，最有利于评价T国政府的上述宣称？

A．在宏观和微观两个层面上，对T国一些企业最近的非国有化进程的正面影响和负面影响进行对比

B．把T国受这场股市暴跌的冲击程度，和那些经济情况和T国类似，但最近没有实行企业非国有化的国家所受到的冲击程度进行对比

C. 把 T 国受这场股市暴跌的冲击程度，和那些经济情况和 T 国有很大差异，但最近同样实行了企业非国有化的国家所受到的冲击程度进行对比

D. 计算出在这场股市风波中 T 国的个体企业的平均亏损值

[解题分析]　正确答案：B

题干中 T 国政府把"它所经历的这场股市暴跌的冲击"的原因归结为"最近国内一些企业过快地非国有化"，该结论可以通过将 T 国"受这场股市暴跌的冲击程度"与"那些经济情况与 T 国类似，但最近没有实行企业非国有化的国家所受到的冲击程度"进行对比而得到。如果那些经济情况与 T 国类似但最近没有实行企业非国有化的国家，并没有受到这场股市暴跌的冲击或者所受到的冲击程度较小，就可以说明 T 国政府的宣称是成立的了。选项 C 说要将 T 国受这场股市暴跌的冲击程度和那些"经济情况与 T 国有很大差异并且最近同样实行了企业非国有化的国家所受到的冲击程度"进行对比，这只可能说明经济情况的差异是造成受这场股市暴跌冲击的原因。选项 A、D 都不能说明题干中 T 国政府的宣称。所以，正确答案是 B。

例题 13　在司法审判中，所谓肯定性误判是指把无罪者判为有罪，否定性误判是指把有罪判为无罪。肯定性误判就是所谓的错判，否定性误判就是所谓的错放。而司法公正的根本原则是"不放过一个坏人，不冤枉一个好人"。某法学家认为，目前衡量一个法院在办案中对司法公正的原则贯彻得是否足够好，就看它的肯定性误判率是否足够低；以下哪项如果为真，能最有力地支持上述法学家的观点？

A. 错放，只是放过了坏人；错判，则是既放过了坏人，又冤枉了好人

B. 宁可错判，不可错放，是"左"的思想在司法界的反映

C. 错放造成的损失，大多是可弥补的；错判对被害人造成的伤害，是不可弥补的

D. 各个法院的否定性误判率基本相同

[解题分析]　正确答案：D

从题干中法学家的观点来看，一个法院在办案中的肯定性误判率越低，那么它对司法公正的原则就贯彻得越好，但这必须假设否定性误判率必须保持不变，因为肯定性误判率和否定性误判率是考察某个法院是否公正的两个缺一不可的因

素。当否定性误判率基本相同时，衡量一个法院在办案时对司法公正的原则是否贯彻得足够好，当然关键就是要看它的肯定性误判率是否足够低了。选项 A、C 都是说的肯定性误判比否定性误判的危害性大，对法学家的观点有所支持，但还不足以说明法学家的观点就是成立的。选项 B 与法学家的观点有所关联，但也不构成直接的支持关系。所以，正确答案是 D。

例题 14 许多孕妇都出现了维生素缺乏的症状，但这通常不是由于孕妇的饮食中缺乏维生素，而是由于腹内婴儿的生长使她们比其他人对维生素有更高的需求。为了评价上述结论的确切程度，以下哪项操作最为重要？

A. 对某个缺乏维生素的孕妇的日常饮食进行检测，确定其中维生素的含量

B. 对某个不缺乏维生素的孕妇的日常饮食进行检测，确定其中维生素的含量

C. 对孕妇的科学食谱进行研究，以确定有利于孕妇摄入足量维生素的最佳食谱

D. 对日常饮食中维生素足量的一个孕妇和一个非孕妇进行检测，并分别确定她们是否缺乏维生素

[解题分析] 正确答案：D

选项 D 正好用了求异法：在日常饮食中维生素足量的一个孕妇和一个非孕妇之间进行对照，如孕妇缺乏，非孕妇不缺乏，可最有说服力地证明孕妇维生素不足的原因不在于饮食，而在于腹内婴儿。

例题 15 《星岛日报》和《星岛晚报》都有一个专门的校对小组负责防止错别字出现在每天刊出的报纸中。但是，《星岛日报》发表的文章中 2% 的文字有错误，而《星岛晚报》却没有出现此类错误。因此，《星岛晚报》的校对小组在发现错别字方面比《星岛日报》的校对小组更有效率。

以上论述是以以下哪项假设为前提的？

A. 大多数在《星岛日报》上发表的文章中都或多或少有错别字出现

B. 在《星岛晚报》上发表的文章，在校对之前至少是有错别字存在的

C. 从总体上看，《星岛晚报》校对小组的成员比《星岛日报》校对小组的成员素质更高

D. 一份报纸错别字数量的多少是衡量该报纸编辑工作是否细致的一个重要标准

[解题分析] 正确答案：B

题干由前提"《星岛晚报》在文字上的错误比《星岛日报》上的少"得出结论"《星岛晚报》的校对小组比《星岛日报》的更有效率"。即"校对小组有效率是文字错误少的原因"。这个结论是通过求异法得到的。在使用求异法时需要注意的是，在被研究现象出现的场合和被研究现象不出现的场合中是否还有其他差异情况。选择项 B 就是给出了两种场合中不存在差异情况。所以，应该选 B。

例题 16 两个实验大棚里种上相同数量的黄瓜苗，在第一个大棚里施加镁盐但在第二个里不加。第一个产出了 10 公斤黄瓜而第二个产出了 5 公斤。由于除了水以外没有向大棚施加任何别的东西，第一个大棚较高的产量一定是由于镁盐。

以下哪项如果为真，最严重地削弱了上述论证？

A. 两个实验大棚的土壤里都有少量镁盐

B. 第三个实验大棚施加了一种高氮肥料但没有加镁盐，产出了 7 公斤黄瓜

C. 两个实验大棚里都种植了四个不同的黄瓜品种

D. 两个实验大棚的土质和日照量不同

[解题分析] 正确答案：D

题干实际上是使用了求因果五法中的求异法来命题"镁盐多少"和"黄瓜产量大小"的关系。在使用求异法时需要注意的是，在被研究现象出现的场合和被研究现象不出现的场合中是否还有其他差异情况。要削弱题干的论证，就是要说明存在别的因素影响题干。选择项 D 就是指出了两种场合中存在着差异情况，所以，应该选 D。

例题 17 私有企业通过提供高薪来吸引具有较强能力的专业人才。这一措施导致的结果是，大多数受雇于私有企业的专业人才的收入比相同层次但在国有企事业单位工作的专业人才高出 60%。所以，除非国有企事业单位雇佣的专业人才更多的是被对公众和公益事业的责任感而不是个人利益所驱使，否则国有企事业单位有可能使它的相当一部分专业人才流失到私有企业，因为这些专业人才没有在私有企业中找不到工作的。

上述推理基于以下哪项假设？

A. 国有企事业单位的专业人才的成就不如在私有企业工作的专业人才的工

作成就被承认程度高

B. 现在，在国有企事业单位工作的专业人才没有人比受雇于私有企业的专业人才赚到的钱多

C. 国有企事业单位不给它工作的专业人才提供优越的工作条件，或者是不支付超过这些专业人才由于较低的工资而获得补偿的额外福利

D. 在私有企业工作的专业人才平均工作时间普遍比在国有企事业单位工作的专业人才要长

[解题分析]　正确答案：C

题干实际上是使用了求因果五法中的求异法，来断定"对公众和公益事业的责任感而不是个人利益"是"使得一部分人留在国企"的原因。在使用求异法时需要注意的是，在被研究现象出现的场合和被研究现象不出现的场合中是否还有其他差异情况。也许存在其他差异情况才是造成题干结果的真正原因。选择项C就是假定了两种场合中不存在着其他差异情况，所以，应该选C。

例题 18　一个随机抽取的顾客样本群体对一项市场调查中的问题做了回答。6个月后，另一个随机抽取顾客样本群体回答了相同的问题，只是问题排列的顺序有所调整。两组样本对许多单个问题的回答方式有很大的差别，这表明有时只因排在前面的问题不同就会导致对后面问题的不同回答。

上述论证依赖以下哪项假设？

A. 第一次调查样本中的顾客与第二次调查样本中的顾客不是完全不同的

B. 回答市场调查问题的顾客6个月后通常记不住他们当初的回答

C. 第二次调查的目的是为了使市场调查更加精确

D. 顾客不会在一年中的不同时间对这些问题做出不同的回答

[解题分析]　正确答案：D

题干由前提"回答同样的问题，问题排列的顺序有所调整"得出结论"有时只因为排在前面的问题不同就会导致对后面问题的不同回答"。即"问题排列顺序的不同是答案不同的原因"。这个结论是通过求异法得到的。在使用求异法时需要注意的是，在被研究现象出现的场合和被研究现象不出现的场合中是否还有其他差异情况。选择项D就是给出了两种场合中不存在差异情况。所以，应该选D。

例题 19 科学家发现，一种名为"SK3"的蛋白质在不同年龄的实验鼠脑部的含量与其记忆能力密切相关：老年实验鼠脑部SK3蛋白质的含量较高，年轻实验鼠含量较少；而老年实验鼠的记忆力比年轻实验鼠差。因此，科学家认为，脑部SK3蛋白质含量增加会导致实验鼠记忆力衰退。

以下哪项如果为真，最能支持科学家的结论？

A. 在年轻的实验鼠中，也发现脑部SK3蛋白质含量较高的情况

B. 已经发现人类的脑部也含有SK3蛋白质

C. 当科学家设法降低老年实验鼠脑部SK3蛋白质的含量后，它们的记忆力出现了好转

D. 科学家已经弄清了SK3蛋白质的分子结构

［解题分析］ 正确答案：C

依据题干，"SK3"蛋白质在不同年龄的实验鼠脑部的含量与其记忆力密切相关：老年实验鼠SK3含量较年轻实验鼠的含量高，记忆力却差；若降低老年实验鼠脑部的SK3含量，其记忆力好转；则科学家结论显然成立。此推断运用了共变法。

例题 20 由于外科医生的数量比手术数量增加得快，同时，由于不开刀的药物治疗在越来越多地代替外科手术，近年来每个外科医生的年平均手术量下降了1/4。可以推断，如果这种趋势持续下去，外科医术水平会发生大幅度下降。

以上论证基于以下哪项假设？

A. 除非一个外科医生以一定的最小频率做手术，否则他的医术水平不可能适当地保持下去

B. 外科医生现在将他们的大部分时间用在完成不用开刀的药物治疗工作上

C. 所有的医生，尤其是外科医生，在医学院所接受的训练比前些年差多了

D. 每一个外科医生本人的医术水平近年来都有所下降

［解题分析］ 正确答案：A

本题涉及的共变关系是，随着外科手术平均手术量的不断下降，他们的医术水平也可能大幅度下降。可见，题干观点是，平均手术量下降会导致外科手术水平下降。

假设的类型都是，指出发生共变的两个现象之间有实质性的相关。

A 项的论述说明了平均手术量与外科手术水平存在实质性的相关。对假设类题目，我们可以用"加非验证"即对选项"加非"后能削弱题干，那么这个选项就是正确答案。A 加非："即使"一个外科医生"不"以一定的最小频率做手术，他的医术水平"也"能适当地保持下去。意味着平均手术量下降的情况下，医生也有可能保持医术水平，削弱题干。因此，A 项为正确答案。

无论医生的其他时间放在哪里，都不影响平均手术量的变化，B 排除；C 为明显无关选项，排除；平均手术量下降不要求每个医生的手术量都下降，D 排除。

例题 21 一项有关国家气象服务局的风暴检测雷达系统的测试表明，1957 年的系统比新的计算机化系统可靠 10 倍。因此，用于新雷达系统的技术一定没有用于 1957 年的雷达系统中的技术复杂精密。

以上的结论依赖以下哪项有疑问的假设？

A. 检测风暴的雷达系统的可靠性是由其故障的频率决定的

B. 检测风暴的雷达系统所使用的技术的复杂精密程度可以由该系统的可靠性来决定

C. 检测风暴的雷达系统的可靠性是由它们预测天气形势的准确性决定的

D. 计算机硬件是现在用于天气预报的新的检测风暴的雷达系统中的一个关键的组成部分

[解题分析] 正确答案：B

本题涉及的共变关系是，检测风暴的雷达系统的可靠性越强，其复杂精密程度就越高。

B 项指出发生共变的两个现象之间有实质性的相关。对其进行"加非验证"：检测风暴的雷达系统所使用的技术的复杂精密程度"不能"由该系统的可靠性来决定，则削弱题干观点。因此 B 项为正确答案；评价雷达系统可靠性的标准如何与题干论述关系不大，A、C 排除；D 描述雷达系统的技术细节，为无关选项，排除。

例题 22 一般人总会这样认为，既然人工智能这门新兴学科是以模拟人的思维为目标，那么，就应该深入地研究人思维的生理机制和心理机制。其实，这种看法很可能误导这门新兴学科。如果说，飞机发明的最早灵感是来自于鸟的飞行原理的话，那么，现代飞机从发明、设计、制造到不断改进，没有哪一项是基于对鸟的研究之上的。

上述议论，最可能把人工智能的研究，比作以下哪项？

A. 对鸟的飞行原理的研究　　　　B. 对鸟的飞行的模拟

C. 飞机的不断改进　　　　　　　D. 飞机的设计制造

[解题分析]　正确答案：D

题干所做的类比分析是：飞机的发明、设计制造和改进并非基于对鸟的研究，因此，人工智能的研究也不应基于对人思维的生理和心理机制的研究。显然，这里，把对人思维的生理和心理机制的研究，比作对鸟的研究；把人工智能的研究，比作飞机的发明、设计制造和改进。D项和C项都和题干的上述类比相关，但显然D项比C项作为题干中人工智能研究的类比对象更为恰当。

例题 23　小光和小明是一对孪生兄弟，刚上小学一年级。一次，他们的爸爸带他们去密云水库游玩，看到了野鸭子。小光说："野鸭子吃小鱼。"小明说："野鸭子吃小虾。"哥俩说着说着就争论起来，非要爸爸给评评理。爸爸知道他们俩说得都不错，但没有直接回答他们的问题，而是用例子来进行比喻。说完后，哥俩都服气了。

以下哪项最可能是爸爸讲给儿子们听的话？

A. 一个人的爱好是会变化的。爸爸小时候很爱吃糖，你奶奶管也管不住。到现在，你让我吃我都不吃

B. 什么事儿都有两面性。咱们家养了猫，耗子就没了。但是，如果猫身上长了跳蚤也是很讨厌的

C. 动物有时也通人性。有时主人喂它某种饲料吃得很好，若是陌生人喂，怎么也不吃

D. 你们兄弟俩的爱好几乎一样，只是对饮料的爱好不同。一个喜欢可乐，一个喜欢雪碧。你妈妈就不在乎，可乐、雪碧都行

[解题分析]　正确答案：D

在题干中，两人说的"野鸭子吃小鱼"和"野鸭子吃小虾"都有可能性，可能一部分野鸭子吃小鱼，另一部分野鸭子吃小虾，也可能是野鸭子既吃小鱼又吃小虾。所以两个孩子的话并不矛盾，他们只是片面地看到了野鸭子某一种行为，各执一词，争论不休。在D中，爸爸用哥俩各有偏好和妈妈既喝可乐又喝雪碧的例子进行类比，说明同一个群体的不同个体可能有不同偏好，一个主体也可以有

不同的行为。由于比喻恰当，哥俩也就服气了。选项 C、D 用的不是比喻，与题干不符。选项 A 虽然用了比喻，但是说的是小孩和大人的区别，而题干中并未讨论小鸭子和大鸭子。选 B 不妥，因为 B 说的是事物的两面性，含有人的主观评价，与题干的含义相距较远。

例题 24 某市繁星商厦服装部在前一阵疲软的服务市场中打了一个反季节销售的胜战。据统计繁星商厦皮服的销售额在 6、7、8 三个月连续成倍数增长，6 月 527 件，7 月 1269 件，8 月 3218 件。市有关主管部门希望在今年冬天向全市各大商场推广这种反季节销售的策略，力争今年 11 月、12 月和明年 1 月全市的夏衣销售能有一个大突破。

以下哪项如果为真，能够最好地说明该市有关主管部门的这种希望可能会落空？

A. 皮衣的价格可以在夏天一降再降，是因为厂家可以在皮衣淡季的时候购买原材料，其价格可以降低 30%

B. 皮衣的生产企业为了使生产销售可以正常循环，宁愿自己保本或者微利，把利润压缩了 55%

C. 在盛夏里搞皮衣反季节销售的不只是繁星商厦一家。但只有繁星商厦同时推出了售后服务由消协规定的三个月延长到七个月，打消了很多消费者的顾虑，所以在诸商家中独领风骚

D. 根据最近进行的消费心理调查的结果，买夏衣重流行、买冬衣重实惠是消费者极为普遍的心理

[解题分析] 正确答案：D

市有关主管部门的建议依据的就是类比推理：夏季反季节销售冬季服装获得成功，因此，若在冬季反季节销售夏季服装也将获得成功。显然这个类比结论可能是错的，题目所要求的就是找出使这个类比不成立的理由。

要说明这个类比脱离做出的论证不成立，就要指出这两种现象不可比。选项 D 非成准确地概括了买夏衣和买冬衣时人们的不同消费心理，这就使题干中所设想的反季节的一般规律不成立了。因此，D 项正确。

选项 A、B、C 都只是不跟地说明了反季节销售冬装成功的原因，与"反季节销售夏装是否会成功"并不相干。

例题 25 地球和月球相比，有许多共同属性，如它们都属太阳系星体，

都是球形的，都有自转和公转等。既然地球上有生物存在，因此，月球上也很可能有生物存在。

以下哪项如果为真，那么最能削弱上述推论的可靠性？

A. 地球和月球大小不同

B. 月球上同一地点温度变化极大，白天可上升到100℃，晚上又降至零下160℃

C. 月球距地球很远，不可能有生物存在

D. 地球和月球生成时间不同

[解题分析]　正确答案：B

题干中的论证使用了类比推理。它通过地球和月球在许多属性上的相同，如都是太阳系的星体，都是球形的，都有公转和自转等，而且地球上有生物存在，从而推出月球上也很可能有生物存在。该推理犯有"机械类比"的逻辑错误。因为题干中提供的相同属性与推出属性之间没有密切联系，而与有生物存在有密切联系的属性应该是一定的温度、湿度等。选项A、B、C、D所说的大小、距离、生成时间等的不同都是与题干中的推出属性不具有密切联系的属性，均不能削弱题干中的结论，只有选项B指出了温度的极大差异，从而削弱了题干中论证的结论。所以，正确答案是B。

二、同步练习

1. 在归纳推理中，前提与结论有必然性联系的是（　　）。

   A. 完全归纳推理　　　　　　B. 简单枚举归纳推理
   C. 科学归纳推理　　　　　　D. 概率归纳推理

2. 类比推理和简单枚举归纳推理的相同点是（　　）。

   A. 从个别到一般　　　　　　B. 从个别到个别
   C. 前提蕴含结论　　　　　　D. 结论不一定是可靠的

3. 近来美元的贬值是由于对未来经济增长缓慢的悲观预测。假如美国政府没有巨额财政赤字，这个预测不会对美元产生不利影响。因此，为了阻止货币贬值必须减少财政赤字。

以下哪项如果为真,最能削弱上述结论?(　　)

A. 美国政府几乎没有尝试减少财政赤字

B. 财政赤字没有造成经济增长缓慢

C. 在经济增长缓慢的预测的前一年,美元已多次贬值

D. 在出现巨额财政赤字以前,有关经济增长缓慢的预测已多次造成美元贬值

4. 学生家长:这学期学生的视力普遍下降,这是由于学生不容易保持正确的书写姿势。

校长:学生视力下降和书面作业负担没有关系,经我们调查,学生视力下降的原因,是由于他们做作业时的姿势不正确。

以下哪项如果为真,最能削弱校长的辩解?(　　)

A. 过重的书面作业容易使学生感到疲劳,当感到疲劳时,学生不容易保持正确的书写姿势

B. 该校学生的书面作业的负担和其他学校相比并不算重

C. 校方在纠正学生姿势以保护视力方面做了一些工作,但力度不够

D. 学生视力下降是个普遍的社会问题,不惟该校然

5. 1960~1970年间非洲国家津巴布韦境内的狩猎者猎捕了6500多头大象以获取象牙,这一时期津国大象总数从35000头下降到30000头以下。1970年津国采取了保护大象的措施,1970~1980年间逮捕并驱逐了800多名狩猎人。但是,到1980年津国大象总数还是下降到21000头。

以下哪项如果为真,最有助于解释上述表面上的矛盾现象?(　　)

A. 1960~1980年间逮捕的狩猎者并未被判处长期徒刑

B. 公众反对滥捕大象呼声高涨,1970~1980年间象牙的需求下降

C. 津国的一个邻国在1970~1980年间大象数量略有回升

D. 1970~1980年间,津国大量砍伐了大象赖以生存的森林

6. 农场发言人:毗邻我农场的炼铅厂引起的空气污染造成了本农场农作物的大幅度减产。

炼铅厂发言人:责任不在本厂。我们的研究表明,农场减产应该归咎于有害昆虫和真菌的蔓延。

以下哪项如果为真，将最有力地削弱炼铅厂发言人的结论？（   ）

A. 炼铅厂的研究并没有测定该厂释放的有害气体的数量

B. 农场近年来的耕作方式没什么变化

C. 炼铅厂的空气污染破坏了周边的生态平衡，使得有害昆虫和真菌大量滋生

D. 炼铅厂释放的有害气体是无色无臭的

7. 有人认为鸡蛋黄的黄色跟鸡所吃的绿色植物性饲料有关，为了验证这个结论，下面哪种实验方法最可靠？（   ）

A. 选择一优良品种的蛋鸡进行实验

B. 化验比较植物性饲料和非植物性饲料的营养成分

C. 选择品种等级完全相同的蛋鸡，一半喂食植物性饲料，一半喂食非植物性饲料

D. 对同一批蛋鸡逐渐增加（或减少）植物性饲料的比例

8. 一位社会学家对两组青少年做了研究。第一组成员每周看暴力内容的影视的时间平均不少于 10 小时；第二组则不多于 2 小时。结果发现第一组成员中举止粗鲁者所占的比例要远远高于第二组。因此，此项研究认为，多看暴力内容的影视容易导致青少年举止粗鲁。

以下哪项如果为真，将对上述研究的结论提出质疑？（   ）

A. 第一组中有的成员的行为并不粗鲁

B. 第二组中有的成员的行为比第一组有的成员粗鲁

C. 第二组中很多成员的行为很文明

D. 第一组成员中很多成员的粗鲁举止是从小养成的，这使得他们特别爱看暴力影视

9. 如今的音像市场上，正版的激光唱盘和影视盘销售不佳，而盗版的激光唱盘和影视盘却屡禁不绝，销售非常火爆。有的分析家认为，这主要是因为在价格上盗版盘更有优势，所以在市场上更有活力。

以下哪项是这位分析人员在分析中隐含的假定？（   ）

A. 正版的激光唱盘和影视盘往往内容呆板，不适应市场的需要

B. 与价格的差别相比，正版盗版质量差别不大

C. 盗版的激光唱盘和影视盘不如正版的盘进货渠道畅通

D. 正版的激光唱盘和影视盘不如盗版的盘销售网络完善

10. 一位研究人员希望了解他所在社区的人们喜欢的口味是可口可乐还是百事可乐。他找了些喜欢可口可乐的人，要他们在一杯可口可乐和一杯百事可乐中，通过品尝指出喜好。杯子上不贴标签，以免商标引发明显的偏见，可是将可口可乐的杯子标志为"M"，将百事可乐的杯子标志为"Q"。结果显示，超过一半的更喜欢百事可乐，而非可口可乐。

以下哪项如果为真，最可能削弱上述论证的结论？（   ）

A. 参加者受到了一定的暗示，觉得自己的回答会被认真对待

B. 参加实验者中很多人都没有同时喝过这两种可乐，甚至其中的30%的参加实验者只喝过其中一种可乐

C. 多数参加者对于可口可乐和百事可乐的市场占有情况是了解的，并且经过研究证明，他们普遍有一种同情弱者的心态

D. 在对参加实验的人所进行的另外一个对照实验中，发现了一个有趣的结果：这些实验中的大部分更喜欢英文字母Q，而不大喜欢M

11. 小猫和小猴出生后就将其一只眼睛蒙住，共两周，被蒙住的那只眼睛便失去正常视力，眼罩解开后亦如此。这说明出生初期对正常视力发育至关重要。

以下哪项如果为真，最能支持以上论证？（   ）

A. 成人蒙住一只眼睛两周后，另一只眼睛视力依然正常

B. 新生的小动物通常视力都不好

C. 两个月大的动物比起新生小动物，蒙眼两周所产生的影响要小

D. 但小孩戴墨镜时，视力受影响

12. 许多研究人员推测：大脑细胞中的RNA是记忆的生化基础，即RNA的存在使我们能够记忆。已知某一化学物质可抑制体内RNA的合成，研究人员将RNA抑制物注射到已经练过跳火圈的狗的体内，然后检验对所学反应的记忆，用这种方法来检验他们的推测是否正确。

以下哪一种实验结果能最有力地推翻研究人员的推测？（   ）

A. 注射了RNA抑制物后，许多反应（包括跳火圈反应）均受影响

B. 注射了RNA抑制物后，许多没学会跳火圈的狗竟能熟练地跳火圈

C. 注射了RNA抑制物后，一些狗将学会的跳火圈的全部技巧忘掉了，其

他的只忘掉了一部分

D. 当只注射少量的 RNA 抑制物时,对狗的影响不大,但注射大量抑制物时,狗对跳火圈的记忆明显受损

13. 偏头痛一直被认为是由食物过敏引起的。但是,如果让患者停止食用那些已经证明会不断引起过敏性偏头痛的食物,他们的偏头痛并没有停止,因此,显然存在别的某种原因引起偏头痛。

下列哪项如果为真,最能削弱上面的结论?(   )

A. 许多普通食物只在食用几天后才诱发偏头痛,因此,不容易观察患者的过敏反应和他们食用的食物之间的关系

B. 许多不患偏头痛的人同样有食物过敏反应

C. 许多患者说诱发偏头痛病的那些食物往往是他们最喜欢吃的食物

D. 很少有食物过敏会引起像偏头痛那样严重的症状

14. 过去几年中,娱乐消费在家庭支持中的比例大幅度上升,但是电影院的收入却一直在下降。影院界人士认为这主要是因为录像带出租业的发展抢了电影院的生意。

以下答案若均属实,哪一个能够最有力地削弱上述观点?(   )

A. 租借录像带的费用远远高于看电影

B. 在消费者中仍然有一部分人喜欢看电影

C. 在录像带出租业繁荣之前,电影院的生意就已经呈下降趋势了

D. 许多电影制片厂通过出售他们影片的录像版权获得大笔收入

15. 美国联邦所得税是累进税,收入越高,纳税率越高。美国有的州还在自己管辖的范围内,在绝大部分出售商品的价格上附加 7% 左右的销售税。如果销售税也被视为所得税的一种形式的话,那么这种税收是违背累进制原则的:收入越低,纳税率越高。

以下哪项如果为真,最能加强题干中的议论?(   )

A. 人们花在购物上的钱基本上是一样的

B. 近年来,美国的收入差别显著扩大

C. 低收入者有能力支付销售税,因为他们缴纳的联邦所得税相对较低

D. 销售税的实施,并没有减少商品的销售总量,但售出商品的比例有所变动

16. 一项调查表明，一些新闻类期刊每一份杂志平均有 4～5 个读者。由此可以推断，在《诗刊》12000 订户的背后约有 48000～60000 个读者。上述估算的前提是：（   ）。

A. 大多数《诗刊》的读者都是该刊物的订户

B. 《诗刊》的读者与订户的比例与文中提到的新闻类期刊的读者与订户的比例相同

C. 读者通常都喜欢阅读一种以上的刊物

D. 新闻类期刊的读者数与《诗刊》的读者数相近

17. 通过对大量普通家庭的垃圾分析，一组现代城市人类学者们发现，一个家庭的饮食标准化程度（指罐装和预先包装的食物的含量）越高，这个家庭就会扔掉越少的食物，但同时扔掉的新鲜农产品就越多。

从上面陈述能得出以下哪一项结论？（   ）

A. 越来越多的家庭依赖高标准化的饮食

B. 一个家庭的饮食标准化程度越低，则扔掉的非食品垃圾就越多

C. 一个家庭的饮食标准化程度越低，则在扔掉的食物中新鲜农产品所占比例就越少

D. 一个家庭的饮食标准化程度越低，则它扔掉的罐装和预先包装的食物也就越多

18. 越来越多的有说服力的统计数据表明，具有某种性格特征的人易患高血压、而另一种性格特征的人患心脏病，如此等等。因此，随着对性格特征的进一步分类了解，通过主动修正行为和调整性格特征以达到防治疾病的可能性将大大提高。

以下哪项，最能反驳上述观点？（   ）

A. 一个人可能会患有与各种不同性格特征均有关系的多种疾病

B. 某种性格与其相关的疾病可能由相同的生理因素导致

C. 某一种性格特征与某一种疾病的联系可能只是数据上的巧合，并不具有一般性意义

D. 人们往往是在病情已难以扭转的情况下，才愿意修正自己的行为，但已为时过晚

19. 用蒸馏麦芽渣提取的酒精作为汽油的替代品进入市场，使得粮食市场和能源市场发生了前所未有的直接联系。到 1995 年，谷物作为酒精的价值已经超过了作为粮食的价值。西方国家已经或正在考虑用从谷物提取的酒精来替代一部分进口石油。

如果上述断定为真，对于那些已经用从谷物提取的酒精来替代一部分进口石油的西方国家，以下哪项，最可能是 1995 年后进口石油价格下跌的后果？（　　）

A. 一些谷物从能源市场转入粮食市场

B. 一些谷物从粮食市场转入能源市场

C. 谷物的价格面临下跌的压力

D. 谷物的价格出现上浮

20. 自从 20 世纪中叶化学工业在世界范围内成为一个产业以来，人们一直担心，它所造成的污染将会严重影响人类的健康。但统计数据表明，这半个世纪以来，化学工业发达的工业化国家的人均寿命增长率，大大高于化学工业不发达的发展中国家。因此，人们关于化学工业危害人类健康的担心是多余的。

以下哪项是上述论证必须假设的？（　　）

A. 20 世纪中叶，发展中国家的人均寿命，低于发达国家

B. 如果出现发达的化学工业，发展中国家的人均寿命增长率不会因此更低

C. 如果不出现发达的化学工业，发达国家的人均寿命增长率不会因此更高

D. 化学工业带来的污染与它带给人类的巨大效益相比是微不足道的

21. 室内荧光灯的连续照射对患有先天性心脏病的仓鼠的健康有益。一群暴露在荧光灯连续照射下的仓鼠平均寿命比另一群同种但生活在黑暗之中的仓鼠长 25%。

上面描述的研究方法最适合回答下列哪一项问题？（　　）

A. 阳光照射或荧光灯照射对产业工人的工作也有那么大影响吗？

B. 医院的光照疗法能被证明对病人的恢复有促进作用吗？

C. 深海鱼种怎能在漆黑一片中得以生存？

D. 仓鼠患的是什么遗传病？

22. 各品种的葡萄中都存在着一种化学物质，这种物质能有效地减少人血液中的胆固醇。这种物质也存在于各类红酒和葡萄汁中，但白酒中不存在。红酒和

葡萄汁都是用完整的葡萄做原料制作的；白酒除了用粮食做原料外，也用水果做原料，但红酒不同。白酒在以水果做原料时，必须除去其表皮。

以上信息最能支持以下哪项结论？（　　）

A. 用作制酒的葡萄的表皮都是红色的

B. 经常喝白酒会增加血液中的胆固醇

C. 食用葡萄本身比饮用由葡萄制作的红酒或葡萄汁更有利于减少血液中的胆固醇

D. 能有效地减少血液中胆固醇的化学物质，只存在于葡萄的表皮之中，而不存在于葡萄的其他部分中

23. 美国国家专利局授予发明者专利的数量，1971年为56000项，1978年降低为45000项，而用于科研与开发的国家投入，1964年达到国民生产总值的3%，1978年只有2.2%，而在此期间，在美国对科研与开发的投入不断减少的同时，西德和日本在这方面的投入分别提高了3.2%和1.6%。

以下哪项是上述信息中最能得出的结论？（　　）

A. 一个国家的国民生产总值和它的发明数量有直接的关系

B. 1978年，西德和日本用于科研与开发的投入要比美国的多

C. 一个国家对科研与开发的投入量与这个国家的发明专利数有直接关系

D. 在1964～1978年间，美国用于科研与开发的投入占国民生产总值的比例一直高于日本

24. 上一次引进美国大片《廊桥遗梦》，仅仅在滨州市放映了一周时间，各影剧院的总票房收入就达到了800万元。这一次滨州市又引进了《泰坦尼克号》，准备连续放映10天，1000万元的票房收入应该能够突破。

根据上文包括的信息，分析上述推断最可能隐含了以下哪项假设？（　　）

A. 滨州市很多人因为映期时间短都没有看上《廊桥遗梦》，这一次可以得到补偿

B. 这一次各影剧院普遍更新了设备，音响效果比以前有很大改善

C. 这两部片子都是艺术精品，预计每天的上座率、票价等非常类似

D. 连续放映10天是以往比较少见的映期安排，可以吸引更多的观众

25. 电冰箱的问世引起了冰市场的崩溃，以前人们用冰来保鲜食物，现在电

冰箱替代了冰的作用。同样道理，由于生物工程的成果，研究出能抵抗害虫的农作物，则会引起什么后果？

以下哪项是上述问题的最好回答？（　　）

A. 化学农药的需求减少　　　　B. 增加种子成本

C. 增加农作物的产量　　　　　D. 农田的价值下降

26. 地球上之所以有生命存在，至少是因为具备了以下两个条件：一是因与热源保持一定距离而产生出适当的温差范围；二是这种温差范围恒定保持了至少37亿年以上。在宇宙的其他地方，这两个条件的同时出现几乎是不可能的。因此，其他星球不可能存在与地球上一样的生命。

该论证是以下面哪项为前提？（　　）

A. 一个确定的温差范围是生命在星球上发展的唯一条件

B. 生命除了在地球上发展外不能在其他星球存在

C. 在其他星球上的生命形式需要像在地球上的生命形式一样的生存条件

D. 对于为什么生命只在地球上出现而不在其他星球上出现尚无满意解释

27. 我国著名的地质学家李四光，在对东北的地质结构进行了长期、深入的调查研究后发现，松辽平原的地质结构与中亚细亚极其相似。他推断，既然中亚细亚蕴藏大量的石油，那么松辽平原很可能也蕴藏着大量的石油。后来，大庆油田的开发证明了李四光的推断是正确的。

以下哪项与李四光的推理方式最为相似？（　　）

A. 他山之石，可以攻玉

B. 邻居买彩票中了大奖，小张受此启发，也去买了体育彩票，结果没有中奖

C. 某乡镇领导在考察了荷兰等地的花卉市场后认为要大力发展规模经济，回来后组织全乡镇种大葱，结果导致大葱严重滞销

D. 乌兹别克地区盛产长绒棉。新疆塔里木河流域与乌兹别克地区在日照情况、霜期长短、气温高低、降雨量等方面均相似，科研人员受此启发，将长绒棉移植到塔里木河流域，果然获得了成功

28. 某组研究人员报告说：与心跳速度每分钟低于58次的人相比，心跳速度每分钟超过78次者心脏病发作或者发生其他心血管问题的概率高出39%，死于这类疾病的风险高出77%，其整体死亡率高出65%。研究人员指出，长期心跳

过快会导致心血管疾病。

以下哪项如果为真，最能对该研究人员的观点提出质疑？（　　）

A. 各种心血管疾病影响身体的血液循环机能，导致心跳过快

B. 在老年人中，长期心跳过快的不到 19%

C. 在老年人中，长期心跳过快的超过 39%

D. 野外奔跑的兔子心跳很快，但是很少发现他们患心血管疾病

思考题

1. 什么是归纳推理？它与演绎推理有什么区别与联系？
2. 完全归纳推理与不完全归纳推理有什么区别？
3. 不完全归纳推理有几种？它们之间的区别有哪些？
4. 探求因果联系的五种方法的基本内容、特点和作用各是什么？在运用这些方法时，各自应注意什么？

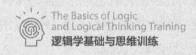

第八章

逻辑思维基本规律

第一节 逻辑思维基本规律的概述

一、什么是逻辑思维基本规律

逻辑学作为一门研究思维形式结构及其规律的科学，它不仅要研究概念、命题、推理等各种思维形式，而且也要研究在这些思维形式中起作用的逻辑规律，即逻辑思维的基本规律，包括同一律、矛盾律、排中律和充足理由律。

同一律、矛盾律、排中律和充足理由律是进行思维必须遵守的逻辑规律，是人们在认识客观事物及其规律的长期实践中总结出来的。这四条规律从不同的方面揭示了人类正确思维的基本特征，告诉人们什么样的思维在逻辑上是正确的，什么样的思维在逻辑上是错误的，从不同角度、不同侧面正确地规定着人们思维的逻辑方式。

在思维中，我们要使用各种思维形式。为了保证思维正确，就要遵守各种规则，如概念的规则、命题的规则、推理的规则。这些规则只适应于某一具体思维形式，可称之为特殊规律。但要保证思维正确，除了要遵循这些特殊规律以外，还必须遵循一些最基本的、广泛适用于各种思维形式，即同时适应于概念、命题、推理所有这些思维形式的规律，逻辑学把这些规律称为基本规律。具体说，就是关于思维形式一般规律，是具有普遍意义的共同的思维准则。

同一律、矛盾律、排中律和充足理由律不是在人们思维的某一阶段、某一局部范围内起作用，而是在思维过程的自始至终都发生作用，具有普遍的有效性。

逻辑思维基本规律与特殊规律是一般与特殊的关系。基本规律对特殊规律起主导与统摄作用，是运用思维的逻辑形式必须普遍遵守的规律；特殊规律是基本规律的具体化。人们在思维过程中，既要遵守逻辑的特殊规律，又要遵守逻辑的基本规律，它们都是正确思维的必要条件。

逻辑规律由于在思维领域中的普遍有效性，决定了人们在思维过程中必须自始至终符合它的要求。思想的逻辑力量，正是在满足这些基本规律要求的基础上产生的。

二、逻辑思维基本规律的特点

逻辑思维基本规律是人类正确思维和有效交流思想的起码要求。因为人们在交流思想的过程中，必须满足以下两个起码的要求。

（一）要有确定性

每一个思想或论断是什么或不是什么，是真的还是假的，有确定的规定和回答。思维的确定性具体表现为思想的同一性、一贯性和明确性。这个确定性表现为概念、命题的自身同一；表现为概念内不包含否定自身的内涵，命题之间前后一贯，不自相矛盾；表现为两个具有矛盾关系的思想中，排除中间可能性，必须明确肯定其中一个。

（二）要有论证性

每一个确定的思想或论断为什么是真的或为什么是假的，表现为论证过程中理由与推理之间的逻辑联系。也就是说，思维的确定性具体表现了思维的同一性、无矛盾性、明确性、论证性。

所以，逻辑思维基本规律在人们的思维中起的作用是不一样的。同一律是思维具有同一性的规律，矛盾律是思维具有一贯性的规律，排中律是思维具有明确性的规律，充足理由律是思维具有论证性的规律。逻辑思维基本规律是正确思维的确定性和论证性的科学概括，违反这几条规律，思想就会出现思想不同一、自相矛盾、含糊不清和无论证性错误。

逻辑思维基本规律不是事物自身的规律，而是思维领域的规律。千变万化的客观事物，在一定的时间和一定的条件下，总是具有质的规定性，并处于必然联系之中。客观事物的质的规定性和必然联系，就是逻辑思维基本规律的客观基础和客观原型。

逻辑思维基本规律是人类千百年来长期实践的总结和概括。这些规律揭示了正确思维的内在特性，反映客观事物的思维要具有确定性、一贯性、明确性和论证性，这样才能和客观事物的一般性质的普遍关系相吻合，也才可能如实地反映客观事物，并进行正确的推论。

第二节 同一律

一、同一律的基本内容和要求

同一律的基本内容是：在同一思维过程中，每一思想与其自身是同一的。我们可以设"每一思想"为A，用公式可表示为：

"A是A"或"如果A，那么A"，也可用符号表示为"A→A"（公式中的"A"表示任一思想，即它可以表示任一概念或命题）。

这个公式是说，在同一思维过程中，即在同一时间、同一关系下，对同一对象的任何一个概念或命题，自身是同一的。所谓概念同一，就是一个概念反映什么对象就反映什么对象，其内涵和外延不能变化。所谓命题同一，就是说一个命题断定什么事物情况就断定什么事物情况，在同一思维过程中始终同一。

同一律的基本要求有以下两点。

（1）在同一思维过程中，概念必须保持自身同一，不能任意变更，即概念的内涵和外延要始终保持不变。某一概念，原来在某种意义上使用，就一直在该种意义上使用；原来反映哪类对象就一直反映该类对象，不能随意改变，更不能当不同概念使用。

（2）在同一思维过程中，每一命题自身必须保持同一，即在进行推理或论证某一问题时所使用的命题，其内容必须前后一致，不能随意变换。一个命题起初断定什么，断定多少，一直到最后仍要断定什么，断定多少，不能时而断定这样，时而又断定那样；时而断定得多，时而又断定得少。并且逻辑研究命题的同一性，总是撇开语言表达或内容上的因素，主要研究命题的真假关系，只要两个命题逻辑上具有等值关系就可以。所以，准确掌握命题之间的真假关系，是保持命题同一性的重要条件。

二、违反同一律的逻辑错误

根据同一律的要求，违反同一律的逻辑错误有两种：混淆概念或偷换概念，转移论题或偷换论题。

（一）混淆概念或偷换概念

在同一思维过程中，如果不是在原来意义上使用某个概念，而是把不同的概念混为一个概念或者改换同一概念的含义，不保持概念内涵和外延的确定和同一，就会犯"混淆概念"或"偷换概念"的逻辑错误。

1. 混淆概念

混淆概念是指在同一思维过程中，由于认识不清楚或缺乏逻辑修养，无意之中违反了同一律的要求，把不同的概念当作同一概念使用，从而造成概念混乱。

2. 偷换概念

偷换概念是指在同一思维过程中，为达到某种目的，故意违反同一律的要求，把不同的概念当作同一个概念使用。偷换概念有以下几种手法。

（1）任意改变某个概念的内涵和外延，使其变成另外一个概念。例如：从前有一个故事，财主要张班修建台阁，口头约定修好后赏"五马驮银子"，外带"一担米、两只猪、三坛酒"。台阁完工后，财主叫家丁牵来五匹马，并排站着，背上放着一块大木板，上面摆了一块比手指甲还小的银子。接着财主拿来用鸡蛋壳装的米，从一个纸匣里拉出两个蜘蛛，把手指伸到酒壶里，然后伸出来向前弹三下，对张班说："这就是五马驮银子、一担米、两蜘蛛、三弹酒，就是我给你的报酬。"财主欺骗张班的手法是偷换概念，任意改变了概念的内涵和外延。

又如：鲁迅在《且介亭杂文末编·半夏小集》里写了这样一段精彩的杂文：

A：B，我们当你是个可靠的好人，所以几种关于革命的事情，都没有瞒你，你怎么竟向敌人告密去了？

B：岂有此理！怎么是告密！我说出来是因为他们问了我。

A：你不能推说不知道吗？

B：什么话！我一生没有说过谎，我不是这种靠不住的人。

鲁迅先生没有发表一句评论，他只是将 A 与 B 的对话写下来，但读者一看就明白，这是对告密者的拙劣辩护的揭露与批判。B 任意改变"可靠"的内涵和外延，生拉硬扯地把"向敌人告密"也说成"可靠"，其手段之拙劣低下，令人不齿。

又如，司马光夫人说："我要去看灯。"司马光说："家中这么多灯，何必出去看？"司马光夫人说："我还要看游人。"司马光说："家中这么多人，何必出去看？"

欢度节日，司马光夫人想出去既看"花灯"，又看"游人"。司马光大概不想叫夫人出去，运用了"偷换概念"的手法，用"灯"和"人"两个概念代替夫人所说的"花灯"和"游人"两个概念。"灯"和"人"两个概念是"花灯"和"游人"两个概念的属概念，是以属代种的逻辑错误。

（2）将似是而非的两个概念混为一谈。例如，大家都承认语言是没有阶级性的，而你们又说我刚才的谈话是代表资产阶级利益的，我真想不通。这里将"语言"偷换成"谈话"。

（3）用非集合概念取代集合概念，或相反。例如：达尔文进化论认为"人类是由猿猴进化来的"，主教们指责问道："有哪一个人不是父母所生，而是猴子变成的？又有哪一种猴子变成了人？"这种发问是可笑的，因为达尔文说的由猿猴进程来的"人类"或说"人"是指一个集合概念，不是指组成"人类"这个集合概念的具体的张三、李四。

（4）利用多义词造成的混乱。例如：王大妈的女儿要出嫁了，王大妈为此特意去商店，想买些好的布料为女儿做衣服。王大妈到商店问售货员："你们这里有好布吗"？售货员回答："我们这儿的布都是好布，坏布怎么会拿来卖呢？"王大妈为此非常生气，布没买就走了。王大妈为什么会生气呢？原来是对于"好布"的界定王大妈和售货员是不同的，售货员的"好布"就是没有坏的布，而王大妈的"好布"是指质量、花色、品种等多方面。在这里由于"好布"的多词义，使得王大妈和售货员之间有了不愉快。

（二）转移论题或偷换论题

在同一思维过程中，如果不是在原来意义上使用某个命题，而用另外的命题代替它，或者在论证某个论题时，中途改变讨论的对象或论述中心，就会犯"转移论题"或"偷换论题"的错误。

1. 转移论题

转移论题，也称离题或跑题，是指在同一思维过程中，无意识地违反同一律，更换了原命题的内容，使议论离开了论题。

例如：

警察问："你为什么骑车带人？懂不懂交通规则？"骑车人："我以前从未带过人，这是第一次。"

在这里，骑车人答非所问，犯了"转移论题"的错误。

又如：有人说"缺乏实践经验的人应注重实践。也就是应该常下车间劳动，否则，实践经验从何而来？"

这句话也是转移论题。"注重实践"不等同于"下车间"。

2. 偷换论题

偷换论题是指在同一思维过程中，为达到某种目的，故意将某个论题更换为另外的论题，并把这个论题当作原来的论题，这是诡辩者常用的伎俩。

例如：

律师为被告辩护说，被告在犯罪前曾荣立三等功，按刑法规定，有立功表现的可以减轻或免除处罚，希望法庭在量刑时予以考虑。律师说的被告"曾荣立三等功"与刑法规定的"有立功表现"在时间上是不同的，前者说的是在犯罪前，后者说的是在犯罪后，不能用前者代替后者。所以犯了"偷换概念"的错误。

逻辑学基础与思维训练

三、正确理解与运用同一律

（一）区分逻辑同一与形而上学同一

逻辑同一与形而上学同一是不同的，二者有以下区别。

首先，含义不同。逻辑同一是指人们在同一思维过程中，概念和命题要保持同一，不得随意改变，公式"A 是 A"正是表示这一含义的；形而上学同一是指客观事物永远与自身绝对同一，永远不变。形而上学也使用"A 是 A"这一公式，但却被赋予完全不同的含义，A 永远是 A，固定不变。

其次，性质不同。逻辑同一是逻辑范畴，不是世界观，不是对事物的根本看法，不涉及也不否定事物的发展和变化；它也不是方法论，不是用来观察和指导人们认识世界和改造世界的根本方法；它只是人们正确认识世界和准确表达思想的一种必要手段。形而上学同一是哲学范畴，是对客观事物的一种根本看法，它根本否认事物的发展变化。

（二）深刻理解同一律的内容

同一律在思维中的作用，就在于保证思维的确定性。思维只有具有确定性，才能正确反映世界，人们才能进行正常的思想交流。因此，一切正确的思维都必须遵守同一律。只有遵守同一律，才不致产生"混淆概念"和"转移论题"的逻辑错误，才能使思维活动正常进行下去。只有遵守同一律，一篇文章、一段讲话，才能主题明确、思路连贯，有条理，首尾照应，从而构成一个有机整体。只有遵守同一律，开会才有中心，论辩才能不离题目，才能进行思想交流。总之，遵守同一律是正确思维和表达的必要条件。

（三）不能把同一律绝对化

我们肯定同一律作用的同时，又要看到同一律作用的局限性。同一律说的是在同一思维过程中，每一思想具有同一性。但它并不否认事物的发展变化以及反映这些事物的概念和命题的变化。它只是要求在同一时间、同一关系下（或从同一方面）对同一对象的认识是同一的。时间变了，反映事物的概念、命题发生变化不违反同一律。另外，事物的属性是多方面的，从不同方面反映同一对象，形成的概念、命题也不相同。总之，在运用同一律时必须注意同一律起作用的范围，如果把同一律理解为"A 在任何情况下都是 A"，否认事物的发展，从而也否认反映事物的思想的发展变化，就会陷入我们在第一个问题中所涉及的形而上学方法论中。

第三节 矛盾律

一、矛盾律的基本内容和公式

矛盾律的内容是：在同一思维过程中，两个互相矛盾或互相反对的思想不能同真，其中必有一假。也可以表示为：任何思想不能既是真的，又是假的。

例如下列六组命题：

① "这个人是英国人"与"这个人是美国人"

② "她是共产党员"与"她不是共产党员"

③ "所有的矿物都是固体"与"所有的矿物都不是固体"

④ "所有得白血病的人一定死"与"有些得白血病的人可能不死"

⑤ "小张去但小李不去"与"小张不去小李也不去"

⑥ "如果得肺炎，那么发烧"与"虽然得肺炎，但不发烧"

在这六组命题中，①、③、⑤组命题是反对关系，它们都具有不能同真，可以同假的逻辑特点；就①来讲，如果这个人是美国人为真的话，这个人是英国人就一定是假的；但是也有可能这个人既不是英国人也不是美国人。②、④、⑥组命题都是矛盾关系，它们都具有不能同真，不能同假的逻辑特点。这两种命题的共同特点是：不能同真，必有一假。

但有一点要注意，即两个互相反对或互相矛盾的命题不能同时都真，其中必有一假，只有在"同一思维过程中"才是有效的，即在"同一对象、同一时间和同一关系"下才是有效的。如果对象不同，或者时间不同、关系不同，那么这种规定就是无效的。

矛盾律的公式是：并非"A 且非 A"。

"A"表示任何一命题，"非 A"表示与"A"相反对或相矛盾的命题。这个公式表示同一思想过程中两个互相反对或互相矛盾的命题不能同时都真，其中必有一假。

矛盾律是关于思维一贯性的规律。遵守矛盾律，就能保证思维前后一贯。

二、遵守矛盾律的逻辑要求

根据矛盾律的内容，它对人们的思维所提出的逻辑要求表现为以下几个方面。

（一）在概念方面的要求

在同一思维过程中，不能用两个互相矛盾或互相反对的概念"A"与"非 A"指称同一对象。如在同一思维过程中，不能用"马克思主义者"和"非马克思主义者"指称同一对象，它们不能同时是真的。另外，也不能用"马克思主义者"和"反马克思主义者"同时指称同一个人。因为"反马克思主义者"真包含于"非马克思主义者"，即"反马克思主义者"必然是"非马克思主义者"。所以，互相反对的概念蕴涵着互相矛盾的概念，它们不能同真。

因此，矛盾律对概念的要求具体地说就是：在同一思维过程中，不能同时用两个互相矛盾或互相反对的概念指称同一个对象，否则就会出现逻辑矛盾。

（二）在命题方面的要求

在同一思维过程中，一个命题不能既断定某对象是什么，又断定它不是什么，即不能同时肯定两个互相矛盾或互相反对的命题都是真的，必须确认其中有一个是假的。具体地说，根据矛盾律的要求，结合有关命题的内容，下列矛盾关系的命题不能同真。

① 直言命题对当关系中的矛盾命题：A 与 O，E 与 I。
② 模态命题对当关系中的矛盾命题：必然 P 与可能非 P，可能 P 与必然非 P。

③ 正命题与负命题：简单命题及其负命题，如 A 与非 A；复合命题及其负命题，如"P 并且 q"与"非 P 或者非 q"等。

④ 单称肯定命题与单称否定命题："某个 S 是 P"与"某个 S 不是 P"。

反对关系的命题也不能同真。如，A 与 E；必然 P 与必然非 P。

总之，矛盾律要求：在同一思维过程中，对同一思想所做的命题必须首尾一致不能自相矛盾，即不允许同时承认一个思想及其否定都是真的。

三、违反矛盾律的逻辑错误

在同一思维过程中，同时承认一个思想及其否定都是真的，即同时加以肯定，就会犯自相矛盾的逻辑错误。任何思维过程，如果出现自相矛盾，那么就是一种混乱。矛盾律就是不允许在思维过程中出现自相矛盾。矛盾律也叫不矛盾律。

"自相矛盾"一词出自《韩非子·难一》中讲到的一个寓言故事：楚人有盾与矛者，誉之曰："吾盾之坚，物莫能陷也。"又誉其矛曰："吾矛之利，于物无不陷也。"或曰："以子之矛，陷子之盾，何如？"其人弗能也。

这则寓言故事的内容是说，楚国有个卖矛和盾的人，先吹嘘自己的盾牌非常坚固，什么东西也扎不透；接着又吹嘘自己的矛非常锋利，什么东西都能扎透。别人问他：用你的矛扎你的盾怎么样呢？这位楚国商人就无法回答这个问题。从逻辑上分析，这个楚国商人的话中蕴涵了两个互相矛盾的命题，并断定它们都是真的。这两个命题就是：

① 我的矛不能刺穿我的盾；

② 我的矛能刺穿我的盾。

这两个互相矛盾的命题，二者不能同真。所以，别人以"用你的矛，陷你的盾"的问题反问他，他不能自圆其说，陷入自相矛盾。"自相矛盾"一词就是出自这个典故。

"自相矛盾"的逻辑错误具体表现在以下几个方面。

（1）概念间的自相矛盾。这种错误是由于在同一概念中包含了互相否定的思想。例如，"杀人嫌疑罪""尖而圆的脸""不是房子的房子""方而圆的桌子"等。

（2）命题间的自相矛盾。自相矛盾的错误是比较常见的。有时由于人们对所要论证的问题缺乏深入细致的研究，在思想中造成无意识的自相矛盾的错误。这种错误是由于在同一议论中，同时断定两个互相矛盾或互相反对的命题都为真。

如前面我们讲的那个楚国商人就是如此。再有"整个大楼漆黑一片"与"大楼中有个房间亮着灯"，这是一种非此即彼的矛盾。再如，有人认为"这个山洞从来没有人进去过，进去了的人也从来没有出来过"。即肯定了"所有人都没有进去过"，又肯定了"有的人曾经进去过"。还有一种是存在第三种情况的矛盾。这种矛盾不会同真，可以全假，或至少有一假。例如，"他是广东人"和"他是广西人"。

（3）语句中隐含着相互矛盾的概念或命题。这种错误的造成是由于从字面上看好像并无大的矛盾，但仔细推敲就能发现其中的错误。如，有一篇介绍罗曼·罗兰的文章说：罗曼·罗兰"发表过的十五个剧本中，是有几个早已绝迹，一般不易见到"。"一般不易见到"指的是很难见到，但终究还能见到。既然"早已绝迹"，又怎么还能见到呢？

四、正确理解和运用矛盾律

（一）正确区分逻辑矛盾与辩证矛盾

逻辑矛盾和辩证矛盾尽管在语词形式上都包含着"矛盾"一词，但两者的含义是根本不同的。逻辑矛盾与辩证矛盾是两种不同的矛盾，学习矛盾律要区分它们。它们存在以下几个方面的不同。

1. 性质不同

逻辑矛盾是由于思维过程违背了矛盾律的要求所造成的逻辑错误，是思维在反映现实过程中陷入混乱的表现。辩证矛盾是指存在于事物内部既对立又统一的矛盾，是思维对客观事物内在矛盾性的正确反映，客观事物的内在矛盾性反映在人的思维中就形成了思维中的辩证矛盾。例如力学中的作用与反作用、分子的化合与分解、生物有机体内部的同化与异化等。

2. 内在关系不同

构成逻辑矛盾的两个思想是互相否定、互相排斥的，两个思想不是对立面的统一，因此，两个思想不存在互相依存和互相转化的关系。构成辩证矛盾的两个思想是相容的、并存的，是肯定与否定的对立面的统一，因此，两个思想是互相依存和互相转化的。

3. 逻辑值不同

构成逻辑矛盾的两个思想不能同真，必有一假，也可能同假。构成辩证矛盾的两个思想可以同真。

4. 客观条件不同

逻辑矛盾的存在是有条件的；辩证矛盾的存在是无条件的、普遍的。逻辑矛盾的存在的条件性就在于它不是客观事物内部固有的矛盾，也不是思维过程中固有的必然存在的矛盾，只有当人们在思维中有意或是无意地违反了矛盾律的要求才会犯的错误。辩证矛盾的无条件性就在于它是事物及其过程中固有的客观存在着的，无论自然界还是人类社会，矛盾无处不在，无时不有，世界就是一个矛盾的世界。

5. 解决方法不同

逻辑矛盾是违反矛盾律出现的逻辑错误，是应该也是可以避免和排除的。矛盾律的重要作用就是排除思维中不应该有的逻辑矛盾，帮助人们进行正确的思维。只要根据矛盾律去检查我们的思维，就完全可以避免和排除逻辑矛盾。辩证矛盾是事物固有的实实在在的矛盾，这种矛盾无法回避，也不可能人为地排除，例如：生产力和生产关系、经济基础和上层建筑这一对辩证矛盾是和人类社会共始终的，是根本不可能排除的。人们只有依据对矛盾运动规律的知识，很好地处理他们之间的相互关系，才能促进社会向前发展。

（二）在实践中正确利用矛盾律

1. 揭露对方的逻辑矛盾，是辩论中取胜的重要方法

根据矛盾律的要求，思维中不能存在逻辑矛盾，所以，把握矛盾律，有助于

从逻辑上揭露错误和诡辩，驳斥论证对手的观点，使之不能自圆其说，正像楚国商人面对"以子之矛，陷子之盾，何如"的问话一样，陷入不能回答的境地，从而击败对手。

2. 发现并解决逻辑矛盾，是促进思维和科学发展的重要途径

根据矛盾律的要求，任何科学理论都不应包含逻辑矛盾。遵照矛盾律是构造科学体系的起码要求。科学常常是在发现逻辑矛盾，并且逐步排除逻辑矛盾的过程中发展的。

例如，古代有一种理论认为，物体从空中下落时，下降速度与它的重量成正比，即物体越重，下落速度越快。这种观点一直被公众所认可，并持续了 1800 多年。直到伽利略当众做出实验，才把这种观点推翻。当时，伽利略正是发现了人们传统中所认可的思想中存在着矛盾，即一重一轻的两物体，如果把它们捆在一起抛下，它们将以何种速度下降呢？一方面，这个速度肯定小于重物体下落的速度，因为大速度与小速度的叠加，一定是个中速度；但另一方面，这个速度又该大于重物体的速度，因为两物体重量的叠加一定超过重物体的重量。这样显然得出一个非常矛盾的答案，就是：捆在一起的两个物体下落速度同时既小于又大于单独一个物体的下落速度。因此他假定：轻重不同的物体从空中下落时应与它们的重量无关。即如果两物体受到空中阻力相同，或者消除空气阻力的影响（例如在真空中），两个重量不同的物体将以同样的速度降落，它们将同时到达地面。

根据这个设想，1589 年，伽利略在著名的比萨斜塔上同时抛下了两个重量不同的铁球，结果两球同时落地，从而证实：自由落体在阻力相同的条件下，下落的速度是相同的。由此推翻了长期统治人们思想的旧的落体学说，促进了科学的进步。

3. 矛盾律有独特的推理作用

根据矛盾律的要求，在同一思维过程中，一个思维及其否定不能同真，必有一假。所以，可以利用矛盾律确定在互相矛盾或互相反对的思想中必有一假（谁假不定，但必有一假）进行逻辑推理。如：甲乙丙三个同学同时做一道题，做完以后三人对了题，分别说了一句话：

甲说："我错了。"

乙说："甲对了。"

丙说："我对了。"

三人向老师请教，老师看了他们的答案，并听了他们的看法，说："你们有一人的答案正确，有一人的看法错误，根据逻辑规律，你们自己分析一下，谁的答案正确？谁的看法错误？"

分析以上可以看出，甲乙丙三人中，甲与乙的看法是矛盾的。根据矛盾律我们可知，二人的看法不能同真，必有一假，而老师已说只有一个人的看法错误。那么，丙说的一定是对的，而丙说"我对了"，正好说明丙的答案正确。而乙说"甲对了"正好是那个错误的看法。

矛盾律是思维的基本规律，它排除逻辑矛盾，引导人们正确思维。但有一点要注意，如果不是在同一时间、同一关系下，不是对同一对象，就构不成互相反对或互相矛盾的思想，因此，这样的情况并不违反矛盾律。

五、关于悖论

悖论是一个广义的范畴，原意是指似是而非的话语、自相矛盾的说法或一些奇谈怪论。它不仅包括现今意义上的悖论，而且包括一些历史上被人们发现的逻辑矛盾，甚至科学史上出现的辩证矛盾也被称之为"悖论"。

按照逻辑学的要求，在同一思维过程中，不能自相矛盾。而在逻辑史上，却有人提出一种命题，这种命题的真假情况很难明确表述，必然陷入自相矛盾中。对于这种情况，逻辑上称之为"悖论"。

其实，悖论是一个很古老的问题，在很久以前就一直困扰着数学和逻辑学。最早发现和提出问题的是古希腊麦加拉学派。他们提出了一个著名的"说谎者悖论"："我正在说的这句话是假的。"这样就会产生一个这样的问题，即：说自己说谎的人，他这句话是不是假的？回答这个问题就会得出悖论，如果他（指说谎者）所说的"我正在说的这句话是假的"这句话是真的，那么，可以推出这句话是假的；如果他所说的"我正在说的这句话是假的"这句话是假的，那么又可以推出这句话是真的。可见，悖论是这样一种命题，由这一命题真，可以推出它的假；由这一命题假，又可以推出它的真。

由于"说谎者悖论"的出现，引起了从中世纪开始的有关悖论的研究，但并没有取得实质性的进展。到了20世纪，英国数学家罗素提出了著名的"理发师悖论"后，人们才又重新看到悖论的研究价值，并较以前的研究有了长足的进步。"理发师悖论"是说：某村有个理发师，他规定："我只给那些不给自己刮胡子的人刮胡子。"那么，如果有人问他："你给不给自己刮胡子？"这个理发师将如何回答呢？

理发师给不给自己刮胡子，从理论上看只有两种可能，即给或不给自己刮胡子。看上去非常简单，但实际一分析你会得出两种相反的结论，这两种相反的结论正好是一对逻辑矛盾。具体地说，就是如果理发师不给自己刮胡子，那么，按照他的规定就应该给自己刮胡子。这就是说，从理发师不给自己刮胡子出发，必然推出理发师应该给自己刮胡子，这本身构成逻辑矛盾；如果理发师给自己刮胡子，那么按照他的规定，他就不该给自己刮胡子。因此，从理发师给自己刮胡子出发，必然推出理发师不应该给自己刮胡子。这本身也是逻辑矛盾。

关于悖论的实质问题，有人认为悖论是逻辑矛盾；有人认为悖论不是逻辑矛盾，而是辩证矛盾；也有人认为，悖论既不是逻辑矛盾，也不是辩证矛盾，而是介于逻辑矛盾与辩证矛盾之间的第三类思维矛盾。

关于悖论成因的分析也是异见纷呈。对悖论实质的看法不同，对悖论成因的分析也就不同。一般说来，大多数人同意的看法是：悖论语句（命题）都包含了两个断定，这两个断定又是否定的，如 A 与 O，E 与 I，悖论在断定全称的同时，又隐含地断定了特称，悖论实际上是把两者都肯定为真。古希腊的苏格拉底曾说："我们对世界上的一切断言都是假的"，同时又隐含了一个 O 命题"有的断言不是假的"，因为他说"我们对世界上的一切断言都是假的"本身也是一个命题，而这个命题是真的，只不过苏格拉底在做出全称断言时没有意识到与特称断言的矛盾罢了。所以，悖论的共同特征是断言涉及自身。因此避免悖论就要注意断言不能涉及自身。

也有人从语言层次上来避免悖论。他们认为，语言是多层次的，某一层次的语言不能在自身中讨论它的表达式的真假，必须在高一个语言层次的语言中进行讨论。

采用这种不"涉及自身"或分开语言层次的办法，都可以把形成悖论的两个方面区别开来，不作为同一思维过程来考察，自然就可以跳出矛盾律的逻辑制约范围，破除悖论的形成。像前面我们提到的"理发师悖论"，如果理发师加上"除我之外"就可以了。

关于悖论的意义，在 18 世纪以前，很多人把悖论看成诡辩或单纯的谬误，认为它只是诡辩家利用"文字游戏"向人类思维开了一个"严肃"的玩笑，把它当作茶余饭后的闲谈而不屑一顾。随着数学基础理论、数理哲学和逻辑学的发展，人们已开始认识到悖论在科学发展中的地位和作用，严肃认真地研究悖论，并领略到悖论的研究对数学基础理论、逻辑学、语言学、物理学和哲学研究的重大意义。

第四节 排中律

一、排中律的内容和公式

排中律的内容是：在同一思维过程中，两个相互矛盾的思想不能都假，必有一真。排中律的公式是：

A 或者非 A。

也可用符号表示为"$A \vee \neg A$"。

其中，A、非 A 代表两个互相矛盾的思想（指概念或命题），排中律要求在 A 与非 A 两者中，必须肯定其一是真的。因此，这个公式可表述为：

在同一思维过程中，如果 A 假，则非 A 真；如果非 A 假，则 A 真。A 与非 A 之中必有一个是真的，即要么 A 真，要么非 A 真，二者必居其一。例如：

"张三是作案者"与"张三不是作案者"

"这个人是自私的"与"这个人不是自私的"

"并非金属都是固体"与"并非金属都不是固体"

这三对命题是互相否定的。尽管每一对命题的类型和具体内容不同，但二者之间都不能同假，必有一真。若前一命题假，后一命题必真；若后一命题假，前一命题必真。如当"张三是作案者"为假时，"张三不是作案者"必然是真的，而当"张三不是作案者"为假时，"张三是作案者"必为真。可见，排中律并不解决"A"与"非A"哪个为真的问题，而只是说"A"与"非A"必有一真。

排中律的基本要求主要表现在以下两个方面。

（一）在概念方面的要求

在同一思维过程中，即在同一时间、同一关系下，就同一对象而言，或者是"A"，或者是"非A"，二者必居其一。

（二）在命题方面的要求

在同一思维过程中，对于同一对象所做的两个互相矛盾的命题，必须肯定其中一个是真的，若同时断定是假的，就违反了排中律。根据这一要求，在同一思维过程中，下例矛盾关系的命题不能同时加以否定。

① 性质命题对当关系中的矛盾命题：A与O，E与I。

② 模态命题对当关系中的矛盾命题：必然P与可能非P，必然非P与可能P。

③ 单称肯定命题与单称否定命题："某个S是P"与"某个S不是P"。

④ 正命题与负命题：简单命题与其负命题，复合命题与其负命题。

⑤ 逻辑方阵中，下反对关系的命题也是不能同假，必有一真的关系。所以，对下反对关系的命题也不能都加以否定，否则，就违反排中律。

例如，"甲公司有些人懂互联网"与"甲公司有些人不懂互联网"。当"甲公司有些人懂互联网"为假时，也就意味着"甲公司所有人都不懂互联网"，当然"甲公司有些人不懂互联网"就必然是真的。而当"甲公司有些人不懂互联网"为假时，也就意味着"甲公司所有人都懂互联网"，当然"甲公司有些人懂互联网"就必然是真的。但是，具有下反对关系的命题可以都是真的，如上例中该公司的实际情况刚好就是：有些人懂互联网而有些人不懂互联网。

二、违反排中律的逻辑错误

根据排中律的要求,在同一思维过程中,对于矛盾关系或下反对关系的思想,不能都加以否定。如果都加以否定,就违反排中律。违反排中律要求的逻辑错误叫作"两不可",即对两个相互矛盾的命题都否定。这种逻辑错误,是对互相矛盾的思想没能二者择其一造成的。从其表现形式上看有以下两种情况。

(一)对互相矛盾或具有下反对关系的命题都否定

在同一时间、同一关系下,对同一对象做出的具有矛盾关系或下反对关系的命题都加以否定的逻辑错误。如,有人说"可能有鬼",有人说"可能无鬼",我对这两种观点都不赞成,这种争论没有多大意思。"可能有鬼"和"可能无鬼"是两个下反对关系的命题,二者必居其一。同时否定,犯"两不可"的逻辑错误。

(二)对互相矛盾或具有下反对关系的命题即不肯定也不否定

这样的错误一般也把它称为不置可否的错误。在日常生活和工作中,常见的在是非、真假问题上不敢鲜明地表明自己赞成什么反对什么,而是含含糊糊,回避观望,这种"好好先生"的毫无原则的态度,以及在两种互相矛盾的意见之间需要做出决断而不做决断,却互相推诿、毫无责任心的官僚主义态度,从逻辑的角度来看,也属于违反排中律的模棱两可的错误。

三、正确理解和运用排中律

(一)区分排中律的"中"与唯物辩证法的"中介"

排中律的"中"与唯物辩证法的"中介"是不同的,不要把二者混同。

1. 含义不同

排中律的"中"是指思维过程中"是"与"否""真"与"假"的中间情况,这种中间情况不是客观存在,而仅仅是在人的思维过程中。唯物辩证法的"中介"是对客观世界普遍存在的中间环节的客观、正确的反映。也就是我们常说的中间环节。这种中间环节是真实的、普遍的，例如客观世界中确实存在着"不上不下""不左不右""不前不后""亦此亦彼""非此非彼"的现象，这就是唯物辩证法的"中介"。因此在我们应用过程中不能夸大排中律的作用。

2. 意义不同

"中"不是逻辑学的范畴，是表现那种影响思维明确性的虚构存在的状况，是排中律所要排除的对象，在"是"与"否""矛"与"盾"之中做出"非此即彼"的选择。"中介"是唯物辩证法的重要范畴，它揭示了客观事物的"亦此亦彼"的辩证性质，具有方法论意义。正确理解"中介"范畴，对于完整、准确地把握和运用对立统一规律有重要作用。

（二）正确理解排中律的本质

排中律是保证思维明确性的一条规则，它从思维不能"两否"的角度补充了矛盾律的内容，进一步保证思维具有明确性。

排中律在实际运用中不仅有助于消除思维中的两不可现象，保证思维的明确性，而且要求我们在真理与谬误、是与非面前旗帜鲜明，不能犹豫。而诡辩者和坚持错误的人总是回避在相互排斥的观点之间做出明确选择。我们运用排中律，就可以首先从逻辑上揭穿其诡辩手法，进而驳斥其观点的谬误。

我们不仅可以揭示对手的谬误，而且可以用排中律进行推理和论证，从正面阐述我们的观点。因为排中律是确认在同一思维过程中，两个互相矛盾或具有下反对关系的命题不能同假，必有一真，但到底哪个真不能确认，肯定有一个真的，也可能同真。所以，可以利用排中律进行推理和论证。

（三）运用排中律要注意以下几个问题

（1）若不是在"同一思维过程"的条件下，对两个互相否定的思想都加以否定，并不违反排中律。

（2）人们对于互相矛盾的命题，由于认识或客观实际的限制，暂时还不能分辨或回答，这种情况并不违反排中律。如，到底有没有UFO？我们现在既不肯定也不否定。这是大家都知道的事实。

（3）当某个复杂问语所隐含的命题不能成立或不能接受时，从而不用肯定或否定的方式来回答也不违反排中律。如有人问你"你现在还抽烟吗？"这句话中就隐含着另外一个命题，那就是"你以前抽烟"。无论你回答"是"或"不是"都得承认这个假定，这种问句，逻辑上称之为复杂问句。碰上一个复杂问句，当其中包含的那个假定是我们不能接受的时候，不要轻易回答，否则，就会陷入对方的圈套中。

（4）区分与矛盾律的不同

① 适用范围不同。矛盾律与排中律都针对两个互相矛盾的命题，但矛盾律还针对反对关系；而排中律是对下反对关系的。

② 内容不同。矛盾律指明"有假"，即指明两个互相矛盾或具有反对关系的命题，不能同真，必有一假；而排中律是指明"有真"，即指明两个互相矛盾或具有下反对关系的命题，不能同假，必有一真。

③ 违反要求的错误不同。不遵守矛盾律规则导致的错误是模棱两可；而不遵守排中律规则导致的错误是两不可。

④ 实际作用不同。矛盾律是由真推假；而排中律是由假推真。

第五节　充足理由律

一、充足理由律的内容和公式

充足理由律的内容是：在同一思维过程中，一个思想被断定为真，必须有其充足理由。所谓充足理由，是指在论证中，一是前提真实，二是推理形式正确。充足理由律的公式是：

A 真，因为 B 真并且由 B 能推出 A

公式中的 A 表示推断，B 表示理由，B 是真实的，并且 B 与 A 之间有内在的逻辑必然性，所以，B 是 A 的充足理由。

充足理由律是逻辑思维基本规律之一，是人类思维论证性的科学概括。所谓思维的论证性即思维的有根据性。人类认识的目的是认识和把握真理，宣传真理和使更多的人接受真理。在认识和把握真理、宣传和使人接受真理的过程中，总要研究和回答某一思想为真的充足理由。如果没有充足理由，一个思想就不能被断定为真。

充足理由律表现为理由和推断的关系，作为根据的命题叫理由，推出的结论叫推断，由根据（理由）推出结论（推断）表现了思维的逻辑必然性。正确的思维是有论证性的思维。我们通常所说的"摆事实讲道理""以理服人""言之有理，持之有故"等都体现了充足理由律。

根据充足理由律的内容，其逻辑要求具体表现在：第一，理由必须真实；第二，理由必须充足，即理由和推断之间有逻辑的必然联系。这些要求对于一个正确的论证来说，都是不可缺少的。只有满足了这些要求，思维、论断才有论证性和说服力。例如：

① 因为我们是共产党员，所以，如果我们有缺点和错误，就不怕任何人的批评。

② 小李一定能够把工作做好。因为他虚心地接受了大家的批评，放下包袱，没有精神负担，就一定能做好工作。

③ 因为他走路的样子很怪，所以，他一定不是好人。

例①中的理由不仅真实，而且理由与推断之间有逻辑上的必然联系，它们是充足理由。符合充足理由律的要求。

例②中的理由"放下包袱，就能做好工作"，不符合充足理由律的要求。因为"放下包袱"只是"做好工作"的必要条件。

例③中的理由"走路样子怪"是真实的。但它不能成为一个人好坏的充足条件，理由与推断之间无必然联系，因而是不符合充足理由律的要求的。

二、违反充足理由律要求的逻辑错误

（一）理由虚假

所谓理由虚假就是以主观臆造为根据，把根本不存在的虚命题作为理由。

（二）推不出来

所谓推不出来就是作为理由的命题虽然是真实的，但与推断之间没有必然的联系，从理由的真推不出论断的真。

例如，某同学说"这次考试我一定能通过，因为我这次信心足，家里人也都鼓励我，支持我"。这句话中，从"信心足，家人支持、鼓励"是推不出"考试一定能通过"的。因为它们之间没有必然的联系，违反了充足理由律的要求，犯了"推不出来"的逻辑错误。

造成理由与推断之间没有必然联系的原因是多方面的，比如，主观臆想、以偏概全、以人为据、违反推理规则等，都能导致"推不出来"的错误。所以，要求我们在实际生活中，学会认真分析，辨别真伪，少犯错误。

三、正确运用充足理由律

充足理由律对正确思维的要求有两点。

（一）理由要真实

作为理由的命题必须符合客观实际，否则，不能作为理由，这是由思维论证性的本质决定的。思维论证性的基础是科学性，与谬误、诡辩相排斥。当然，充足理由律并不能为人们提供真实理由，这是要由实践和具体科学来解决的。

（二）理由与推断之间要有联系

理由与推断之间应当具有推断关系，理由能够合乎逻辑地推出推断。

这两项要求对于正确思维来说，是缺一不可的。只有满足了充足理由律的这两条要求，才能使思维有论证性和说服力。

充足理由律主要是关于论证的逻辑规律，但由于论证是复杂的思维过程，是概念、命题和推理的综合运用。如果论证违反充足理由律，那么，就有可能是由于概念混乱，或命题虚假，或推理无效造成的；如果论证违反充足理由律，那么，就可能使论题和论据失去逻辑联系，或是命题不必然为真，或者不能获取明确的概念。因此，它同所有的逻辑形式，包括概念、命题、推理和论证都有关系，即使不是直接有关，也是间接有关。因而，可以说充足理由律具有普遍意义，对于任何一种逻辑形式都起作用。

逻辑思维的基本规律之间是有密切联系的，它们是从不同的角度反映思维确定性和论证性。思维的确定性是思维论证性的基础，思维论证性是思维确定性的引申和深化。同一律、矛盾律、排中律都是保证思维确定性的，它们从本质上基本是一致的。因为，同一律要求思维保持自身同一，表现了思维的确定性；矛盾律要求思维不自相矛盾，实质上是以否定的方式表现了思维的确定性；排中律要求在两个相互矛盾的思想中做出"非此即彼"的选择，还是表现了思维的确定性。这三条规律从不同的角度对思维的确定性提出了要求。充足理由律是思维论证性的保证。是前三条规律的必要补充，在前三条规律的基础上，保持概念和命题的确定性之后，还要求进一步指出命题与命题之间的联系具有必然性、论证性。实质上就是为从理由的真实性和推断的合逻辑性为思维确定性提供可靠的基础。

总之，四条规律是一个正确思维所必须遵守的基本条件。只有遵守这四条规律，才能做到概念明确、命题恰当、推理有逻辑性和论证有说服力，才能判定一个思想是否合乎逻辑。这是我们正确思维的必要条件，同时也是科学论证的有力工具。

第六节　逻辑思维基本规律知识在逻辑试题训练中的应用

一、例题讲解

例题 1　物理老师出一道题当堂考学生，题目是："一炉铁水凝结成铁块，它的体积缩小了三十四分之一。后来，铁块又熔化成铁水，体积增加多少？"

学生甲经过计算，回答道："熔化后的铁水的体积比铁块增加了三十三分之一。"

乙马上反对说："不对。同是一块铁。缩小的是三十四分之一，增加的是三十三分之一，不是自相矛盾吗？"

甲又说："不是我自相矛盾，而是你混淆了概念。"

请分析甲、乙两人谁是谁非。

[解题分析] 正确答案：甲的说法是对的，乙的说法是错的。

因为"增加"和"缩小"都是相对的概念。缩小三十四分之一，是相对于铁水凝结成铁块来说的；增加三十三分之一，是相对于铁块熔化为铁水说的。这样甲的说法并不自相矛盾；乙确实是混淆概念，因为他把"铁块增加"和"铁水缩小"这两个概念混同起来了。

例题 2 商业伦理调查员：XYZ钱币交易所一直误导它的客户说，它的一些钱币是很稀有的。实际上那些钱币是比较常见而且很容易得到的。

XYZ钱币交易所：这太可笑了。XYZ钱币交易所是世界上最大的几个钱币交易所之一。我们销售钱币是经过一家国际认证的公司鉴定的，并且有钱币经销的执照。

XYZ钱币交易所的回答显得很没有说服力，因为它_____。

以下哪项作为上文的后继最为恰当？

A. 故意夸大了商业伦理调查员的论述，使其显得不可信

B. 指责商业伦理调查员有偏见，但不能提供足够的证据来证实他的指责

C. 没能证实其他钱币交易所也不能鉴定他们所卖的钱币

D. 列出了XYZ钱币交易所的优势，但没有对商业伦理调查员的问题做出回答

[解题分析] 正确答案：D

XYZ钱币交易所未针对商业伦理调查员的问题作答，属答非所问，违反同一律。

例题 3 某对外营业游泳池更衣室的入口处贴着一张启事，称"凡穿拖鞋进入泳池者。罚款五至十元"。某顾客问："根据有关法规，罚款规定的制定和实施，必须由专门机构进行，你们怎么可以随便罚款呢？"工作人员回答："罚款本身不是目的。目的是通过罚款，来教育那些缺乏公德意识的人，保证泳池的卫生。"

上述对话中工作人员所犯的逻辑错误，与以下哪项中出现的最为类似？

A. 管理员：每个进入泳池的同志必须戴上泳帽，没有泳帽的到售票处购买。

　　某顾客：泳池中那两个女同志怎么没戴泳帽？

　　管理员：那是本池的工作人员。

B. 市民：专家同志，你们制定的市民文明公约共 15 条 60 款，内容太多，不易记忆，可否精简，以便直接起到警示的作用。

　　专家：这次市民文明公约，是在市政府的直接领导下，组织专家组，在广泛听取市民意见的基础上制定的，是领导、专家、群众三结合的产物。

C. 甲：什么是战争？

　　乙：战争是两次和平之间的间歇。

　　甲：什么是和平？

　　乙：和平是两次战争之间的间歇。

D. 甲：为了使我国早日步入发达国家之列，应该加速发展私人汽车工业。

　　乙：为什么？

　　甲：因为发达国家私人都有汽车。

[解题分析]　正确答案：B

工作人员属于转移话题来回避矛盾的错误，正与选项 B 中专家使用的手法相同。

例题 4　以下是一份商用测谎器的广告：

员工诚实的个人品质，对于一个企业来说至关重要。一种新型的商用测谎器，可以有效地帮助贵公司聘用诚实的员工。著名的 QQQ 公司在一次招聘面试时使用了测谎器，结果完全有理由让人相信它的有效功能。有 1/3 的应聘者在这次面试中撒谎。当被问及他们是否知道法国经济学家道尔时，他们都回答知道，或至少回答听说过。但事实上这个经济学家是不存在的。

以下哪项最能说明上述广告存在漏洞？

A. 上述广告只说明面试中有人撒谎，并未说明测谎器能有效测谎

B. 上述广告未说明为何员工诚实的个人品质，对于一个公司来说至关重要

C. 上述广告忽视了：一个应聘者即使如实地回答了某个问题，仍可能是一个不诚实的人

D. 上述广告依据的只有一个实例，难以论证一般性的结论

[解题分析] 正确答案：A

题干提出的论点是："完全有理由让人相信测谎器的有效功能"。而列举出的论据却是："有1/3的应聘者在这次面试中撒谎"。论据并非针对论题，转移了论点，违反了同一律。

例题5 在三班的一次语文考试中，何捷的成绩比小马好，小珍的成绩比丹丹差，所以何捷的成绩比小珍好。以下各项作为新的前提分别加入到题干的前提中，除了一项外，都能使题干的推理成立。

不能使推理成立的是哪一项？

A. 何捷的成绩和丹丹一样　　　B. 小马的成绩和丹丹一样
C. 小马的成绩比丹丹好　　　　D. 丹丹的成绩比小马好

[解题分析] 正确答案：D

解答此题有一个很简单的方法：从选择项中可以看出，C选项和D选项是互相矛盾的，则其中必然有一个是应选答案。如果选C，再加上题干"何捷的成绩比小马好"和"小珍的成绩比丹丹差"（也即"丹丹的成绩比小珍好"），可以推出"何捷的成绩比小珍好"，也就是说，选项C可以使题干推理成立，那么选项D必然不能使题干推理成立。因此，C不是应选答案。所以，应该选D。

例题6 王先生举办的生日晚宴有客人缺席，王先生说："小李、老赵、小潘和老马四个人中最多来了两人。"王太太说："亲爱的，我认为你说得不对，我认为你说的与实际情况不一样。"如果王太太说得不对，以下哪项不是真的？

A. 小李、老赵、小潘和老马四个人中最少来了两个
B. 小李、老赵、小潘和老马四个人都没来
C. 小李、老赵、小潘和老马四个人都来了
D. 除了小李、老赵、小潘和老马四个人以外，其他人都来了

[解题分析] 正确答案：C

根据题干"王太太的话不对"，即"我认为你说的与实际情况不一样"是不对的，那么，王先生的话是与实际情况一样的，即"小李、老赵、小潘和老马四个人中最多来了两人"是真的，四个人"最多"来了两个，意味着"不可能四个都来了"。但是允许"最少"来了两人，也允许"四个人都没有来"，因此，A、B、D可真。所以，应该选C。

例题 7 某珠宝店失窃，甲、乙、丙、丁四人涉嫌被拘审。四人的口供如下：

甲：案犯是丙。

乙：丁是罪犯。

丙：如果我作案，那么丁是主犯。

丁：作案的不是我。

四人口供中只有一人是假的。如果以上断定为真，则以下哪项是真的？

A. 说假话的是甲，作案的是乙

B. 说假话的是丁，作案的是丙和丁

C. 说假话的是乙，作案的是丙

D. 说假话的是丙，作案的是丙

[解题分析] 正确答案：B

乙和丁的口供矛盾，根据矛盾律，其中必有一假。四人口供中只有一假，所以，甲和丙口供是真的。甲口供真，作案者为丙，加上丙的口供，根据充分条件假言推理肯定前件式，丁也是作案者，由此也断定乙和丁中，丁讲假话。

例题 8 一个月了，这个问题时时刻刻缠绕着我，而在工作非常繁忙或心情非常好的时候，又暂时抛开了这个问题，顾不上去想它了。

以上的陈述犯了下列哪项逻辑错误？

A. 论据不足 　　　　　　B. 循环论证

C. 偷换概念 　　　　　　D. 自相矛盾

[解题分析] 正确答案：D

题干中一方面说"时时刻刻缠绕着"，又说"暂时抛开"，是比较明显的自相矛盾。

例题 9 甲乙两人就"人的有意识的活动是否都是有目的的"这一论题展开辩论。甲认为，人有意识的活动都是有目的的，乙持相反的观点。为证明自己观点的正确性，乙说："我现在就可以有意识地但却无目的地举起我的手。"

乙的证明犯了下述哪项错误？

A. 模棱两可 　　　　　　B. 两不可

C. 自相矛盾 　　　　　　D. 以偏概全

[解题分析] 正确答案：C

答案想告诉我们的是:"有意识地"与"有目的地"是一回事,所以"有意识地"同时"无目的地"是自相矛盾的说法。乙声称其举手是"无目的"的,但是事实上"要证明自己观点的正确性"正是他举手的"目的"——因而与其声称的"无目的"恰好矛盾。

例题 10 具有高效发动机的天蝎座节油型汽车的价格高于普通的天蝎座汽车。以目前的油价计算,购买这种节油型车的人需要开 6 万公里才能补足买普通型汽车的差价。因此,如果油价下跌,在达到不盈不亏之前就可以少走一些路。

以下哪一项论证中的推论错误与上文中的最相似?

A. 真实的年储蓄利率是由年储蓄利率减去通货膨胀率而成的,所以,如果通货膨胀率下降,在真实储蓄利率不变的情况下,储蓄利率也要降低相同的比例

B. 对食品零售店来说,与 A 牌冰箱相比,P 牌冰箱能为高价的冰冻食品提供一个恒定温度,尽管 P 牌冰箱的耗电量较大,但出售高价食品却能获得更多的利润。因此,如果电价下降,卖较少量的高价食品就可证明选择 P 牌冰箱是正确的

C. 用 R 牌沥青比用价钱较低牌号的沥青能使修路工人用更短的时间修完 1 公里损坏的公路。尽管 R 牌的价格较高,但减少施工人员所省下的钱是可以补足沥青价格差异的,所以,在平均工资低的地方,选择 R 牌沥青更有优势

D. 改良过的北方苹果树结果更早,存活期更长。原来的苹果树虽然结果较大,但需要较大的种植间距,所以,新种植的苹果树应全部是改良种

[解题分析] 正确答案:C

本题论证属于自相矛盾。油价下跌,节油省下来的钱就少了,要弥补购车的差价,则要多走路而不是少走路。选项 C 也同样犯了自相矛盾的逻辑错误。

例题 11 有一块空地可以种庄稼,甲、乙两人讨论这块地种什么庄稼好。甲一会儿说应该种小麦,一会儿又说不应该种小麦。针对甲的说法,乙说:"你的两种意见,我都不同意"。试分析甲、乙两人犯了什么逻辑错误。

[解题分析] 甲的说法违反了矛盾律的要求,犯了"自相矛盾"的错误,因为他同时断定了这块空地"应该种小麦"和"不应该种小麦"这两个相互矛盾的命题。针对甲的说法,乙的说法违反了排中律的要求,因为排中律认为两个互相矛盾的命题不能同假,而乙恰好断定上述两个命题都是假的。

例题 12 甲："你认为《末代皇帝》拍得好吗？"

乙："我认为不算好。"

甲："那就是说，你认为坏了？"

乙："不，我并没有说坏。"

甲："说不好就是坏！"

下面哪个选项不可能是对甲、乙对话的正确评价？

A. 甲问话的用意是要求乙做出一个肯定的、明确的答案

B. 乙的回答前后矛盾

C. 甲没有把握乙的两次回答的真谛

D. 在乙看来，《末代皇帝》拍得一般

[解题分析] 正确答案：B

在好与坏之间还存在着中间的情况，即既不好也不坏的"一般"情况。排中律只要求在不能都假，其中必有一真的命题中肯定一个是真的，而"好"与"坏"两种事物情况却可能都是假的，所以，乙没有从中肯定一个并没有违反排中律。乙的回答更谈不上是前后矛盾，因此，选项 B 不可能是对甲、乙对话的正确评价。而甲在对话中采取了"好"与"坏"必有一个为真的标准，犯了"非黑即白"的逻辑错误。所以，正确答案是 B。

例题 13 甲：你后来追上她了吗？

乙：既不是追上，也不是没有追上，实际情况是，我根本不曾追过她。（分析乙的讲法有没有违反逻辑规律？为什么？）

[解题分析] 乙的说法没有违反逻辑规律中的排中律。因为，甲的问话是一种"复杂问话"，其中隐含一个预设"乙曾经追过她"。乙为了摆脱这一语言陷阱，可以这样回答。

二、同步练习

1. 在驳斥一种错误的论题时，可以不必直接证明其错误，而只要把与之相矛盾的另一论题的真实性证明之后，根据（　　），就可推出它是假的。

A. 同一律　　　B. 矛盾律　　　C. 排中律　　　D. 充足理由律

2. 假如我们对"气体流动的速度增加，则它的压力必然降低"和"气体流动速度增加而它的压力可能不降低"这两个命题都加以否定，则（　　）。

A. 违反排中律的逻辑要求

B. 违反矛盾律的逻辑要求

C. 违反同一律的逻辑要求

D. 不违反以上三条逻辑规律的要求

3. "我认为实践是检验真理的唯一标准，同时，我认为马克思主义理论也同样是检验真理的标准"，运用逻辑规律的知识分析，这段议论（　　）。

A. 犯"偷换论题"的错误　　　　B. 犯"偷换概念"的错误

C. 犯"自相矛盾"的错误　　　　D. 犯"两不可"的错误

4. "我认为 B 京剧团所有的演员都是北京人，我也认为 B 京剧团所有的演员都不是北京人"，以上的议论（　　）。

A. 违反同一律的逻辑要求

B. 违反矛盾律的逻辑要求

C. 违反排中律的逻辑要求

D. 并不违反以上三条逻辑规律的要求

5. 违反矛盾律要求的错误的表现是：在同一思维过程中，（　　）。

A. 对具有矛盾关系的两个命题都加以否定

B. 对具有反对关系的两个命题都加以否定

C. 对具有矛盾关系的两个命题都加以肯定

D. 对具有下反对关系的两个命题都加以肯定

6. 下列逻辑错误属于违反同一律要求的是（　　）。

A. 偷换概念　　　B. 模棱两可　　　C. 推不出　　　D. 预期理由

7. 下列各组中违反普通逻辑基本规律的有（　　）。

A. 非 SAP 并且非 SOP　　　　B. 非 SAP 并且非 SEP

C. SOP 并且 SIP　　　　　　D. SAP 并且非 SOP

8. "现在不是强调改革开放吗？就是说可以随便改、任意干"这段议论（　　）。

A. 违反同一律的要求　　　　B. 违反矛盾律的要求

C. 违反排中律的要求 　　　　　D. 不违反普通逻辑基本规律的要求

9. "现在不是强调实现自身价值吗？那就是强调个人利益高于一切"这段议论（　　）。

　　A. 违反同一律的要求 　　　　　B. 违反矛盾律的要求
　　C. 违反排中律的要求 　　　　　D. 不违反普通逻辑基本规律的要求

10. 断定 SIP 真，又断定 SOP 真，则（　　）。

　　A. 违反同一律 　　　　　　　　B. 违反矛盾律
　　C. 违反排中律 　　　　　　　　D. 不违反逻辑基本规律

11. 既断定 SAP 假，又断定 SEP 假，则（　　）。

　　A. 违反同一律 　　　　　　　　B. 违反矛盾律
　　C. 违反排中律 　　　　　　　　D. 不违反普通逻辑基本规律

12. 既断定 SIP 真，又断定 SOP 真，则（　　）。

　　A. 犯了"偷换论题"的逻辑错误 　　B. 犯了"自相矛盾"的逻辑错误
　　C. 犯了"两不可"的逻辑错误 　　　D. 没犯任何逻辑错误

13. 既断定必然 P 真，又断定可能非 P 真，则（　　）。

　　A. 犯了"偷换论题"的逻辑错误 　　B. 犯了"自相矛盾"的逻辑错误
　　C. 犯了"两不可"的逻辑错误 　　　D. 没犯任何逻辑错误

14. 既断定必须非 P 真，又断定禁止 P 真，则（　　）。

　　A. 违反同一律 　　　　　　　　B. 违反矛盾律
　　C. 违反排中律 　　　　　　　　D. 不违反普通逻辑基本规律

15. 若两个命题的变项完全相同，常项完全不同，则这两个命题（　　）。

　　A. 可同真，可同假 　　　　　　B. 可同真，不同假
　　C. 不同真，可同假 　　　　　　D. 不同真，不同假

16. 下列断定中违反矛盾律要求的是（　　）。

　　A. 同时肯定"必然 P"和"可能 P"
　　B. 同时肯定"必然 P"和"必然非 P"
　　C. 同时肯定"必然非 P"和"可能非 P"
　　D. 同时肯定"可能 P"和"可能非 P"

17. 下列各组断定中既不违反矛盾律又不违反排中律的是（　　）。

A. 同时肯定 SAP 和 SEP B. 同时否定 SAP 和 SEP
C. 同时肯定 SIP 和 SAP D. 同时否定 SIP 和 SOP

18. 矛盾律的适用范围是（　　）。

A. 具有反对关系的命题 B. 具有差等关系的命题
C. 具有下反对关系的命题 D. 具有等值关系的命题

19. 排中律的适用范围是（　　）。

A. 具有反对关系的命题 B. 具有差等关系的命题
C. 具有等值关系的命题 D. 具有矛盾关系的命题

20. 假如我们对"如果降落的物体不受外力的影响，它就不会改变降落的方向"和"降落的物体不受外力的影响，但是改变了降落的方向"这两个命题都加以肯定，则（　　）。

A. 违反了排中律的要求 B. 违反了矛盾律的要求
C. 违反了同一律的要求 D. 不违反普通逻辑基本规律

21. 下列逻辑错误中，违反同一律要求的是（　　）。

A. 推不出 B. 自相矛盾
C. 偷换概念 D. 两不可

22. "说'有些事物不包含矛盾'，这显然是不对的，但说'所有的事物都包含矛盾'，也是不对的。"这段议论违反了普通逻辑基本规律中的（　　）。

A. 同一律 B. 矛盾律
C. 排中律 D. 充足理由律

23. 假如我们对"如果降落的物体不受外力影响，它就不会改变降落的方向"和"降落的物体不受外力的影响，但是改变了降落的方向"这两个命题都加以否定，则（　　）。

A. 违反了矛盾律的要求
B. 违反了排中律的要求
C. 既不违反矛盾律的要求，也不违反排中律的要求
D. 违反了充足理由律的要求

24. 若既肯定 ¬SAP，又肯定 ¬SEP，则（　　）。

A. 违反同一律 B. 违反矛盾律

C. 违反排中律　　　　　　　　D. 不违反逻辑的基本规律

25. 元宵夜，夫人欲出去观灯。丈夫道："家中已点灯了。"夫人答："不仅观灯，且观人。"丈夫怒叫道："我是鬼吗？"

上述议论中出现了什么谬误？（　　）

A. 转移论题　　　　　　　　B. 自相矛盾
C. 偷换概念　　　　　　　　D. 论据不足

26. 军训最后一天，一班学生进行实弹射击，几位教官谈论一班的射击成绩。

赵教官说："这次军训时间太短，这个班没有一个人的射击成绩会是优秀。"

钱教官说："不会吧，有几个人以前训练过，他们的射击成绩会是优秀。"

孙教官说："我看班长或者体育委员能打出优秀成绩。"

结果发现三位教官只有一人说对了。由此可以推出以下哪一项肯定为真？（　　）

A. 全班所有人的射击成绩都不是优秀
B. 班里有人的射击成绩是优秀
C. 班长的射击成绩是优秀
D. 体育委员的射击成绩不是优秀

27. 关于某一刑事案件有以下四个断言：

① 有证据表明陈明没有作案；

② 作案者或者是王亮，或者是陈明，或者是李同；

③ 也有证据表明王亮没有作案；

④ 电视画面显示：在案发时，李同在远离案发现场的一个足球赛的观众席上。

下面哪一项是关于题干中四个断言的正确描述？（　　）

A. 从上述断言可以推出：只有一个作案
B. 上述断言中至少有一个是假的
C. 从这些断言可以推出：表明王亮没有作案的证据是假的
D. 李同肯定不在该足球赛的观众席上

思考题

1. 什么是逻辑学基本规律？主要包括哪几条？其客观基础是什么？

2. 同一律的基本内容和要求是什么？违反同一律的逻辑错误有哪些表现？同一律的作用是什么？

3. 矛盾律的基本内容和要求是什么？违反矛盾律的逻辑错误是什么？

4. 排中律的基本内容、要求和作用是什么？违反同一律的逻辑错误是什么？

5. 什么是充足理由律？它与同一律等三条规律有何联系与区别？

6. 排中律和矛盾律有何区别？同一律、矛盾律和排中律有何联系？

09

第九章

论证

第一节 论证的概述

一、论证及其特征

（一）论证的含义

论证是根据已知为真的命题确定某一命题真实性或虚假性的思维形式。

论证是概念、命题、推理等的综合运用。论证这种思维形式几乎贯穿于我们人类的每一个客观实践活动。无论是科学研究还是日常生活都会涉及，就像我们知道的每一次科学的证实与证伪、生活中常识的认同与否定，都离不开论证。

例如，我们经常说："教师就应当受到社会尊敬，因为教师是人类文化的传播者。如果没有教师，如果教师得不到社会应有的尊敬，人类的文化知识财富无法继承。"

有人说，自然科学是有阶级性的。这是不对的，自然科学研究的对象是自然界，它的理论、观点、学说、定理以及一切法则，都是自然运动规律的本质联系的反映，因此，就自然科学本身来说，是没有阶级性的。如果自然科学有阶级性的话，那么无产阶级和资产阶级关于使用电灯的原理技术应该截然不同，显然这是极其荒唐的。

上面两句话分别证明和反驳了两个命题，这就是我们所说的论证。

（二）论证的结构

任何一个论证都是由论题、论据和论证方式三个要素构成的。

1. 论题

论题就是通过论证要确定其真实性或虚假性的命题。回答的是"论证什么"。如上例中第一句中的"教师就应当受到社会尊敬"和"自然科学有阶级性,这是不对的",这就是论证的论题。在议论文中,人们通常称论题为论点。

但是,有一个问题需要注意,那就是论题和文章的标题不同。论题是一个命题,是一篇文章所要阐明的基本观点或主题;标题是文章的命名、题目。有的文章的标题和论题是一致的,有的则不一致。文章的标题与论题不一致的情况是复杂多样的。有的点明文章所要讨论的对象,有的指出文章出现的场合和性质,有的用疑问句提出问题,有的引用典故,有的借题发挥,有的干脆标一个"无题",等等。在这种情况下,就需要分析全文,概括出论题。

论题一般有两类:一类是已被事实或科学原理确证其真实性或虚假性的命题。其论证的作用在于传授知识,宣传真理,使人确信某个论题的真实性。如,教师在讲课时对科学定理、科学命题的论证,理论工作者对马克思列宁主义、毛泽东思想的论证等。另一类论题是未被事实或科学原理证明其真实性或虚假性的命题,即是尚待证明的命题。其论证的目的在于探索论题的真实性和虚假性,如对某些科学假说的论证。

因此,论题所要回答的是"论证什么"的问题,它是论证的核心,整个论证都必须围绕它展开。

2. 论据

论据就是据以确定论题真实性的命题,即论题赖以成立的依据或理由。它所回答的是"用什么来论证"的问题。上边例子中的"因为教师是人类文化的传播者""自然科学研究的对象是自然界……都是自然运动规律的本质联系的反映"等等,就是论据。可作为论据的有两类命题:一是已经被证明为真的科学原理,如科学定义、公理、定理等;二是用事实表明的科学原理,也叫事实论据,俗语讲,"事实胜于雄辩"。这也是我们常说的"摆事实、讲道理"。论证其实就是摆事实、讲道理的过程。在实际论证过程中,人们常把这两类论据结合起来运用,以增强论证的效果。

论据必须具有下列特征。第一,论据和论题有内在的、本质的、客观的联系,而不是现象的、偶然的、主观臆想的联系，甚至毫无联系。例如，明人冯梦龙编的《古今谭概》里有一则小故事，大意是说：丹徒一位姓靳的内阁大学士的儿子不成材，但他的儿子的儿子（即孙子）却考中了进士。这位大学士常常督促责备他的儿子，可是他的儿子却回答说："您的父亲不如我的父亲，您的儿子不如我的儿子，我有什么不成材的呢？"在这则小故事中把"您父不如我父，您儿不如我儿"作为论据来证明他自己本身成材显然是荒谬的，由于论据和论题之间缺乏必然联系，所以，论据不能必然证明论题。第二，论据必须具有整体性和充足性，才是论题的充足理由。如果以论据中的局部代替整体性，或将必要条件混同为充分条件，就都犯"论据不足"的逻辑错误。如，仅根据某人勤奋好学就断定他肯定会取得好成绩，就是犯了"论据不足"的错误。勤奋好学还必须加上方法对头及各种智力、非智力因素等，才能构成取得好成绩的充足理由。

3. 论证方式

论证方式是指论据与论题之间的联系方式，即论证中所运用的推理形式，是论证的手段，是论证得以进行的保证。它所回答的是"怎样用论据来论证论题"的问题，即如何将论题和论据联结起来，由论据推出论题。

任何论证方式都是某种或某几种推理形式的具体运用。它可以只由一个推理充当，也可以由多种或多个推理充当。例如，价值规律是不以人的意志为转移的。因为价值规律是客观规律，不管人们是否认识它，是否喜欢它，它都存在着并起着作用。这个论证中就只用了一个三段论推理。

根据证明中所运用的推理形式不同，可以把全部论证分为演绎论证、归纳论证和类比论证。演绎论证是用一般性的原理来论证特殊性或个别性的结论，其中运用的是演绎推理；归纳论证是用个别性的前提来论证一般性的结论，其中运用的是归纳推理；类比论证是运用类比推理形式所进行的论证。论证往往比推理更为复杂，一个论证中往往包含着几个甚至许多推理。如果在一个论证中，即使用了演绎推理，又使用了归纳推理或是类比推理，那么这个论证就是一个综合论证。

论证方式不同于论题和论据。论题和论据反映的是思想内容，而论证方式是思维形式，或称逻辑形式；论题和论据有真假之分，而论证方式却只有对错之分；

论题和论据是具体的、外现的，而论证方式是含而不露的。原因在于，论证方式并不独立存在于论题和论据之外，而是以隐含的形式存在于论题和论据之中，它体现了如何从论据推出论题。因此分析论证方式就是分析论证过程中采用了何种推理形式。

要做到正确分析一个论证的论证方式，就需要在熟练掌握各种推理形式的基础上，正确把握论据和论题之间的逻辑联系。必要时，可在不改变原文内容的原则下，将不规范的语言表达形式变成典型的逻辑表演式，以便直观了解。

（三）论证的种类

论证有两种：证明和反驳。

证明是引用已知为真的命题来确定某一命题的真实性的思维过程。

反驳是引用已知为真的命题来确定某一命题的虚假性或对它的证明不能成立的思维过程。

证明和反驳都叫作论证。

证明和反驳在论证过程中是互相联系的，前者即所谓的"立"，后者即所谓的"破"，二者是论证过程中对立统一着的两个方面。二者是对立的，因为它们有差异性，证明是确定某一命题之真，直接证明真理，而反驳是断定某一命题之假，直接批判谬误，二者的目的不同，形式各异，各有特性，互相区别。二者又是统一的，因为二者有同一性，证明中有反驳，反驳中有证明。证明某一命题，就是反驳与之相否定的命题；而反驳某一命题，又是证明与之相否定的命题。证明与反驳在论证过程中经常交互使用，在具体论证过程中，有时以证明为主，反驳为辅，有时又以反驳为主，以证明为辅，总是有主有次，交互使用，以达到批驳谬误，捍卫真理的目的。

可见，论证有它的一般形式——证明，也有特殊形式——反驳。证明是立论文的逻辑基础，反驳是驳论文的逻辑基础。

在科学研究和实践活动的许多场合，论证活动是一项艰巨而复杂的思维过程，有的需要许多人经过几十年甚至几百年的努力才能完成。

像哥德巴赫猜想，从1742年提出至今已经两百多年了，但依然未果，还要进行更加艰苦细致的论证，可能还会等待很久。

还有一些论证，已经经过艰巨的证明过程而确定，像中国的长江三峡工程历经半个世纪的论证，从1919年孙中山先生提出到1947年国民党政府为了内战而被迫中止，再到1986年的中国共产党和政府大规模的论证，最终于1990年，以403票对9票通过了412位专家组成的40个专业和14个小组提交的论证报告，才使三峡工程得以实施。这个论证经过了半个多世纪总算有了结果，但是这仅仅是理论证明，最终还要等待实践的检验，因为在历史上类似三峡工程的水利工程如埃及的阿斯旺水坝，虽然也是经历了数以百计的专家论证，但在实际中与人们当时的论证相去甚远，这从反面也告诉我们论证仅仅是一种逻辑思维过程，不能以理论代替实际，保证论证更加接近实际的科学手段就是要保证在论证过程中科学地提出论点、论据，使用正确的推理形式，这样才能使我们的论证更加有科学性和实用性，也会更有力地指导人们的实际工作。

（四）论证的特征

论证是借助推理进行的，因此，通常称之为逻辑论证。其主要特征有两点。

（1）必须应用推理。

（2）论证中的推理前提必须真实。

不具备这两个特征，就不是论证。因此，逻辑论证是综合运用思维形式及思维规律的过程，属于主观思维活动，它所获得结论的真实性是否与客观实际相符，只靠逻辑论证本身不能解决。所以，逻辑论证虽然能帮助人获得真实性的认识，但它本身不能成为检验真理的标准。正如上面所提到的长江三峡工程项目一样，最终的结果，即三峡工程是否像人们论证的那样可以对中国今后的方方面面都起到相当的积极作用，还有待于最终的实践效果。这就是我们下面要说的实践证明。

实践证明是通过观察或实验等实践活动获得的实际材料来确定某个认识的正确性。如，你要知道梨子的滋味就可以去尝一尝。要知道某物是热还是冷，就可以去摸一摸。人们预定的思想、理论、计划、方案是否符合实际，通过人们的社会实践就可以得到证明。这些证明都不必应用已知的推理形式，它们依据的是事实。事实总是最有力的鉴定。

逻辑论证和实践证明是有区别的，区别如下。

（1）逻辑论证是综合地运用概念、命题和推理以及逻辑规律的思维活动，属于抽象的复杂的意识形态的范畴，是在人的思想和思维中进行的；实践证明则属于社会实践范畴，它存在于客观世界中，是人在社会实践过程中进行的。

（2）逻辑论证所确定的是命题之间的联系，或者说是知识之间的联系，并且这种联系是通过推理来实现的；实践证明是将人的主观智慧接受实践的检查和考验，是知识应用到客观世界的过程，不能靠推理来完成。所以，是否运用推理，是逻辑论证和实践证明的最显著的区别。

（3）逻辑论证虽然在确认认识的真理性上以及在论证科学原理、建立科学理论体系上具有极其重要的作用，但它终究是停留在人的意识和思维当中，是一种理想状态，是否成功还要靠实践的检验。所以逻辑论证不能代替检验真理的标准，实践才是检验真理的唯一标准。

逻辑论证和实践证明是有联系的，联系如下。

（1）在具体证明过程中，两者不是绝对排斥、截然对立的。他们是互相辅佐、交替存在着的。有些时候逻辑论证往往需要实践证明，而在复杂的实践证明中，也需要辅之以逻辑论证，二者总是相伴而进行的。

（2）逻辑论证是在实践证明的基础上发展起来的。逻辑论证的两个条件，即真实的论据和正确的论证方式，都是通过实践来证明的。逻辑论证在这两方面对实践证明的依赖性也就决定了二者之间不可分割的联系。

在了解了逻辑论证与实践证明之间的相互关系后，还有一个问题需要知道，那就是推理与论证的关系。通过了解这个方面，也可以更清晰地知道论证的特征。与上面所提到的逻辑论证与实践证明一样，推理与论证是密切相关的，联系如下。

（1）论证离不开推理。人的思维过程可以说是论证的过程，但是每一次论证都要依靠推理这种思维形式来完成，因为推理是为论证服务的，只有借助推理，论证才得以进行，论据与论题的逻辑联系才能被确定。而推理的真实前提，常常是经过论证的。

（2）论证结构与推理形式有密切的相关性。一个简单的论证结构，就是一个前提和结论的顺序被颠倒的推理结构。论题相当于推理的结论,论据相当于推理的前提,论证方式相当于推理形式。

例如,某人的行为不是犯罪行为(论题),因为凡犯罪行为都具有社会危害性(论据);而某人的行为不具有社会危害性(论据)。

这个论证结构恰好就是一个颠倒了前提和结论的顺序的推理结构:

<u>凡犯罪行为都具有社会危害性(大前提)</u>
<u>某人的行为不具有社会危害性(小前提)</u>
所以,某人的行为不是犯罪行为(结论)

(3)论证和推理都是根据命题间的真假关系进行推演的,都要遵守逻辑规律、规则或要求。

论证与推理同样是有区别的,区别如下。

(1)从思维目的看,论证的目的在于运用真实命题来确定论题的真实性(或虚假性);推理的目的是从已知推出未知,从而获得新知识。

(2)从思维进程看,论证是先有论题,然后再引用论据和选择论证方式;推理是先有已知前提,然后再根据推理形式由前提推出结论。

(3)从已有的命题看,论据的根据必须是已确定为真的命题,虚假的命题是不能出现的。而推理的前提只要是已知的命题,无论真假都是可以的。所以,论证必是前提真实的推理过程,而推理不一定是论证过程。

(4)从前提和结论的联系看,论证的论据与论题之间必须具备必然性的联系,有时虽然也附有或然性的联系作为辅助性的联系,但是它都能够起到由论据推出论题的保证作用;推理的前提和结论之间,不必必然的具有必然联系,既可以是必然性联系,也可以是或然性的联系。前提对得出的结论也没有必然的保证。

(5)从逻辑结构的复杂程度看,论证远比推理复杂,它是一种复合式的推理过程。论证不但要运用各种推理形式,而且往往是由一系列的不同推理形式组成。而从推理形式和过程来看,即使是最复杂的推理,比如直言三段论的复合式、二难推理复杂构成式等,也不过就是一个推理形式。

(6)从推理和论证错误的原因看,推理中的逻辑错误是单一或是唯一的,因为任何推理错误总是由推理形式违反推理规则而引起的,所以只要遵守推理规则就可以避免和解决。而论证中的逻辑错误则是多方面的，它在论题、论据和论证方式三个方面都可能出现。而论题与论据的错误与推理形式无关，在这三个方面中只有论证方式的错误才是因为违背了推理的规则而引起的。

二、论证的作用

论证是理性认识中重要的一种思维形式，它是人的认识从理性认识回到实践的中间环节。论证自始至终存在于人认识的客观世界和人自身的实践活动中，论证在人们的科学研究和日常生活中都起着非常重要的作用，同时论证水平的高低也是科学和思维成熟、发展水平的重要标志，对论证程序的不断完善和在其中表现出来的逻辑严谨性，也会促进科学和思维的进步和发展。

① 逻辑论证作为人类思维的理性认识，是人们在一般认识基础上获得新知的手段。

② 论证对科学体系的完善和构成起到重要的作用。人们对已被实践证实的一些科学命题可能只能看到表象并不了解它的本质，也就是我们所说的知其然不知其所以然。通过论证可以揭示命题之间的逻辑联系，明确提示如何发生和发展的，这样就能从整体结构和本质上把握命题的性质、地位和作用。实验科学的建立过程一般是先有经验的断定，而后加以理论上的论证。社会科学的建立也经历了上述过程。我们必须明白任何科学之所以成为科学必须要经过论证这一环节。

③ 论证是做出科学假说的重要手段。科学理论的重要职能就是做出科学预见。科学发展的进程就是人们不断利用已经掌握的科学规律进行复杂的论证与推断，从而得到预见性和指导性的知识，引导进一步的探索。

④ 论证是传播真理、传授知识、反驳谬误和诡辩的重要手段。很多命题的真理性是不容置疑的，它们的真实性早已得到论证和实践检验。但是由于人们认识上的个体差异性，就会使真理性的知识在不同的时间、场合等，要不断地进行论证，以便使人明白和了解，这就是知识的传导过程。在我们与人争论时，也要不断地论证自己的观点就是论题，才能做到"以理服人"

和"令人信服"。同时在反驳谬误和诡辩时，没有充分的论证也是不能揭穿其实质的。

第二节　证明

一、什么是证明

证明就是用已知为真的命题来确定某一命题真实性的思维形式。证明是论证的一种形式，其任务是证明真理。像数学、物理、化学等定理的得出，就是非常典型的证明。所有的证明都非常明确地告诉人们"什么是什么"，使人一目了然，得出新知或再次验证已往的经验。

二、证明的结构

证明是论证的一个种类，因而它必具有一个论证所包含的三个部分，即：论题、论据和论证方式。

三、证明的方法

按照不同的标准，证明的方法可做两种不同的分类。

（一）演绎证明方法、归纳证明方法和类比证明方法

根据证明所用的推理形式的不同，证明方法可分为演绎证明方法、归纳证明方法和类比证明方法。

1. 演绎证明方法

演绎证明方法是运用演绎推理所做的证明。即根据一般原理证明某一特殊论

断真实性的方法。用作论据的可以是科学原理、定理、定律，也可以是一般性的真实命题。

例如：

　　有价值的戏剧是有价值的文艺作品
　　有价值的文艺作品能培养人们崇高的品德
　　培养人们崇高品德是社会主义建设所必需的
　　————————————————————
　　所以，有价值的戏剧为社会主义建设所必需的

这就是一个演绎推理的形式，通过这个连锁式推理形式证明了"有价值的戏剧为社会主义建设所必需"。

2. 归纳证明方法

归纳证明方法是运用归纳推理进行证明的方法，即根据个别或特殊性的论断来证明一般性原理。

归纳证明方法结论的真实性和有效性会因归纳推理的形式不同而不同。我们在前面的介绍中已经罗列了归纳推理的不同形式。在对象有限的情况下，运用完全归纳推理形式，证明方法的真实性和有效性是必然的，因为，完全归纳推理的要求就是前提真且完备，那么结论必真。

各种不完全归纳推理是或然性的推理，其结论的可靠性是不确定的。因此，如果证明中使用了不完全归纳推理形式，就必须要证明这个结论是否真实有效。简单枚举归纳推理的结论是或然的，在使用简单枚举归纳推理进行证明时，要明确这种证明的有效性是靠不住的。因为这种方法不能完全有效地确定论题的真实性，只能给予某种程度的证据支持。不过当我们运用简单枚举归纳推理进行证明时，只要所选用的论据典型充分，那么，这样的证明仍可以有一定的说服力。毫无疑问运用科学归纳推理进行证明，只要认真科学地揭示现象间的因果联系，这种证明的结论就是真实有效的。

在运用归纳论证方法时，要掌握大量的经验材料，经过科学合理的分析，能够保证用真实的论据来论证论题的真实性。在这个过程中要用全局和系统的观点来分析问题，不能片面地、局部地、就事论事地来简单看待，如果这样做就会导

致结论的无效。

所以，只要论据真实，运用演绎推理、完全归纳推理和科学归纳推理的归纳证明方法，是能够确保论题的真实性的，这种证明方法可以称之为严格的证明方法。而同样在论据真实的条件下，运用简单枚举归纳推理的证明方法则不能确保论题的真实性，这种证明方法可以称之为非严格的证明方法。

3. 类比证明方法

类比证明是运用类比推理进行证明的方法，即根据两个或两类对象在一些属性上相同或相似来证明某一个或某一类或然命题真实性的方法。

类比证明方法适用范围较窄，它只能用来证明可能模态命题的真实性，而不能用来证明其他种类命题的真实性，这是由于类比推理的结论只能是可能模态命题这一性质所决定的。

在证明同一个论题过程中，往往交替使用演绎证明、归纳证明或类比证明，这样的证明过程能保证论证严密和具体。

（二）直接证明方法和间接证明方法

根据证明过程是否借助于反论题这一逻辑中介，证明方法可分为直接证明和间接证明方法。

1. 直接证明方法

直接证明方法就是用论据从正面直接推出论题的真实性的证明方法。直接证明方法的特点是不借助于反论题这一逻辑中介。

直接证明的过程是：

论题：A

论据：B、C……

证明方式：由 B 和 C 推出 A。

2. 间接证明法

间接证明方法是通过证明反论题（与论题相矛盾的命题）为假，从而证明该论题真的一种证明方法。间接证明方法又可分为反证法和选言证法两种。

（1）反证法

反证法是先证明与原论题相矛盾的命题为假，然后根据排中律确定原论题是真的证明方法。

运用反证法的步骤大致为：首先，设定与原论题相矛盾的反论题；其次，证明反论题假定，通常以反论题为前提构成一个充分条件假言推理的否定后件式，由否定后件推出否定前件（即反论题假）的结论；最后，根据排中律，由反论题假，证明原论题真。在前面直言三段论中关于三段论的规则的证明已经被多次实际运用过。

反证法的证明过程是：

「求证」a

「证明」

a. 设非 a（非 a 是与 a 相矛盾的论题）成立

b. 如果非 a，那么 b

c. 非 b

d. 所以，并非（非 a）（充分条件假言推理否定后件式）

e. 所以，a（排中律）

反证法证明简捷，对论题的证明不容置疑，因而是一种非常有说服力的证明方法。反证法应用范围很广，特别是当某些论题难以用直接证明时，必须使用反证法。运用反证法的关键是确定反论题假，而要做到这一点，以反论题为前件提出的后件必须是虚假的，这样才能根据推理规则确定反论题假。

（2）选言证法

选言证法是通过论证与原论题相关的其他可能的论断都不成立，然后确定原论题真的一种证明方法。选言证法亦称之为排他法或淘汰法。运用选言证法的步骤大致为：首先，构造一个包括原论题在内的选言论题；其次，论证除了原论题外其他论断均不成立；最后，根据选言推理的否定肯定式确定原论题为真。

选言证法的证明过程是：

「求证」a

「证明」

a. 或 a，或 b，或 c（或 d，…）成立

b. 非 b

c. 非 c（非 d，…）

d. 所以，a（选言推理否定肯定式）

例如，对待历史文化遗产应采用批判继承的态度。对待历史文化遗产的态度，要么是全盘继承，要么是虚无主义，要么是批判继承。全盘继承，不分精华和糟粕，不能推陈出新，不利于文化的发展，这种态度是不可取的。虚无主义，割断了历史，违背了文化发展的规律，同样不利于文化的发展。只有批判继承，去其糟粕，取其精华，才能促进文化繁荣。

在实际证明中，直接证明方法和间接证明方法可以结合使用。

第三节 反驳

一、什么是反驳

反驳是用一个或一些已知为真的命题去确定某个论题虚假性或对方论证不能成立的思维过程。

例如，有人主张办一切事情都要看本本上是怎么写的。这是思想僵化的表现。如果一切都要从本本上出发，那么本本上没有写的，我们就什么事情也不能办，那么，社会就不能前进，它的生机就停止了。

这就是一个反驳。

二、反驳的结构

反驳由三部分组成。

一是被反驳的论题：即被确定为虚假的命题。如上一反驳中的"有人主张办一切事情都要看本本上是怎样写的"。

二是反驳的论据：即用来确定被反驳论题虚假的命题。如上例中的"如果一切从本本出发，那么本本上没有写的，我们就什么事情也不能办，那样，社会就不能前进，它的生机就停止了"。

三是反驳的方式（反驳中的论证方式）：即反驳中所运用的推理形式。上例反驳所运用的反驳方式是间接反驳（归谬法）。

三、反驳的种类

根据不同的标准可以对反驳进行不同的划分。根据反驳的对象，可分为反驳论题，反驳论据与反驳论证方式；根据反驳所使用的推理形式，可分为演绎反驳与归纳反驳；按反驳的方法可分为直接反驳、间接反驳和归谬反驳。

直接反驳是引用已知事实或是科学原理直接从正面论证某一论题的虚假性的反驳方法。一般的反驳方法都是直接反驳。例如：

有人说："人都是自私的。"这种说法是不对的。现实生活中确实有许多人不是自私的，因此，并非人人都是自私的。

间接反驳又称为独立证明的反驳，它是通过先论证与被反驳论题相矛盾或相反对的论题为真，然后根据矛盾律确定被反驳的论题为假的反驳方法。

间接反驳不是直接论证对方论题如何假，而是通过先提出一个与对方相矛盾或相反对的论题，并独立地论证其真实性，然后根据矛盾律确定对方论题是虚假的。例如：

有人认为，生产关系都是阶级关系。这种观点值得商榷。众所周知，原始社会的生产关系就不是阶级关系，原始社会的生产关系也是生产关系，可见有的生产关系就不是阶级关系。

间接反驳可用公式表示为：

被反驳的原论题：a

论证：设非 a（非 a 与 a 为矛盾或反对关系）

证明非 a 真

a 假（矛盾律）

归谬反驳即归谬法，是指为了反驳某一论题，先假定该论题为真，然后由此推出荒谬的结论来，最后根据充分条件假言推理的否定后件式和矛盾律，确定被反驳论题为假的反驳方法。例如：

有人说，不上大学就是没有出息，就成不了才。照此说来，瓦特、高尔基、爱迪生、富兰克林等就都是没有出息的人了！因为他们都没有上过大学。然而，瓦特这个钟表店的学徒却是蒸汽机的发明者；高尔基是一个流浪儿，靠自学成为一代文豪；富兰克林是普通的印刷工人，他的刻苦钻研使他成为电学的先驱者；爱迪生只接受了三个月的学校教育，仅凭自学使他成为伟大的发明家，难道这些都不是人才吗？

归谬法可用公式表示为：

被反驳的论题：a

论证：设a真

　　　如果a真，则b

　　　非b

　　　所以，并非a真（充分条件假言推理否定后件式）

　　　所以，a假（矛盾律）

演绎反驳就是用演绎推理形式进行的反驳；归纳反驳就是用归纳推理形式进行的反驳。

针对论证的结构和反驳的要求，还可以对论题、论据和论证方式进行不同的反驳。

（一）反驳论题

反驳论题就是确定某论题虚假性。这在论证中是最有力、最能击中要害的一种反驳方法。一旦对方的论题被驳倒，反驳就达到了目的。

常用的反驳论题的方法又可分为直接反驳和间接反驳两种。

1. 直接反驳论题

直接反驳论题就是不需要其他环节直接论证对方论题的虚假。直接反驳论题既可以列举关于事实情况的命题，也可以引用关于科学原理的命题直接确定被反驳论题的虚假。例如：

当我们反驳"人都是自私的"这个命题时，只要列举出存在着"舍己救人，不怕牺牲的人"的实例就可确定这个命题是假的。

直接反驳论题，既可以用演绎推理为反驳方式进行反驳，也可以用归纳推理为反驳方式进行反驳。如上例，反驳"人都是自私的"既可用演绎反驳，也可以用归纳反驳。

直接反驳论题的结构为：

被反驳论题：a

反驳的论据：事实非a（或科学原理非a）真

结论：a假

反驳方式：直接反驳

2. 间接反驳论题

指需先确定反论题的真实性，从而确定被反驳论题为假。由于借助反论题的方式不同，间接反驳论题又有两种方法，就是独立证明法和归谬法。

（1）独立证明法。指先证明反论题（一般为反对论题）为真，然后根据矛盾律确定被反驳论题为假。

独立证明法不是直接论证对方论题如何假，而是先提出一个与对方论题相矛盾或相反对的论题，并独立地论证其真实性，然后，根据矛盾律的两个互相矛盾或反对的命题不能同真，必有一假的道理，由真推假，从而确定对方论题是虚假的。例如：

被反驳论题：青少年犯罪不负刑事责任

反论题：有些青少年犯罪应负刑事责任

证明：论据是《中华人民共和国刑法》第十七条的规定："已满14周岁不满16周岁的人，犯故意杀人、故意伤害致人重伤或死亡、强奸、抢劫、贩卖毒品、放火、爆炸、投毒罪的，应当负刑事责任。"根据矛盾律，所以"青少年犯罪不负刑事责任"是假的。

（2）归谬法。指先假设被反驳论题为真，并依之引出荒唐的推论，从而否定假设，即确定被反驳论题的负命题为真，从而驳倒了被反驳论题。例如：

据说赫尔岑一次去做客，主人演奏流行音乐，他竟睡着了。他醒后，主人问他："你不喜欢这些音乐吗？他们都是现在流行的。"他说："难道流行的都是好的吗？"主人问："不好为什么会流行呢？" 他说："那么流行感冒也是好的吗？"

这段对话包含一个归谬反驳：

被反驳论题：流行的都是好的（a）。

设被反驳论题：a 真。

证明：论据是如果流行的都是好的，那么流行感冒也是好的（如果 a，那么 b）；并非流行感冒也是好的（非 b），所以并非流行的都是好的（充分条件假言推理否定后件否定前件）。因此，"流行都是好的"是假的（a 假）。

运用归谬法最关键的一步是从假定被反驳的命题真推导出荒谬的结论。归谬法在使用时应注意以下特点：第一，它是以假为真，即本来认为被反驳的论题为假，现暂定为真；第二，他所借助的推理形式是充分条件假言推理的否定后件式；第三，从该论题推出的结论违反常识，十分荒谬。

（二）反驳论据

确定对方论据虚假性的反驳，就是反驳论据。我们知道论题的可靠性是由论据的可靠性来证明的，如果论据是假的，论题就丧失了根据。在反驳论据中，既可以使用直接反驳论据的方法，也可以使用间接反驳论据的方法。例如：

有人说："吸烟有助于思考，你看，鲁迅先生吸烟一根接一根，要不，他怎么能写出那么多好文章"。

这种说法的根据是错误的。众所周知，鲁迅先生能写出那么多好文章，是因为他那伟大而深邃的思想，现实主义精神，以及对社会深刻的观察和解剖，而绝不是什么由于吸烟促进思考而产生的，这种论据本身就是错误的，因而根本不能证明论题。这里就是使用了直接反驳论据的方法。

需要指出的是，在通常情况下，驳倒了对方论据，并不能确定对方论题是虚假的，即并不等于驳倒了对方的论题，只能说明对方的论证还不能成立，其论题的真实性还不能确认。论题真实性未被确认与论题虚假不同。

一个论题是否真实,并不取决于它的论据是否真实,而取决于它是否正确地反映了命题对象的情况,是否与命题对象实际相符,从推理角度来说,前提(论据)假时,即使推理形式正确,其结论(论题)也并不必然假,即可能假,也可能真。例如:"凡金属都不导电(假),胶木是金属(假),所以,胶木不导电(真)"。

因此,当驳倒了对方论据时,不能由此得出已驳倒了对方的论题。

(三)反驳论证方式

反驳论证方式就是在反驳过程中,指出对方的论据与论题之间缺乏必然联系,揭露的方法就是根据推理规则指出论证方式所运用的推理是非有效的形式,论据根本不能推出论题,即不能使对方的论题得到证明。例如有人这样为自己的懒惰而诡辩,"中国人是勤劳勇敢的,我是中国人,所以我是勤劳勇敢的"。显然这个直言三段论违反了直言三段论规则,即"一个直言三段论,有且仅能有三个概念",因而这是一个错误的直言三段论推理形式,这就驳倒了对方的论证方式。

这里还应指出,驳倒了论证方式,也不等于就驳倒了论题,而只能说明论题的真实性还有待证明。从推理角度来看,无论前提(论据)真实与否,如果推理形式不正确,那么,结论(论题)是可真可假的。上述证明中,它的论证方式不正确,但论题却是真实的。

总之,反驳论题是最有效、最基本的反驳方法。因为反驳的根本目的要确定某论题的虚假性,驳倒了论题,对方的论证便被推翻。反驳论据是一种常见的有力的反驳方法。因为,推翻了对方的论据,那么,对方的论题就因为失去了赖以支持的根据而不能成立。反驳论证方式也是一种有效的反驳方法。因为,驳斥了对方的论证方式,证明其论题与论据没有必然的逻辑联系,即使论题和论据都是真实的,该论证也不能成立。所以,在运用反驳论题这种最基本的反驳方法的同时,如辅以反驳论据或反驳论证方式,则可大大增强反驳的效果。因此,在实际应用中,可根据对方论证的具体情况,选择某一种适合的方法,或把几种方法结合一起使用,效果更佳。

第四节 论证的规则

正如其他的思维形式要遵守规则一样，为了使论证能够正确地进行，也必须遵守一定的规则。无论是证明还是反驳都要严格执行。

一、关于论题的规则：论题应当清楚明白

论证的目的就在于确定论题的真实性或虚假性，因此，清楚而明确的论题是论证有效的先决条件。如果论题不明确，就无法进行论证，弄不清楚要证明的是什么，要反驳的是什么。论题应当清楚而明白是指论题所表达的含义应当清楚而明白，证明什么，反驳什么清楚而明白，不能含糊其词，也不能有歧义，否则，论证就无法正确进行。

论题一般是用命题来表达，但也可以用概念来概括。要想使论题清楚而明确，就必须对论题中关键性的概念加以定义或扼要说明，以明确它的内涵和外延。

违反这一规则所犯的逻辑错误，叫作"论题模糊"或"论题不清"。

例如，有人说："明显超过必要限度的正当防卫是要追究法律责任的。"这个论题就是含糊不清的。因为，"明显超过必要限度的防卫"就不能称之为"正当防卫"。这是在概念的限制方面出现了错误。

再如，提出一个论题"逻辑是没有阶级性的"，并且进行了论证。但回过头来看论题，就会发现论题中的"逻辑"概念不明确，外延过宽，它既可以包括形式逻辑，也可以包括辩证逻辑和数理逻辑。别人就可以提出问题：辩证逻辑有没有阶级性？因此，对这个论题应从"逻辑"这个概念加以说明，予以明确的界定，即改"逻辑"为"形式逻辑"，论题改为"形式逻辑是没有阶级性的"。这种通过明确概念使论题明确的方法，在表达中经常使用。

如果论题中的概念有明显的歧义，就无从考虑到底用怎样的论据来论证。我们在论证过程中论题不清，其结果必然是口若悬河，却言不及义；下笔千言，却漫无中心；需要论证的得不到应有论证，不需要论证的却东拉西扯，大量堆砌，因而也就达不到论证的目的。

二、关于论题的规则：论题应当保持同一

在同一个论证过程中，只能有一个论题，并且在整个论证过程中保持不变，始终围绕该论题进行论证，也就是要遵守同一律的要求。违反了这条规则就要犯"转移论题"或"偷换论题"的逻辑错误。

有些人在讨论问题的时候，非常激烈，唇枪舌剑，达到白热化的程度。其实各说各的，虽然使用的概念相同，但理解其含义各异，争了半天也不知所云。这其实就是偷换了论题。

"转移论题"或"偷换论题"最常见的是用内容完全不同的另外一个命题替换了原论题。例如，本来要论证的是"吃鱼能健脑"，而实际上却笔头一转，去论证"吃鱼可以使你头脑聪明"。很显然，这是两个不同的论题。用后者替换前者，就犯了"转移论题"的逻辑错误。

"转移论题"或"偷换论题"的另一种情况，是用近似于原论题的命题替换原论题，或者把它扩大，犯了"论证过多"的错误，或把它缩小，犯了"论证过少"的逻辑错误。"论证过多"指论证比原论题断定较多的命题，"论证过少"指论证比原论题断定较少的命题。例如，本来要论证的是"中国社会现阶段的主要矛盾"，而实际上论证的却是"中国社会的主要矛盾"，这就犯了"论证过多"的逻辑错误；反之，就犯了"论证过少"的逻辑错误。

三、关于论据的规则：论据应是已知为真的命题

论证的过程也就是从论据的真实性推出论题的真实性的过程。如果论据虚假或是尚待证实，就无法必然地从论据推出论题。

如果以虚假的命题作论据，就要犯"论据虚假"的逻辑错误。例如，"科学技

术也是有阶级性的。因为，科学技术被资产阶级所利用，为资产阶级服务。为资产阶级服务还能没有阶级性？"就是犯了"论据虚假"的逻辑错误，因为该论证所省略的大前提"凡被资产阶级利用、为资产阶级服务的都有阶级性"是不成立的。以虚假命题作论据，可能是由于认识水平不够，误假为真，也可能是别有用心，以假乱真。科学史上一些错误学说的提出和形成，一般都由于认识水平不够，根据虚假的命题而造成的。"地球中心说"则是以"太阳围绕地球转"这一虚假命题为基本根据的，"燃素说"则是以主观想象中存在着"燃素"为依据的。

如果以尚待证实的论题作论据，就要犯"预期理由"的错误。以假说和猜测为论据就必然出现"预期理由"的错误。例如，有人说：地球上出现的不明飞行物，肯定是外星球的宇宙人发射的，因为现代科学告诉我们，外星球可能存在着比地球人更高级的宇宙人，他们向地球发射飞行物是很自然的事。

这段议论中的论据"外星球存在着比地球人更高级的宇宙人"，是一个真实性尚未被证实的假说，以它作论据进行论证，就犯了"预期理由"的错误。

四、关于论据的规则：论据的真实性不应当靠论题的真实性来论证

在论证中，论题的真实性是从论据的真实性推出来的，也就是说，论题的真实性是依赖于论据的真实性来论证的。如果论据的真实性反过来还要依靠论题的真实性来论证，那就等于说，论题的真实性是用论题自身的真实性来论证的，也就是说，论题和论据互为论据互为论题，这种情况等于没有论证。这样就会犯"循环论证"的逻辑错误。

例如：在证明"地球是圆的"这一论题时，以观察到的事实"我们站在高处看海中的帆船，从远处驶来，总是先见船杆后见船身"作为论据的；而当说明这一论据时，又以"地球是圆的"作为论据来进行证明，这就犯了"循环论证"的逻辑错误。

五、关于论证方式的规则：从论据应能推出论题

在论证中，从论据应能推出论题，实际上也就是说论据与论题之间应有必然

的联系。论题应当是按照推理的一般规则，从论据合逻辑地推出来，其实也就是论证方式要合理，否则不能保证论据与论题之间的关系是必然的。

违反这条规则所犯的逻辑错误比较复杂，主要有四种情况。

（一）"推不出来"的错误

这种错误是指论据与论题之间在逻辑结构上不正确，推理形式无效。例如：

"如果李四是作案者，那么李四有作案时间，现在李四有作案时间，因此，李四是作案者。"就是犯了"推不出"的逻辑错误。

再例如：

某死者是服砷中毒死亡。因为死者体内检出了有砷的残余物质；如果死者是服砷中毒死亡，那么体内就有砷的残余物质。

在这个论证中，即使作为论据的两个命题都是真实的，也不能从论据推出论题，因为这个证明使用了充分条件假言推理的肯定后件式，这是一个非有效式，违反了充分条件假言推理的"肯定后件不能肯定前件"的规则。犯了"推不出"的逻辑错误。

（二）论据与论题不相干

这是指论据与论题之间在内容上毫无关系，即使论据是真的，但对证明论题真实性并无实际意义，因而不能从论据推出论题。例如：

某厂领导说："最近，我们厂的产品质量不太好，用户意见很大，这主要是因为前一段时间全厂上下普遍重视产品的数量，因此，忽视了产品的质量。"

事实上，"重视产品数量"与"忽视产品的质量"之间并没有前因后果的关系。因此不能用"重视产品的数量"作为论证"忽视产品质量"的论据。该厂领导的上述论证犯了"论据与论题不相干"的逻辑错误。

再例如：

昆曲《十五贯》中有一段讲无锡知县过于执错判尤葫芦被杀一案。过听说尤葫芦被杀，并丢了十五贯钱，而恰好在尤葫芦被杀后，苏戌娟与熊友兰一同出走，且熊身上也带有十五贯钱。据此就主观判定："熊友兰与苏戌娟一定是通奸谋杀。"他刚与苏见一面，就推断："看他艳如桃李，岂能无人勾引？年正青春，怎会冷若冰霜?她与奸夫情投意合,自然要生比翼双飞之意。父亲挡阻,因之杀其父而盗其财。此乃人之常情。这案情就是不问,也已明白十之八九了。"

(三)论据不足

这是指虽然论据是真实的,也是与论题有关系的,但是还不足以能推出论题来。例如:

听了韩素音的报告才知道她原来是个医生。看来知名的作家开始都是学医的。你看契诃夫原来是个医生,柯南道尔、鲁迅、郭沫若都学过医。

这个论证是用一些具体的事实来论证一般性的命题,运用的是简单枚举归纳推理,结论不具有必然性。但该论证中肯定地认为"知名作家开始都是学医的",犯了"论据不足"的逻辑错误。

(四)以相对为绝对

这是指把一定条件下的真实命题当作无条件的真实命题作为论据来使用。

第五节 论证知识在逻辑试题训练中的应用

一、例题讲解

例题1 "万物生长靠太阳",这是多少年来人们从实际生活中总结出来的一个公认的事实,然而,近年来科学家研究发现:月球对地球的影响远远大于太阳;孕育地球生命的力量,来自月球而非太阳。

以下哪项不能作为上述论断的证据?

A. 在日照下,植物生长快且长得好,日照特别是对几厘米高、发芽不久的植物如向日葵、玉米等最有利

B. 当花枝因损伤出现严重伤口时,日光能清除伤口中那些不能再生长的纤

维组织，加快新陈代谢，使伤口愈合

C. 植物只有靠了太阳光才能进行光合作用，动物也只有在阳光下才能茁壮成长

D. 月球在地球形成之初，影响地球产生了一个巨大磁场，屏蔽来自太空的宇宙射线对地球的侵袭

[解题分析] 正确答案：C

不能带有任何背景知识来推理，题干中说什么就是什么，这就是"收敛思维"原则。

首先要注意到本题问的是"以下哪项不能作为上述论断的证据"。题干的论断是"月球对地球的影响远远大于太阳"，不能作为其论据的选项就是要说明"太阳对地球的影响具有决定意义（即太阳对地球的影响大于月球）"，而选项 C 正是表达了这个意思。

例题2 鸡油菌这种野生蘑菇生长在宿主树下，如在道氏杉树的底部生长。道氏杉树为它提供生长所需的糖分。鸡油菌在地下用来汲取糖分的纤维部分为它的宿主提供养料和水。由于它们之间这种互利关系，过量采摘道氏杉树根部的鸡油菌会对道氏杉树的生长不利。

以下哪项如果为真，将对题干的论述构成质疑？

A. 在最近的几年中，野生蘑菇的产量有所上升

B. 鸡油菌不只在道氏杉树底部生长，也在其他树木的底部生长

C. 很多在森林中生长的野生蘑菇在其他地方无法生长

D. 对某些野生蘑菇的采摘会促进其他有利于道氏杉树的蘑菇的生长

[解题分析] 正确答案：D

在本题的阅读中，"鸡油菌"和"道氏杉树"等名词都是考生所不熟悉的，因此要从平时就培养自己的抗烦阅读能力。

阅读题干，首先要概括成自己的一句话，即"菌有利于树，因此，过量采摘菌对树不利"。如果 D 项的断定为真，则说明虽然过量采摘鸡油菌会直接割断和道氏杉树的互利关系，但有可能促进其他有利于道氏杉树的蘑菇的生长，而最终仍间接地对道氏杉树有利。这就构成了对题干的质疑。其余各项均不能构成质疑。

例题3 一种对许多传染病非常有疗效的药物，目前只能从一种叫亚伯拉

的树皮中提取，而这种树在自然界很稀少，5000棵树的皮才能提取1公斤药物。因此，不断生产这种药物将不可避免地导致该种植物的灭绝。

以下哪项为真，则最能削弱上述论断？

A. 把从亚伯拉树皮上提取的药物通过一个权威机构发放给医生

B. 从亚伯拉树皮提取药物生产成本很高

C. 亚伯拉的叶子在多种医学制品中都使用

D. 亚伯拉可以通过插枝繁衍人工培育

[解题分析]　正确答案：D

A、B都可以减慢该种植物的灭绝，但最能削弱上述论断的是D，既然可以人工培育，该种植物就不会灭绝了。

例题 4　美国法律规定，不论是驾驶员还是乘客，坐在行驶的小汽车中必须系好安全带。有人对此持反对意见。他们的理由是：每个人都有权冒自己愿意承担的风险，只要这种风险不会给别人带来损害。因此，坐在汽车里系不系安全带，纯粹是个人的私事，正如有人愿意承担风险去炒股，有人愿意去攀岩纯属他个人的私事一样。

以下哪项，如果为真，最能对上述反对意见提出质疑？

A. 尽管确实为了保护每个乘客自己，而并非为了防备伤害他人，但所有航空公司仍然要求每个乘客在飞机起飞和降落时系好安全带

B. 汽车保险费近年来连续上涨，原因之一，是由于不系安全带造成的伤亡使得汽车保险费连年上涨

C. 在实施了强制要求系安全带的法律以后，美国的汽车交通事故死亡率明显下降

D. 法律的实施带有强制性，不管它的反对意见看来多么有理

[解题分析]　正确答案：B

反驳（削弱）论点："坐在汽车里系不系安全带，纯粹是个人的私事"。选项B以"由于不系安全带造成的伤亡使得汽车保险费连年上涨"这一事实反驳了题干提出的论点。

例题 5　地球外有没有生命是科学家长期探索的课题。1996年美国航天局对火星陨石的研究中，正式提出了表明火星上36亿年前曾经存在生命的证据，并向全世界科学家挑战，欢迎他们证明这一论点是错误的，科学界对此反应不一。

以下是一些专家的意见,在这些意见中,哪个是对美国航天局的挑战?

A. 这是证明地球外生命的最令人深思和浮想翩翩的事情

B. 德国一研究员说,36亿年前太阳系中有众多陨石,很难确切断定哪一块真正来自火星

C. 对陨石上取下一小片金色样品进行化学、显微和组织检查表明,36亿年前这里有过原始生命、微生物生命的存在

D. 如果已发现36亿年前火星上有生命的存在,我不会特别感到意外

[解题分析] 正确答案:B

因为B对美国航天局论证的论据——这块陨石提出了质疑。

例题6 针对当时建筑施工中工伤事故频发的严峻形势,国家有关部门颁发了《建筑业安全生产实施细则》。但是,在《细则》颁布实施两年间,覆盖全国的统计显示,在建筑施工中伤亡职工的数量每年仍有增加。这说明,《细则》并没有得到有效的实施。

以下哪项如果为真,最能削弱上述论证?

A. 在《细则》颁布后的两年中,施工中的建筑项目的数量有了很大的增长

B. 严格实施《细则》,将不可避免地提高建筑业的生产成本

C. 在题干所提及的统计结果中,在事故中死亡职工的数量较《细则》颁布前有所下降

D. 在《细则》颁布后的两年中,在建筑业施工的职工数量有了很大的增长

[解题分析] 正确答案:D

提示:选项D列举的事实反驳(削弱)了题干中论证"《细则》并没有得到有效实施"的论据:"在建筑施工中伤亡职工的数量每年仍有增加"对论证的有效性。

例题7 只有患了肺炎才发高烧,小红患了肺炎,所以她一定发了高烧。以下哪个推理最有力地说明上述推理的不成立?

A. 只有学习好,才有资格当三好生,我学习好,所以,我一定有资格当三好生

B. 只有学习好,才有资格当三好生,我有资格当三好生,所以,我学习一定好

C. 只有学习好,才有资格当三好生,我没有资格当三好生,说明我学习不好

D. 只有学习好,才有资格当三好生,我学习不好,因此,我没有资格当三好生

[解题分析] 正确答案:A

因为它与题干中的推理一样,都是必要条件假言推理的肯定前件式,B、C、D均不是这种推理式。A这个推理的两个前提均真,结论明显不必然真,因为有可能学习虽好而其他条件不够而没有资格当三好生。这种削弱可称类比削弱,即按照相同推理形式构造一个前提真而结论假的推理,从而表明原推理式是非普遍有效式。

> **例题8** 最近,某个民间机构的研究表明:装在近两平方英尺笼子里的仓鼠的数量达到足够高的数目时,它们就开始具有互相挑衅的行为。这个研究结果可以用来解释大城市中犯罪率上升的原因。近些年来,大城市中人口的数量在急剧地膨胀。

以下哪项如果为真,严重地削弱了上述论证?

A. 民间机构的许多研究不具有权威性
B. 仓鼠通常比人更富有挑衅性
C. 用白鼠的行为和人类的行为作类比是不道德的
D. 随着人口的增长,人均居住空间也在扩大

[解题分析] 正确答案:D

选项D破坏了可类比的条件,导致题干中的论证犯机械类比的错误,从而从论证方式上削弱了题干中的论证。

> **例题9** 确定的选项虽不直接削弱论题、论据和论证方式,但会削弱整个论证。

全校的湖南籍学生都出席了周末的"湘江联谊会",李华出席了周末的"湘江联谊会"。因此,李华是湖南籍学生。以下哪项最有力地削弱上述论证?

A. "湘江联谊会"实际上是湖南籍学生同乡会
B. 有不少非湖南籍的学生要求出席周末"湘江联谊会"
C. 如果缺乏办事人员,周末"湘江联谊会"将邀请非湖南籍学生出席担任办事员。事实上周末"湘江联谊会"当时确实缺少办事人员
D. 李华曾经出席过其他联谊会

[解题分析] 正确答案:C

由C根据充分条件假言推理肯定前件式,可得出:"周末的'湘江联谊会'事实上邀请了非湖南籍学生出席",它虽不直接削弱论题、论据和论证方式,但将C加入题干原前提中去,显然就削弱了结论和整个论证。

削弱反驳题能很好地训练我们的质疑能力,削弱在辩论中用处最大,辩论就是要不断削弱对方,因此辩论中一定要保持清醒的头脑,然而有的辩手概念不清,

因此在辩论赛时经常有这样的情况，辩着辩着，一不小心就支持了对方，还不自知，还觉得挺唇枪舌剑呢，当然这样的辩手在比赛中就要扣分了。

例题 10 以下是在一场关于"人工流产是否合理"的辩论中正反方辩手的发言：

正方：反方辩友反对人工流产最基本的根据是珍视人的生命。人的生命自然要珍视，但是反方辩友显然不会反对，有时为了人类更高的整体性长远利益，不得不牺牲部分人的生命，例如在正义战争中我们见到的那样。让我再举一个例子。我们为什么不把法定的汽车时速限制为不超过自行车呢？这样汽车交通死亡事故的发生率不是几乎可以下降到 0 吗？这说明，有时确实需要以生命的数量为代价来换取生命的质量。

反方：对方辩友把人工流产和交通死亡事故做以上的类比是毫无意义的。因为不可能有人会做这样的交通立法。设想一下，如果汽车行使得和自行车一样慢，那还要汽车干什么？对方辩友，你愿意我们的社会再回到没有汽车的时代？

以下哪项最为确切地评价了反方的言论？

A. 他的发言有力地反驳了正方的论证。

B. 他的发言实际上支持了正方的论证。

C. 他的发言有力地支持了反人工流产的立场。

D. 他的发言完全地离开了正方阐述的论题。

[解题分析] 正确答案：B

正方认为有时需要以牺牲生命的数量为代价换取生命的质量，以此来说明人工流产的意义。就像快速的交通工具如汽车虽然造成了一定的交通死亡事故，但提高了生命的质量。而反方提出"如果汽车行驶得和自行车一样慢，那还要汽车干什么"，其实，这正说明了如果单纯为了排除风险，那么可能将什么事也无法做，而这正是正方的论证。

例题 11 在一次聚会上，10 个吃了水果色拉的人中，有 5 个很快出现了明显的不适。吃剩的色拉立刻被送去检验。检验的结果不能肯定其中存在超标的有害细菌。因此，食用水果色拉不是造成食用者不适的原因。

如果上述检验结果是可信的，则以下哪项对上述论证的评价最为恰当？

A. 题干的论证是成立的

B. 题干的论证有漏洞，因为它把事件的原因，当作该事件的结果

C. 题干的论证有漏洞，因为它没有考虑到这种可能性：那些吃了水果色拉后没有很快出现不适的人，过不久也出现了不适

D. 题干的论证有漏洞，因为它把缺少证据证明某种情况存在，当作有充分证据证明某种情况不存在

[解题分析] 正确答案：D

根据题干，检验的结果仅仅是"不能肯定其中存在超标的有害细菌"，却由此得出结论："食用色拉不是造成食用者不适的原因"，就如 D 所说：把缺少证据证明某种情况存在（即尚未证实的情况），当作有充分论据证明某种情况不存在，犯"预期理由"错误。

例题 12　雄孔雀漂亮的羽毛主要是吸引雌孔雀的，但没人知道为何漂亮的羽毛能在求偶中具有竞争的优势。一种解释是雌孔雀更愿意与拥有漂亮羽毛的雄孔雀为偶。

以下哪项陈述准确描述了上文推论中的错误？

A. 把属于人类的典型特征归属于动物
B. 把对一类事物中的个别种类断定为真的结论推广到这类事物的所有种类
C. 这种解释，使用了一种原则上既不能证明为真也不能证明为假的前提
D. 把所提供的需要做出解释的现象本身作为对那种现象的一种解释
E. 毫无根据地假设有漂亮羽毛的雄孔雀有其他吸引雌孔雀的特征

[解题分析] 正确答案：D

这是犯了循环论证的逻辑错误。用"雌孔雀更愿意与拥有漂亮羽毛的雄孔雀为偶"来解释为什么"漂亮的羽毛能在求偶中具有竞争的优势"，实际上等于什么理由也没有给出。所以，应该选 D。

二、同步练习

1. 驳倒了对方论证方式，就说明（　　）。

A. 对方的论题是虚假的
B. 对方论证是虚假的
C. 对方论据是虚假的
D. 对方的论据与论题之间没有必然的逻辑联系

2. 间接反驳是先论证与被反驳的论题相关的其他论断为真，然后根据矛盾律来确定被反驳论题为假的一种反驳。这里的"其他论断"是指与被反驳论题具有（　　）的论断。

　　A．等值关系　　　B．矛盾关系　　C．下反对关系　D．蕴涵关系

3. "光是有质量的。因为光对它射到的物质产生了压力，而如果光没有质量，就不会产生这种压力。"这段证明用的是（　　）。

　　A．演绎证明　　　B．归纳证明　　C．直接证明　　D．选言证法

4. 归谬法和反证法的主要区别有（　　）。

　　A．前者用于论证，后者用于反驳

　　B．前者不需设反论题，后者需设反论题

　　C．前者需用排中律，后者不需用排中律

　　D．前者需用充分条件假言推理，而后者不需用充分条件假言推理

5. 下列论证中属于直接论证的是（　　）。

　　A．演绎论证　　　B．归谬论证　　C．反证法　　　D．选言论证

6. 在运用反证法进行论证时，所设的反论题与原论题之间是（　　）。

　　A．等值关系　　　B．反对关系　　C．矛盾关系　　D．差等关系

7. 如果驳倒了对方的论据，则说明（　　）。

　　A．已驳倒了对方的论题

　　B．对方论据虚假

　　C．对方论据的真实性是待证的

　　D．对方的论证犯了"推不出"的错误

8. 有些人若有一次厌食，会对这次膳食中有特殊味道的食物持续产生强烈厌恶，不管这种食物是否会对身体有利。这种现象可以解释为什么小孩更易于对某些食物产生强烈的厌恶感。

　　以下哪项如果为真，最能加强上述解释？（　　）

　　A．小孩的膳食搭配中含有特殊味道的食物比成年人多

　　B．对未尝过的食物，成年人比小孩更容易产生抗拒心理

　　C．小孩的嗅觉和味觉比成年人敏锐

　　D．和成年人相比，小孩较为缺乏食物与健康的相关知识

9. 在桂林漓江一些有地下河流的岩洞中，有许多露出河流水面的石笋。这

些石笋是由水滴长年滴落在岩石表面而逐渐积聚的矿物质形成的。

如果上述断定为真,最能支持以下哪项结论?(   )

A. 过去漓江的江面比现在高

B. 只有漓江的岩洞中才有地下河流

C. 漓江的岩洞中大都有地下河流

D. 上述岩洞中地下河流的水比过去深

10~11 基于以下题干:

一般认为,一个人 80 岁和他在 30 岁相比,理解和记忆能力都显著减退。最近的一项调查显示,80 岁的老人和 30 岁的年轻人在玩麻将时所表现出的理解和记忆能力没有明显差别。因此,认为一个人到了 80 岁理解和记忆能力会显著减退的看法是站不住脚的。

10. 以下哪项如果为真,最能削弱上述论证?(   )

A. 玩麻将需要的主要不是理解和记忆能力

B. 玩麻将只需要较低的理解和记忆能力

C. 80 岁的老人比 30 岁的年轻人有更多时间玩麻将

D. 玩麻将有利于提高一个人的理解和记忆能力

11. 以下哪项如果为真,最能加强上述论证?(   )

A. 目前 30 岁的年轻人的理解和记忆能力,高于 50 年前的同龄人

B. 上述调查的对象都是退休或在职的大学教师

C. 上述调查由权威部门策划和实施

D. 记忆能力的减退不必然导致理解能力的减退

12~13 基于以下题干:

免疫研究室的钟教授说:"生命科学院从前的研究生那种勤奋精神越来越不多见了,因为我发现目前在我的研究生中,起早摸黑做实验的人越来越少了。"

12. 钟教授的论证基于以下哪项假设?(   )

A. 现在生命科学院的研究生需要从事的实验外活动越来越多

B. 对于生命科学院的研究生来说,只有起早摸黑才能确保完成实验任务

C. 研究生是否起早摸黑做实验是他们勤奋与否的一个重要标准

D. 钟教授的研究生做实验不勤奋是由于钟教授没有足够的科研经费

13. 以下哪项最为恰当地指出了钟教授推理中的漏洞?(   )

A. 不当地断定：除了生命科学院以外，其他学院的研究生普遍都不够用功

B. 没有考虑到研究生的不勤奋有各自不同的原因

C. 只是提出了问题，但没有提出解决问题的方法

D. 不当地假设：他的学生状况就是生命科学院所有研究生的一般状况

14. 葡萄酒中含有白藜芦醇和类黄酮等对心脏有益的抗氧化剂。一项新研究表明，白藜芦醇能防止骨质疏松和肌肉萎缩。由此，有关研究人员推断，那些长时间在国际空间站或宇宙飞船上的宇航员或许可以补充一下白藜芦醇。

以下哪项如果为真，最能支持上述研究人员的推断？（　　）

A. 研究人员发现由于残疾或者其他因素而很少活动的人会比经常活动的人更容易出现骨质疏松和肌肉萎缩等这症状，如果能喝点葡萄酒，则可以获益

B. 研究人员模拟失重状态，对老鼠进行试验，一个对照组未接受任何特殊处理，另一组则每天服用白藜芦醇。结果对照组的老鼠骨头和肌肉的密度都降低了，而服用白藜芦醇的一组则没有出现这些症状

C. 研究人员发现由于残疾或者其他因素而很少活动的人，如果每天服用一定量的白藜芦醇，则可以改善骨质疏松和肌肉萎缩等症状

D. 研究人员发现，葡萄酒能对抗失重所造成的负面影响

思考题

1. 什么是论证？论证由哪些要素组成？
2. 论证与推理有什么关系？
3. 论证的规则有哪些？违反这些规则会犯什么逻辑错误？
4. 论证的种类有哪些？它们各有什么特点？
5. 举例说明什么是反证法和选言证法？并分析二者的关系。
6. 什么是反驳？反驳有哪些方法？
7. 举例说明什么是独立证明法和归谬法？

10

第十章

谬误

在逻辑学形成初期，谬误研究既为逻辑学研究提供了必要的素材，又是逻辑学研究的重要内容之一。此后，许多逻辑学家、哲学家、语言学家、社会学家、心理学家等都对研究谬误发生了兴趣，提出了不同的谬误理论体系。尽管谬误理论曾一度从逻辑教材中被删除，但是，重视逻辑应用的逻辑学者们一向认为，谬误研究应是逻辑学（特别是应用逻辑）持久关注的课题。甚或可以断言：谬误研究会不断刺激人们对逻辑学研究的兴趣，丰富逻辑学的内容，提高逻辑学的应用性，从而激发人们自觉学习逻辑知识的热情。

第一节 谬误的概述

一、什么是谬误

"谬误"一词，英文为 Fallacy，它来源于拉丁语"Fallacza"，原词有"欺骗""阴谋"等义。在当前学术界和日常使用中有广义和狭义之分。广义的谬误是指与实际不符合的认识，与真理相对；狭义的谬误是指违反逻辑规律的要求和违反逻辑规则而出现的各种逻辑错误。本书在此所说的谬误，主要指狭义的谬误。

前面说过，一个推理和论证要得出真实的结论，必须满足两个条件：一是前提真实，二是能够从前提合乎逻辑地推出结论。但前提真实这个条件，涉及语言、思想和世界的关系，是逻辑管不了的。但前提和结论之间的逻辑关系，却是逻辑应该管也能够管的。谬误常常出现在前提与结论的逻辑关系上，它是指那些看似正确、具有某种说服力、但经仔细分析之后却发现其为错误的推理或论证形式。

谬误一词早在 2000 年前即已出现于古代逻辑学家的著作中。谬误在中国古代逻辑中叫作"悖"（悖谬）、"惑"（迷惑）、"狂举"（胡乱列举）和"虚妄"等。亚里士多德在《辨谬篇》中，一开始就提出并分析了"谬误的论证"。他说："很显然有些推理是真正的推理，有些则是似是而非的推理。在其他方面也会由于真假混淆而发生这种事情，论证也是如此。"❹ 明确指明谬误是一种"似是而非的推理"，也是一种似是而非的论证。亚里士多德在其《前分析篇》研究了推理形式的谬误，其《修辞学》讲述了演讲中的谬误。由中世纪到近现代，西方许多逻辑著作都有关于谬误论的部分，研究谬误的专著也出版多种。

如果有意识地运用谬误的推理论证形式去证明某个错误观点，这就是诡辩。德国哲学家黑格尔指出："诡辩这个词通常意味着以任意的方式，凭借虚假的根据，或者将一个真的道理否定了，弄得动摇了，或者将一个虚假的道理弄得非常动听，好像真的一样。"❺ 因此，诡辩是一种故意违反逻辑规律或规则的要求，为错误观点所进行的似是而非的论证。

二、谬误的种类

具体的谬误形式很多，有人曾概括出113种。如此多的具体谬误可以分为不同的类型。按分类根据即标准的不同，谬误可以有各种不同的分类。

（一）归纳的谬误与演绎的谬误

这是按谬误所由以产生的推理的不同而对谬误所做的分类。

归纳的谬误是产生在观察、实验、调查、统计等收集经验材料的过程中，以及产生在分析、综合、概括、类比、探求现象因果联系等整理经验材料的过程中的谬误，如观察谬误、轻率概括的谬误、机械类比的谬误等。

演绎的谬误是产生于演绎过程中的各种谬误，确切些说是指思维过程中运用演绎推理的各种形式时，由于违反各种推理形式的相应规则而出现的种种谬误。如违反直言三段论规则而产生的"中项在前提中一次也不周延"的谬误、"大项（或小项）扩大"等谬误，通常称为形式谬误。

（二）形式谬误与非形式谬误

这是按谬误的产生是否是由于违反推理形式的逻辑规则而对谬误所做

---

❹《亚里士多德全集》第一卷，北京：中国人民大学出版社，1990年，第551页。
❺ 黑格尔：《哲学史演讲录》第二卷，北京：三联书店，1957年，第7页。

的分类。

所谓形式谬误也就是前述所说的演绎的谬误，它是指那种由于违反形式逻辑的规则而产生的各种谬误。在前面各章中，已经分别讨论，这里择其要者列举如下。

（1）不当否定后件——在充分条件假言推理中通过否定前件来否定后件，即如果 P 则 q，非 P，所以，非 q。例如，如果李鬼谋杀了他的老板，则他就是一个恶人；李鬼没有谋杀他的老板，所以，李鬼不是一个恶人。这个推理显然不成立，谋杀行为（无论是否谋杀老板）固然足以使某个人成为恶人，但恶人并不局限于杀人者，还有许多其他的作恶形式，因此，从"李鬼没有谋杀某个人"不能推出"李鬼不是恶人"。

（2）不当肯定前件——在充分条件假言推理中通过肯定后件来肯定前件，即如果 p 则 q，q，所以，p。例如，如果王猛是网络发烧友，那么他会长时间上网；王猛确实长时间上网，所以，王猛肯定是一位网络发烧友。这个推理是无效的，其前提都真时，结论可以为假，例如王猛之所以长时间上网，是因为这是他的工作，他已经开始讨厌他的工作了，因为总是与网络的虚拟世界打交道，都弄得有点虚实混淆、真假不辨了，心里失去安全感，不如与真实的人交往来得真切、实在。

（3）条件颠倒——随意调换假言命题的前件和后件，即如果 p 则 q，所以，如果 q 则 p。例如，如果 X 是正偶数，则 X 是自然数，所以，如果 X 是自然数，则 X 是正偶数。这个推理是不正确的。

（4）不当肯定后件——在必要条件假言推理中，通过肯定前件来肯定后件。例如，有人因为酒气扑鼻被拦在游泳馆门外。此人说："你这牌子上不是写着'会游泳方可进入'吗？我会游泳，为什么不让我进去？"此人就犯了必要条件假言推理不当肯定后件错误。

（5）不当排斥——在相容的选言命题中通过肯定部分选言肢来否定另一部分选言肢，即或者 p 或者 q，q，所以，非 P。例如，杜甫或者是大诗人或者是唐朝人，杜甫是举世皆知的大诗人，所以，杜甫不是唐朝人。

（6）强否定——从对一个联言命题的否定推出对每个联言肢的否定。例如，"并非老王既会英语，又会俄语，所以老王既不会英语，又不会俄语"。

（7）弱否定——从对一个选言命题的否定推出至少否定一个选言肢。例如，

"并非小李或者喜欢象棋,或者喜欢围棋,所以小李或者不喜欢象棋,或者不喜欢围棋"。

(8)无效换位——直言命题的换位推理应当是限量换位,如果不限量,那就犯了无效换位的错误。例如,"所有小说家都是作家,所以所有作家都是小说家"。

(9)差等误推——根据一个全称命题的假,推出一个特称命题的假。例如,"并非所有细菌都是有害的,所以并非有些细菌是有害的"。

(10)非此即彼——从一个全称命题的假,推出另一个全称命题的真。例如,"并非全班同学都喜欢游泳,所以全班同学都不喜欢游泳"。

(11)有我无他——误用下反对关系,从一个特称命题的真推出另一个特称命题的假。例如,"我们单位有许多人反对他,所以我们单位没有人拥护他"。

(12)中项两次不周延——一个直言三段论的中项在大小前提中都不周延。例如,有些政客是骗子,有些骗子是窃贼,所以,有些政客是窃贼。

(13)大项不当周延——一个直言三段论的大项在前提中不周延,而在结论中周延了。例如,老虎是食肉动物,狮子不是老虎,所以,狮子不是食肉动物。

(14)小项不当周延——一个直言三段论的小项在前提中不周延,而在结论中周延了。例如,所有新纳粹分子都是激进主义者,所有激进主义者都是恐怖分子,所以,所有恐怖分子都是新纳粹分子。

(15)两个否定前提——在直言三段论中,两个否定的前提不能得出结论。例如,没有种族主义者是公正的,有些种族主义者不是警察,所以,有些警察不是公正的。

所谓"非形式谬误",是指结论不是依据某种推理、论证形式从前提得出,而是依据语言、心理等方面的因素从前提得出,并且这种推出关系是无效的。非形式谬误泛指一切并非由于逻辑形式上的不正确而产生的谬误。比如,论证中的"预期理由"错误,"以人为据"错误等。

(三)语义谬误、语形谬误和语用谬误

这是从逻辑指号学(符号学)的角度,按谬误是产生于指号运用过程的语义方面、语形方面或语用方面而对谬误所做的分类。

所谓语义谬误是指运用指号（符号）过程中，产生于指号同其指谓对象关系方面的谬误，也就是由于表达式的意义方面的原因而引起的各种谬误。有语词歧义的谬误和语句歧义的谬误等。例如一个人说："四海之内皆兄弟，而所有兄弟皆男性，所以四海之内皆男性。"这里的前一"兄弟"是指伦理意义，彼此以兄弟般的感情相称；后者指生物学意义，即男性同胞。前后出现两次意义不同。

所谓语形谬误是指运用指号（符号）过程中，产生于指号之间关系方面的谬误，也就是由于推理形式不正确而产生的种种谬误，它是将一些非有效式（当然是指演绎的推理形式）视为有效式而引起的谬误。例如一个人说："吃腐烂食物会使人感到恶心。你感到恶心，一定是吃了腐烂食物。"这个推论式是无效的，它违反了逻辑推理规则。

所谓语用谬误是指运用指号（符号）过程中，产生于指号同其解释者之间关系方面的谬误，也就是同语言使用者和语境密切相关的一种谬误。如诉诸无知的谬误，诉诸怜悯的谬误等。

不难看出，这种分类中的语形谬误就是前述分类中的形式谬误亦即演绎的谬误，而语义谬误和语用谬误则是前述分类中的非形式谬误，其中自然也包括归纳的谬误。可见，在上述各种分类中，形式谬误与非形式谬误的分类是最基本的分类。而由于形式谬误在本书有关章节中已进行了讨论，所以，在本章中，我们仅着重介绍几种常见的非形式谬误。

第二节 几种常见的非形式谬误

如上所述，所谓非形式谬误是相对形式谬误而言的。概略地说，也就是指一种不正确的推理或论证，但是，它的不正确性并不是因为它具有无效的推理形式，而是由于其推理中语言的歧义性或者前提（论据）对结论（论题）的不相关性或不充分性。下面把非形式谬误分为歧义性谬误、关联性谬误和论据不足的谬误。

一、歧义性谬误

所谓歧义性谬误是指在用语言表达思想和交流思想的过程中，没有保持所用语言的确定性和明晰性，也就是在确定的语言环境下，没有保持语言所使用的概念、命题的确定性而产生的种种谬误。

（一）语词歧义的谬误

语词歧义的谬误，是指在同一个语言环境中，一个语词或短语在不同意义下使用（即表达了不同概念）而引起的逻辑谬误。例如，"所有的鸟是有羽毛的，拔光了羽毛的鸟是鸟，所以，拔光了羽毛的鸟是有羽毛的"。显然，这一推理的结论是自相矛盾，因而是错误的。为什么会得出自相矛盾、错误的结论呢？原因就在于两个前提中共同使用的语词（"鸟"）是有歧义的。在第一个前提中，语词"鸟"是就鸟之所以为鸟应当是有羽毛的这个意义而言的，而在第二个前提中，则是就鸟的一种特殊状态，即被拔光了羽毛这个意义而言的。因而"鸟"这一语词在这一推理中具有歧义。正是这种歧义造成了上述推理结论的错误。

具有相对意义的词项，如果混淆了其所相对的范围或语境，也可造成歧义性谬误。比如，"蚂蚁是动物，所以，大蚂蚁是大动物"，"这是一只小象，而那是一只大蚂蚁，所以，这只小象小于那只大蚂蚁"。这里，"大""小"是相对概念，如果把相对概念"大""小"绝对化就会犯歧义性的谬误。

（二）语句歧义的谬误

由于语法结构不严谨而导致的语句整体上的歧义，这样的歧义错误就是语句歧义的谬误，又叫构型歧义谬误。例如，"我们班上有10个足球爱好者与手球爱好者，所以，我们班上有10个足球爱好者。"表面看来，这一推理似成立。但是，"我们班上有10个足球爱好者与手球爱好者"这一语句是有歧义的：既可以理解为这10人既是足球爱好者又是手球爱好者，也可以理解为这10人中仅有一部分是足球爱好者，而另一部分是手球爱好者。但只有在前一种意义上才能推出上述结论，在后一种意义上是推不出上述结论的。在后一种意义上进行推论而产生的谬误就是一种语句歧义的谬误。

算命先生往往利用语句歧义骗人。例如，"父在母先亡"。由于标点不同，这句话有两种含义：①"父在，母先亡"；②"父，在母先亡"。第一种含义的语义是"父亲活着，母亲死了"，第二种含义的语义是"父亲比母亲先死"。如果再加上不同的时态分析，这句话可以表示对过去的追忆，对现实的描述，对未来的预测，因此就有6种解释：①双亲去世，母亲是父亲在世时去世的；②双亲去世，父亲先于母亲去世；③父亲现在活着，母亲已经去世；④父亲已经去世，母亲还活着；⑤现在双亲都活着，将来母亲先去世；⑥现在双亲都活着，将来父亲先去世。因此，无论当事者目前情况如何，算命先生都可以说自己算准了。

（三）语音歧义的谬误

语音歧义的谬误是指在确定的语言环境下对同一语句读音的不同，而导致语句具有不同意义的谬误。这可以是通过对语句中某一语词的某个音节的语音强调而引起的。例如，"我们不应当背后议论朋友的隐私。"如果重音在"不应当"上面，就是一句正确的话。如果重音移到"背后"上，言外之意就是我们可以当面议论朋友的隐私。如果重音移到"朋友"上面，言外之意就是我们可以背后议论非朋友的隐私。"一个农民创建的图书馆开馆了"，通过语音重读可以强调的是"一个"，也可以强调的是"农民"。由于对语词强调的不同，这一语句所表达的意思显然也就不同。如果将其加以混淆，也会出现语音歧义的谬误。

二、关联性谬误

所谓关联性谬误是指那些前提（论据）包含的信息似与结论（论题）的确立有关但实际无关而引起的种种谬误。一般地说，关联性谬误大多是基于前提（论据）与结论（论题）在心理上相关，而不是在逻辑上相关而产生的，它利用语言表达感情的功能，以言词来激发起人们心理上的同情、怜悯、恐惧或敌意等，以引诱人们接受某一论题。

（一）合成的谬误

合成的谬误，指把整体中各部分的属性误认为是该整体的属性，由此做出错误的推论。它又叫合谬、合悖。

整体是由部分按一定方式组合起来的，它不是各个部分的简单相加，往往具有为部分所不具有而为整体所具有的性质，部分也具有属于部分而不属于整体的性质。换言之，属于部分的性质，有些为整体所具有，有些不为整体所具有。因此，不能推论说，凡部分所具有的性质，整体必然具有。例如，由一部机器的每一个零件都品质优良，推出该机器本身也品质优良；由一个足球队的每一个球员都很优秀，推出该足球队一定很优秀；由一辆公共汽车比一辆出租车耗油更多，推出所有公共汽车的总耗油量一定比所有出租车的总耗油量多；由一只大象吃的东西比一只老鼠多推出大象吃的东西比老鼠多。

（二）分解的谬误

分解的谬误，与合成的谬误刚好相反，是指由一整体具有某种属性，推出该整体中的每一个体也具有某种属性。它又叫分谬、分悖。

整体所具有的性质，不一定为部分所具有。所以，由整体的性质必然推论到部分的性质，会出现谬误。这种谬误推论的形式是：因为整体 P 具有性质 R，所以，P 的部分 Q 具有性质 R。例如，当初赫胥黎宣传进化论，受到了保守势力的反对，他们质问赫胥黎："既然人是猴子变的，那么你的父亲还是母亲是从猴子变来的？"保守派就是犯了分解的谬误的错误。由鲁迅著作一天读不完，推论出鲁迅著作的某一篇一天读不完；由一片树林林荫稠密，推论出其中某一棵树林荫稠密；由美国是当今世界上最富裕的国家，推出每一个美国人都是富人，等等。

（三）断章取义的谬误

断章取义的谬误就是在引用别人的话时，使其脱离原来的语境，从而改变原意的错误。例如，马克思有一句话："宗教是人民的鸦片。"这句话经常被用来作为批评宗教的论据，甚至被篡改成"宗教是麻醉人民的鸦片"。其实，这根本不是马克思的原意。马克思在《黑格尔法哲学批判导言》中说："宗教是被压迫生灵的叹息，是无情世界的感情。正像它是没有精神的制度的精神一样。宗教是人民的鸦片。"显然,马克思在这里是表达了对广大信教的人的深刻同情,马克思是在"镇痛剂"这个意义上使用"鸦片"这个比喻的。

1988年,亚洲大专辩论会决赛的辩题是"儒家思想可以抵御西方恶风。"反方引用了孔子的话"父母在,不远游"。然后质问正方:"如果照此办事的话,我们不就来不了新加坡了吗?何以到这里辩论抵御西方歪风的问题呢?"正方反驳道:"对方辩友是在断章取义,因为在《论语》里,下面还有一句话是'游必有方'。"

在日常生活中,有人只引用别人说他优点的话,而抛开别人说他缺点的话;或者只引用别人说他缺点的话,而抛开别人说他优点的话,也包含了断章取义的错误。在不正当的学术、政治论争中,断章取义的错误更为常见。

(四)稻草人的谬误

所谓稻草人的谬误,指的是在论证中把一个虚假的观点强加给对方,然后来攻击对方所犯的错误。犹如绑扎一个稻草人以代表对方,然后用攻击稻草人的办法来冒充对论敌的反驳,并自欺欺人地以为:打倒了这个稻草人,也就打倒了对方。歪曲对方观点的重要手法有夸张、概括、限制、引申、简化、省略、虚构,等等。语言交际的原则之一是关联原则,即说话要与已定的交际目的相关联。根据这一原则,在正当的辩论中,证明和反驳双方的议论应该切题,即一方所反驳的论题必须是对方真正提出的论题。而稻草人的谬误却违反这一原则。

如甲对某领导说:"你有些事做得不对。"这位不清醒的领导立即回答说:"什么?你竟然认为我什么事都做得不对。"然后他就滔滔不绝地列举他认为做对的事来对甲的批评进行反击,事实上他反击的只是他树立的稻草人,因为甲并没有说他什么事都做得不对。

无政府主义者故意把马克思主义的一个重要论点"人们的经济地位决定人们的意识",歪曲为"吃饭决定思想体系",并对这个荒谬的论点大加攻击。斯大林揭露了这一偷换论题的诡辩手法:"请诸位先生们告诉我们吧:究竟何时、何地、在哪个行星上,有哪个马克思说过'吃饭决定思想体系'呢?为什么你们没有从马克思著作中引出一句话或一个字来证实你们的这种论调呢?诚然,马克思说过,人们的经济地位决定人们的意识,决定人们的思想,可是谁向你们说过吃饭和经济地位是同一种东西呢?难道你们不知道,像吃饭这样的生理现象是与人们的经济地位这种社会现象根本不同的吗？"

（五）诉诸无知的谬误

这是一种以无知为论据而引起的谬误。例如，某些法盲犯罪后，常常在预审中或庭审中用自己不懂得法律，"不了解这样做是犯罪"等来为自己的罪行辩护，甚至论证自己无罪，就属此种谬误。其实，无知绝不是论据，不知某事实存在，并不等于该事实不存在。某人不懂法律，但并非意味着法律对其无效。

甲说："我戒烟了。因为吸烟会得肺癌。"乙说："这还没有被证明。所以，吸烟不会得癌症。放心吸吧！"这里，乙凭借"吸烟会得肺癌"还没有被证明，即对这一点的无知而断言"吸烟不会得癌症"，就犯了诉诸无知的错误。实际上，人们对某一现象领域的无知不能成为推论的理由。逻辑推论的实质，是由已知测度未知，而不能把未知作为未知的理由。

（六）诉诸人身的谬误

诉诸人身的谬误，是指通过对论敌的人格、品质、处境等的评价来论证那个人的某种言论为错误来代替对具体论题的论证而引起的一种谬误。

在日常生活或学习中，有人反驳别人的观点，不是针对对方的观点发表意见，而是针对提出该种观点的人的出身、职业、长相、地位等与论题无直接关系的方面进行攻击，这就是犯了人身攻击的逻辑错误。例如，"你们怎么能相信他的话？他小时候偷过人家的玉米"。这等于在人们要喝井水之前给井里下毒，所以这也叫作"给水井投毒谬误"。"目前的经济政策导致这个国家的经济在迅速地下滑。这主要是由于一些前政府顾问和前政府官员以及一些仍在掌权的自以为有学问的知识分子相互勾结在一起。有证据表明，这些人自私自利，自以为是，完全不受人民和议会的监控"。这么一大段话没有说明现行经济政策究竟在哪里有问题，这些问题如何导致经济衰退，而通篇都是一些对有关人士的攻击性言辞，这并不能论证他的观点。

诉诸人身的极端表现就是恶意诋毁。德国哲学家黑格尔曾经谈到一个例子：

在集市上，一位女顾客对一位女商贩说："喂，老太婆，你卖的鸡蛋是臭的呀！"女商贩听后雷霆大怒，说："什么？我的鸡蛋是臭的？你敢这样说我的蛋？

我看你才臭呢！你？要是你爸爸没有在大路上给虱子吃掉，你妈妈没有跟法国人相好，你奶奶没有死在医院里，你就该为你花里胡哨的围脖买一件合身的衬衫啦！谁不知道，这条围脖和你的帽子是从哪儿来的。要是没有军官，你们这些人才不会像现在这样打扮呢！要是太太们多管管家务，你们这些人都该蹲班房了。还是补一补你袜子上的那个窟窿去吧！"

对此我们只要引用鲁迅的一句话就足够了："辱骂和恐吓绝不是战斗"！显然，一个人的人格、品质、处境与他的观点正确与否之间没有直接的逻辑联系。

（七）诉诸情感的谬误

诉诸情感的谬误是指在论证中用激动的感情或煽动性的言辞拉拢听众的办法来代替对某个论题的论证而出现的逻辑错误。有些人对其所不喜欢的人的论点常常不愿做认真分析就加以拒斥，诉诸怜悯是这种谬误的一种表现。不去陈述某个观点成立的理由，而是促使别人同情持有这种观点的人，以图侥幸取胜，叫作"诉诸怜悯"。例如，有的犯罪嫌疑人在法庭上痛哭流涕地说道："我上有年迈的失去自理能力的老母，下有一个正在上小学的孩子，如果给我判刑，投入监狱，他们该怎么办呀！"

（八）诉诸众人的谬误

诉诸众人的谬误是指以持某种观点的人数多来代替对该观点的实质性论证而犯的逻辑错误。例如："我所主张的只不过是大多数公众的观点，你反对我，就是在与公众作对。不信你问一问在场的人？""这么多人反对他，他能是好人吗？""大家都这么认为，就你固执己见。"诉诸众人之所以成为谬误，是因为一方面真理有时在少数人手里，人数的多少不能成为判断命题是非的标准；另一方面，多数人的主张可能是为了某一群体的狭隘利益，或者是出于狭隘的文化观念。

在哥白尼之前，众人认为太阳和其他行星绕地球旋转，但这并不合乎事实和真理。在常识中有时包含着一个时代的偏见。然而众人之见常常对人有一种心理影响，似乎众人之见即真理。这正是诉诸众人谬误产生的根源。"曾参杀人"的故事就是陷入了诉诸众人的谬误。

孔子弟子曾参住费城,当地有个跟他重名的人杀了人。甲跑来对曾参母亲说:"曾参杀了人!"曾参以孝行著称,其母对儿子很了解,于是说:"我的儿子不杀人。"她继续织布,不为甲的言论所动。乙又跑来对曾参母亲说:"曾参杀了人!"曾母照样织布,不予理睬。而丙又跑来说:"曾参杀了人!"这时曾母却害怕了,弃梭越墙而逃。诗人李白说:"曾参岂是杀人者?谗言三及慈母惊。"

(九)诉诸权威的谬误

诉诸权威的谬误,是指在论证中以本人或他人的权威来论证某一论题而导致的逻辑错误。例如:

在欧洲中世纪,亚里士多德及其学说享有崇高的地位。一位经院哲学家不相信人的神经在大脑里汇合的结论,一位解剖学家请他去参观人体解剖,他亲眼看到了这一事实,解剖学家问他:"你这回应该相信了吧?"他却这样答道:"你这样清楚明白地使我看到了这一切,假如亚里士多德的著作里没有说人的神经在心脏中汇合的话,那我一定会承认这是真理了。"

这位经院哲学家就是犯了诉诸权威的错误。

诉诸权威的谬误与论证中的引用不是一回事。在论证中,为了说明一个道理,人们往往引用名人或权威的话,这样可以有较强的说服力。但权威的话同样没有被质疑的豁免权。如果当权威的某句话或某个观点受到质疑或是显然不成立时,仍然强调说话者的权威性,那就显然是诉诸权威的谬误了。

(十)诉诸强力的谬误

诉诸强力是指不正面陈述理由去论证某个观点成立或不成立,而是通过威胁、恫吓甚至使用棍棒和武力,去迫使对方接受自己的观点或放弃他本人的观点。

中世纪西欧有所谓"围剿魔女"之举。传言魔女骑着扫帚、山羊在空中飞翔,去参加在深夜举行的魔鬼酒宴,在酒宴上群魔乱舞,疯狂鬼混。于是教会与军政当局合谋,威逼拷问无事者承认自己是魔女,然后处死。拷问者会向被拷问者提出如下一些离奇的问题,诸如"骑扫帚、山羊飞过吗?""参加过魔鬼集会吗?""与恶魔鬼混过吗?"等。严刑之下常有假供,且其所供内容与拷问者心目中的恶魔形象有惊人的相似,于是拷问者对假供深信不疑。

这种逼供的做法正是诉诸强力谬误的表现。

（十一）非黑即白的谬误

非黑即白的谬误是指在本来有其他选项的情况下却要求人们做出非此即彼的选择。这里黑、白比喻两个极端。在黑与白之间本来有很多中间色，而非黑即白的思考却无视中间体的存在，非要人们或者选择黑或者选择白。其论证形式是：因为不是黑的，所以一定是白的。例如：

美国在遭受"9·11"恐怖袭击之后，对整个世界摆出了一副异常强硬的姿态："或者跟我们站在一起反恐，那么你是我们的朋友；或者不与我们站在一起反恐，那么你就是我们的敌人。"

非黑即白的谬误出现于事物情况不限于两个极端的场合，而在只有两种可能被选择的场合不适用。例如判定被告有罪或无罪，没有其他选择。

（十二）复杂问语的谬误

复杂问语的谬误，是把两个以上的问题合并为一个问题，诱使对方作为一个简单问题来回答的谬误。

任何问句都有它所假定的东西，所以，任何问句都包括两部分：一是该问句已经假定的内容，叫作该问句的预设；二是所问的东西。如果一个问句中包含虚假的预设，这样的问句实际上含有某种陷阱，叫作"复杂问语"。例如，"你是否已经停止打你的父亲了？"这一问语暗含了一个不当假定："你打过你的父亲"。对"复杂问语"无论做出肯定还是否定的回答，都接受了那个预设。如果回答"是"，则意味着你过去打父亲；如果回答说"否"，则意味着你过去打现在还在打你的父亲。因此，回答此类问语的最好方法是指出其中那个预设为假。例如，一般人回答上述问题的正确方法是：我根本没有打过父亲，何谈停止不停止！

有时人们把两个问题合成一个问题，也叫作"复杂问语"。例如，"是否赞成对这个项目追加投资两千万元？"实际上，为了使讨论富有成效，让各种意见都得到充分表达，上述问题都应该分开议处："是否赞成对这个项目追加投资？"在这个问题取得一致意见之后，再来讨论第二个问题："该追加多少？"

"你是赞成集中与专制,还是选择民主与混乱?请回答是或否。"这是更为复杂的两个问题合成一个问题的形式。它实际上是把四个不同的简单问题,合并为一个复杂问语,并不恰当地要求给出一个简单回答。如果回答说"是",等于赞成专制并且选择混乱;如果回答说"否",等于不赞成集中并且不选择民主。防止误入陷阱的办法,是把这一复杂问语分离为四个简单问语而一一回答。

三、论据不足的谬误

论据不足的谬误是指由于缺乏论据的充分支持,而使论题不能成立的错误论证。它有以下几种:

(一)以全概偏的谬误

以全概偏的谬误是把一般原则用于特殊、例外的场合而导致的错误。亦称"偶性谬误""特例的谬误"。一般原则有其应用的具体情况和范围。在我们的日常思维中,我们会使用许多一般性概括或者说通则,它们表明情况一般是怎样的。例如,"人是有理性的""偷窃是不道德的"等,但如果把这些在正常条件下为真的说法当作是在所有条件下为真,也就是无条件地真,则就犯了以全概偏的错误。例如,"这个国家是民主国家,它宣称所有的人都生而自由平等,并且不能剥夺他们的自由。所以,这个国家应该停止监禁罪犯和疯子"。所以,有的逻辑学家说,没有一个谬误比下面的谬误危害更大:将一个在许多情况下不算误导的陈述句,当作是毫无条件地永远是真的。

(二)以偏概全的谬误

以偏概全的谬误是指由特例不恰当地引申出一般规律的错误论证。它又称"特例概括""轻率概括""逆偶性谬误"。这是由简单枚举法得出了虚假的结论。以偏概全是人类很难避免的谬误,这是因为简单枚举是人类不得已的选择,是人类对真理的猜测。人类的很多一般性知识只能来自于简单枚举。所以,在某个问题上的以偏概全很可能是整个人类在某段时间的共同错误。例如:

一个半世纪之前，英国的博物馆展出了鸭嘴兽蛋，并声称鸭嘴兽是哺乳动物。这一展览引起了轰动，许多人认为不可思议。因为人们都认为，所有的哺乳动物都是胎生的。当时，20岁的恩格斯也颇感疑惑。直到生物学家到澳大利亚塔斯尼岛实地考察，目睹了鸭嘴兽的卵生和哺乳，人们才改变了"所有哺乳动物都是胎生的"的错误认识。

尽管人类无法避免以偏概全的错误，但却可以尽可能减少这种错误，关键就在于对待反例的态度。如果有意回避反例，那是不足取的。发现和批评以偏概全的谬误的根本方法是发现和提供反例。

（三）以先后为因果的谬误

以先后为因果的谬误，是把先后关系误认为因果关系的错误论证。例如："自从1840年以来，所有在20的倍数的偶数年当选的美国总统都是死在办公室里：哈里森，1840年；林肯，1860年；加菲尔德，1880年；麦肯尼，1900年；哈丁，1920年；罗斯福，1940年；肯尼迪，1960年。所以，在1980年当选的美国总统也会死在办公室里"。中国古人遇月食即放鞭炮"驱天狗"，而每次放鞭炮后则见月亮重现，于是认为放鞭炮是月亮重现的原因。可见以先后为因果的谬误，是许多迷信与偏见的基础。

（四）因果倒置的谬误

所谓因果倒置的谬误是指在相对确定的条件下，把原因与结果相互颠倒，视结果为原因或视原因为结果而引起的谬误。比如，有机物的腐败与微生物的入侵存在着一定的因果关系，后者是原因，前者是结果。但有的人却认为是因为有机物腐败才引起微生物的入侵，因而把两者真实的因果关系颠倒了。又如在19世纪的英国，勤劳的农民至少有两头牛，而好吃懒做的人通常没有牛。于是某改革家提出应给每位没有牛的农民两头牛，以便使他们勤劳起来。这是倒果为因。

（五）虚假原因的谬误

虚假原因的谬误，是把不是给定结果的原因的东西误认为该结果的真实原因而产生的谬误。如某人晚上读书两小时，喝了浓茶，结果夜里失眠。第二天晚上又读书两小时，喝了咖啡，结果夜里失眠。第三天晚上再读书两小时，吸了烟，结果夜里失眠。他以为读书是失眠的原因，这就是犯了虚假原因的谬误。这是抓住几个场合中都有读书这个表面上的共同点，从而不恰当地运用求同法而产生的谬误。实际上茶、咖啡和烟中含有兴奋大脑神经的成分，摄入这些成分是导致失眠的真正原因。

（六）机械类比的谬误

机械类比的谬误是把两类区别很大的事物强做类比从而得出荒谬的结论。比如，基督教神学曾为存在造物主的论点论证说：宇宙是由许多部分构成的一个和谐的整体，如同钟表是由许多部分构成的和谐的整体一样，而钟表有一个创造者，所以宇宙也有一个创造者，那就是上帝。把"宇宙"和"钟表"这两类相似点极少，即使有也只有偶然性质的事物加以比较，而由钟表有创造者推出宇宙也有创造者的结论。这就是一种机械类比的谬误。正如以偏概全难以避免一样，机械类比也是人类无法完全避免的。因为类比本来就是一种猜测，是一种认识的冒险，或者说是一种冒险的认识方法。避免机械类比的方法是发现和提供类比事物与类比属性之间的不相容性。

（七）虚假相关的谬误

虚假相关的谬误，是指把并非真正相关的两类事件，误认作密切相关而做出错误论证的谬误。比如，某国的一项统计材料表明，该国的居民中喝牛奶的和死于癌症的比例都很高。于是，有人据此做出推论：喝牛奶是引起癌症的原因。事实上该国老年人比例很高，而老年人得癌症的比例会更高些。把统计数字上似乎相关而其实无关的两类事件视为是具有因果关系的两类事件，由此产生的谬误就是一种虚假相关的谬误。

（八）错误抽样的谬误

所谓错误抽样的谬误是指在做出归纳概括过程中抽样不合理（如抽样片面、样本不具代表性等）而产生的谬误。比如，19世纪美西战争期间，美国海军强调"海军的死亡率比纽约市民的死亡率还低",纽约市民的死亡率是 1.6%,而美西作战期间海军士兵中的死亡率是 0.9%,于是得出结论:战争期间在海军中服役的军人比一般居民还安全。以此为依据,鼓励青年投入海军。这一观点当然不正确。原因就在于在统计中包含了片面抽样的谬误。因为,在其统计的居民中,固然有健康的青年人,但还有老人和婴儿,而且,还有各种各样的病人。一般来说他们的死亡率是相对较高的。而海军士兵都是经过体检合格的身体健康的青年人,同老年人和婴儿以及各种病人比较起来,其死亡率无疑是较低的。因此,基于这样的片面抽样而得出的结论自然是不正确的。正确比较战时海军与普通市民的死亡率,应该选择同等条件的抽样样本,即在纽约市民中选择与海军士兵同样年龄和健康状况的数据,才能得出可信的结论。

(九)平均数谬误

平均数谬误是指以平均数的假象为根据引申出一般结论的错误论证。如果在一系列数据中有少数几个很大的数,那么,所谓平均数就容易给人以假象,以此为据进行推论会陷入错误。比如,某人因甲工厂职工平均月工资为 2000 元,推论出甲工厂的工人月工资至少也得超过 1000 元。但实际上,该厂大多数工人月工资不足 1000 元,因为该厂技术人员、管理人员与工人的比例为 1∶1。而技术人员和管理人员的工资较高,多超过 3000 元,因而,虽然平均职工月工资为 2000 元,但一般工人的工资就不足 1000 元了。上述某人的推论就反映了这种平均数的谬误。又如,甲:"听说这条河昨天淹死了一个人。"乙:"不可能,这条河平均深 1.4 米,怎么可能淹死人呢?"乙的思维就是平均数的谬误。

以上三种谬误(平均数谬误、错误抽样谬误和虚假相关的谬误)都是同统计有关的谬误,因而它们都属于统计谬误。

(十)赌徒谬误

所谓赌徒谬误是指由于意识不到独立事件的独立性而做出错误推论的谬误。因一般赌徒常犯此谬误,故以此命名。比如,在掷骰子这种赌博形式中,出现点数为 1 的概率是 1/6,在盘子上具有红、黑二色的轮盘赌中,每次出现红色的概率是 1/2，这些事件是互相独立的，彼此没有关系。参与赌博的赌徒认识不到这些事件的独立性，形成所谓赌徒谬误。参与玩轮盘的赌徒总以为在轮盘转过多次红色数字以后，下一次就会落在黑色数字上面，而不懂得下一次黑色或红色出现的概率仍然是各为 1/2，它们相对于以往的事件是完全独立的，它们并不因为前几次呈现的是红色而就必然增加下一次黑色出现的概率。而正确的逻辑是把每次的输赢都看作是独立事件，跟上次的输赢无关。

再如，有的妇女在生了一个、两个或三个女孩后，总以为如果再生小孩的话将会是男孩，从而在这种渴求中连续生了多个女孩。这就是因为她们不懂得每次生小孩都是不依赖于前一次生小孩（是生女孩还是男孩）的独立事件，过去生了女孩并未增加下次生男孩的概率。实际上这些妇女也陷入了类似赌徒的谬误。

（十一）预期理由的谬误

预期理由的谬误是指用本身的真实性尚待证明的命题充当论据进行论证而导致的谬误。例如，曾有人为了证明"火星上是有人的"，提出如下论据："用望远镜观察火星，可以发现上面有不少有规则的条状阴影，而这就是火星人开凿的运河"。

（十二）循环论证的谬误

循环论证的谬误，是指用论题本身或近似论题的命题做论据去论证论题而出现的谬误。例如，鲁迅在《论辩的魂灵》一文中，就揭露了顽固派的这种诡辩手法："你说谎，卖国贼是说谎的，所以你是卖国贼。我骂卖国贼，所以我是爱国者。爱国者的话是具有价值的，所以我的话是不错的。我的话既然不错，你就是卖国贼无疑了。"这里，顽固派所进行的是一个典型的循环论证。又如，中世纪的神学家们论证"上帝是存在的"这一命题时说：当人们思考上帝时，人们是把上帝作为一切完美性的总和来思考的，而归入一切完美性总和的是存在，因为不存在的必然是不完美的。所以，必须把存在归入上帝的完美性之中，这样，上帝一定是存在的。神学家们用"上帝是存在的"论证"上帝是完美的"，又用"上帝是完美的"论证"上帝是存在的"。

第三节　谬误的避免

我们列举、分析谬误的目的，是为了弄清楚谬误的产生原因、机制，帮助人在思维过程中正确地进行推理、论证，避免各种逻辑错误。然而，谬误毕竟是一个极其复杂的课题。迄今为止，人类尚未找到解决一切谬误问题的方法。

由于各种逻辑谬误的性质和产生的具体原因有所不同，因此，为了有效地预防和避免逻辑谬误，还必须针对不同谬误的不同特点，对症下药，采取不同的措施和办法。

对于形式谬误，就应当熟练地掌握各种必然推理的规则及其相应的有效式，同时还必须熟悉其相应的各种无效式。这样，就能对实际思维过程中出现的各种形式谬误较容易迅速而准确地加以识别和避免。

对于歧义性谬误，应当尽可能注意在确定的语言环境下保持语词和语句的确定性，使语词所表达的概念和语句所表达的命题能保持同一性。

对于关联性谬误，应当尽力避免心理因素与逻辑因素相混淆，力求在推理和论证过程中严格遵循逻辑要求进行逻辑推导，力戒各种心理因素、特别是感情因素对推理和论证过程的干扰。

对于论据不足的谬误，应当把注意力集中到推理或论证过程中前提（论据）对结论（论题）的支持程度上。为此，必须确切判明结论（论题）所据以成立的前提（论据）的有无或多少，并判明它们对结论（论题）的支持和确证的程度，借以识别和警惕那些似是而非的错误推理或论证，以避免论据不充足的种种谬误出现。

谬误可以说与生俱来，与人同在。任何人都不能声言自己从来不会在思维与表达中出现什么谬误。谬误与诡辩毕竟是逻辑和真理的对立物。我们要追求真善美的人生，就应该设法避免各种形式的谬误与诡辩。

第四节 谬误知识在逻辑试题训练中的应用

一、例题讲解

例题 1 1908年，清朝3岁的宣统皇帝继位，接受文武百官的朝贺，钟鼓齐鸣，三呼万岁，把宣统皇帝吓得直哭。抱着宣统皇帝的摄政王安慰小皇帝说："快完了，快完了。"后来，清王朝于1911年被辛亥革命推翻。清朝的遗老遗少怪罪摄政王说，就是他在登基大典上说："快完了"，所以把大清朝的江山给葬送了。

以下的哪一项与清朝的遗老遗少的手法相似？

A. 这个码头坍塌，固然与建筑的质量有关，但与今年潮水过大也有一定的关系

B. 这座大桥被冲垮了，完全是由于百年未遇的洪水的缘故

C. 兴达公司如此兴旺发达，完全是这个公司的名字取得好

D. 暂时没有攻克这个难关，是由于我们掌握的资料还不完全

[解题分析]　正确答案：C

题干和选项 C 都属于主观臆断。

例题 2 王鸿的这段话不大会错，因为他是听他爸爸说的。而他爸爸是一个治学严谨、受人尊敬、造诣很深、世界著名的数学家。

如果以下哪项是真的，则最能反驳上述结论？

A. 王鸿谈的不是关于数学的问题

B. 王鸿平时曾说过错话

C. 王鸿的爸爸并不认为他的每句话都是对的

D. 王鸿的爸爸已经老了

[解题分析]　正确答案：A

当王鸿谈数学问题时，他爸爸的话有权威性，当讨论其他问题时，比如关于体育、音乐或生物等方面的问题时，王鸿的爸爸的见解可能与常人无异，甚至很差。因此，选项A能直接针对题干论证所犯的"诉诸权威"的谬误进行了反驳。

选B不妥。即使"王鸿平时曾说过错话"，但这次的根据是王鸿的爸爸说的。C说王鸿的爸爸不认为自己总是对的，即使对数学问题也可以这么说，这正体现了他的治学精神。但这不能成为对题干结论的有力反驳。再者，题干的结论只是"不大会错"。D中说"王鸿的爸爸老了"，从某种意义上对题干结论提出质疑。但从题干的叙述中绝对没有对王鸿的爸爸在数学领域的权威性和命题能力提出怀疑。跟A比起来，还是选A更好。

例题 3　许多科学家相信，在宇宙中存在居住着高级生物的星球。他们认为，在宇宙的演化中，大约有十万分之一的概率会形成像地球这样的具备生命产生条件的星球。可是，仅凭概率并不能证明这样的星球真的存在，因为有一定概率出现的事件未必一定发生。实际上，人类从未发现有关外星人存在的任何证据。可见，关于外星人和居住着高级生物的星球存在的看法，不过是某些科学家为满足其好奇心而编造的虚假的科学神话。

以下哪项中的论证方法与上述论证中的最为相似？

A. 许多人认为，吸烟有害，所以应该禁止吸烟。可是，"有害"不能成为禁止吸烟的原因，就如同呼吸被污染的空气有害，但不能因此而禁止人们呼吸一样

B. 许多唯物论者不相信美人鱼的存在，可是却拿不出美人鱼不存在的证据来。可见，美人鱼是存在的

C. 许多心理学家认为，人类以外的其他具有快速眼动睡眠的哺乳动物也会通过做梦来恢复记忆功能。这一看法是荒谬的。一方面，关于其他具有快速眼动睡眠的哺乳动物有记忆这一点尚未得到证实；另一方面，人们关于这类动物也做梦这一点更是一无所知

D. 许多星相学家认为，人出生的星座决定人生的命运。他们经常为别人预测吉凶祸福，却大多不能应验。所以，他们从不根据出生的星座来预测自己的命运

[解题分析]　正确答案：C

选项 C 与题干一样是"诉诸无知"式论证。选项 B 虽然也是犯了"诉诸无知"式谬误，但其结论是肯定的，而题干中的结论是否定的，故选项 C 与题干的论证更接近。

例题 4 目前的大学生普遍缺乏中国传统文化的学习和积累。根据国家教委有关部门及部分高等院校最近做的一次调查表明，大学生中喜欢和比较喜欢京剧艺术的只占到被调查人数的 14%。

下列陈述中的哪一个最能削弱上述观点？

A. 大学生缺少对京剧艺术欣赏方面的指导，不懂得怎样去欣赏
B. 喜欢京剧艺术与学习中国传统文化不是一回事，不要以偏概全
C. 14% 的比例正说明培养大学生对传统文化的学习大有潜力可挖
D. 有一些大学生既喜欢京剧，又对中国传统文化的其他方面有兴趣

[解题分析]　正确答案：B

题干中的观点是"大学生普遍缺乏中国传统文化的学习和积累"，根据关于是否喜欢京剧的调查。B 指出了"京剧艺术"与"中国传统文化"的区别，说明不能以不喜欢京剧之"偏"概对中国传统文化的态度之"全"。A 对题干中的观点不置可否，仅对不喜欢京剧做了点解释。C 只是说"大有潜力可挖"，但承认绝大多数(86%)大学生缺乏中国文化的修养，实际是赞成题干的观点。D 举出"有一些"大学生的例子，好像是与题干辩论。但题干中的观点和调查数据都是说的"大多数"，并没有说"全体"。因此，D 也不能削弱题干的观点。

例题 5 19 世纪有一位英国改革家说，每一个勤劳的农夫，都至少拥有两头牛。那些没有牛的，通常是好吃懒做的人。因此，他的改革方式便是国家给每一个没有牛的农夫两头牛，这样整个国家就没有好吃懒做的人了。这位改革家明显犯了一个逻辑错误。

以下哪项论证中出现的逻辑错误与题干中出现的类似？

A. 天下雨，地上湿。现在天不下雨，所以地也不湿
B. 这是一本好书，因为它的作者曾获诺贝尔奖
C. 你是一个犯过罪的人，有什么资格说我不懂哲学？
D. 因为他躺在床上，所以他病了

[解题分析]　正确答案：D

题干中改革家的犯的逻辑错误是"因果倒置",选项 D 也犯了同样错误。

例题 6 有一位改革人士说,凡是效益好的国有企业,都拥有充足的自有资金。而那些效益不好的国有企业,都是债务负担过重,根本没有自有资金。他建议给每一个国有企业补足自有资金,那么就不会再有亏损的国有企业了。

这位改革人士明显地犯了一个逻辑错误。以下的选项中,哪个与该错误相类似?

A. 如果患肺炎,那么就会发烧;张某没有患肺炎,所以,他没有发烧

B. 一位律师为被告辩护说:"你们看他有如此美丽温柔的妻子和活泼可爱的女儿,他会铤而走险地去抢劫银行吗?"

C. 你的观点已被证明是错误的,那么还有什么资格发言!

D. 你说谎,所以你的话不可信;因为你的话不可信,所以你说谎

[解题分析] 正确答案:D

这位改革人士犯的逻辑错误是因果倒置,D 也犯了同样的错误。

例题 7 一位研究者发现具有低水平免疫系统的人在心理健康测验中的得分比具有高水平免疫系统的人分数低。这位研究者的结论是:免疫系统不仅能防御身体疾病,也能抵御精神疾病。

以下哪项如果真的,将最严重地削弱该研究者的结论?

A. 该研究者的理论研究和所进行的实验之间有一年的耽搁

B. 人的免疫系统不受药疗法的影响

C. 一些具有高免疫系统的人在心理健康测试中,与具有普通免疫系统的人得分相同

D. 对普通人,强烈的压力首先引起精神疾病,然后降低免疫系统的活动

[解题分析] 正确答案:D

要削弱结论,就说明研究者的结论把因果倒置了;即是精神疾病影响了免疫系统。也就是 D 项是最好的削弱。

例题 8 在一次商业谈判中,甲方总经理说:"根据以往贵公司履行合同的情况,有的产品不具备合同规定的要求,我公司蒙受了损失,希望以后不再出现类似的情况。"乙方总经理说:"在履行合同中出现有不符合要求的产品,按合同规定可退回或要求赔偿,贵公司当时既不退回产品,又不要求赔偿,这究竟是怎么回事?"

以下哪一项正确命题了乙方总经理问句的实质？

A. 甲方企图要乙方赔偿上次合同的损失

B. 甲方说的有的产品不符合要求，却没有证据

C. 甲方可能是因为怕麻烦，没有追究乙方的违约行为

D. 甲方为了在这次谈判中讨价还价，故意指责乙方以往有违约行为

[解题分析]　正确答案：D

乙方经理先说明了合同对"不符合要求的产品"的处置有明确的规定，如果真有此类事情发生，甲公司完全可以退回或索赔。乙公司经理反问"贵公司当时既不退回产品，又不要求赔偿，这究竟是怎么回事？"并不是承认有产品质量问题，也就是说，不是正面提出问题等待甲公司经理的回答，而是一个反问句。此反问的目的是指出甲方在谈判中无中生有，故意指责乙方，以便在本次谈判中讨价还价。从题干中甲乙双方的对话来看，甲方经理在提问中包含有"稻草人"的逻辑错误，乙方经理的高明之处就在于发现了这一点，并做出了正确的应对。选项D正是乙方总经理问句的实质。选项A并不是乙方经理问句的实质，因为甲方经理的提问并不是想对上次进行索赔，而是说"希望以后不再出现类似的情况"，也就是对上次可能存在的质量问题既往不咎。乙方经理不会听不出甲方经理此话的意思。选项B也不是乙方问句的实质，因为甲乙双方是在进行一次新的商业谈判，不是为了解决上次交易中的产品质量问题。所以，双方不是在提供或检查产品不合格的证据，因为甲方的话已经是表示了不追究的态度。选项C承认有不合格产品的事实，是对乙方不利的，都不可能是乙方总经理问句的意思。所以，正确答案是D。

例题 9　有些人坚信飞碟是存在的。理由是：谁能证明飞碟不存在呢？

下列选项中，哪项与上述的论证方式是相同的？

A. 中世纪欧洲神学家论证上帝存在的理由是：你能证明上帝不存在吗？

B. 神农架地区有野人，因为有人看见过野人的踪影

C. 科学家不是天生聪明的，因为爱因斯坦就不是天生聪明的

D. 一个经院哲学家不相信人的神经在脑中汇合。理由是：亚里士多德著作中讲到，神经是从心脏里产生出来的

[解题分析]　正确答案：A

题干中所犯的错误是"诉诸无知"，选项A的论证方式正与此相同。选项B

和 C 都是诉诸真正的论据。选项 D 犯了"诉诸权威"的错误。显然,正确答案是 A。

例题 10 某保险公司近来的一项研究表明,那些在舒适工作环境里工作的人比在不舒适工作环境里工作的人生产效率高 25%。评价工作绩效的客观标准包括承办案件数和案件的复杂性。这表明:日益改善的工作环境可以提高员工的生产率。

以下哪项如果为真,最能削弱以上结论?

A. 平均来说,生产率低的员工每天在工作场所的时间比生产率高的员工要少
B. 舒适的环境比不舒适的环境更能激励员工努力工作
C. 生产率高的员工通常得到舒适的工作环境作为酬劳
D. 生产率高的员工不会比生产率低的员工工作时间长

[解题分析] 正确答案:C

题干中根据一项研究的结果"那些在舒适工作环境里工作的人比在不舒适工作环境里工作的人生产效率高 25%",就推出结论说:"日益改善的工作环境可以提高工人的生产率"。但此研究结果中涉及的效率高与工作环境好二者之间谁导致谁并不知道,就由此得出结论说"工作环境好导致效率高"。即"日益改善的工作环境"是原因,"提高工人的生产率"是结果;选项 C 则把"生产率高的员工"作为原因,把"得到舒适的工作环境"作为结果;如果选项 C 为真,则题干中的结论就犯了"因果倒置"的错误。选项 B 是支持题干中的结论的,选项 A 和 D 则与题干不相关。所以,正确答案是 C。

例题 11 目前,国内彩电市场竞争十分激烈。进口名牌彩电款新质优,但价格比较昂贵;而国产彩电虽以质量价格比优于进口彩电而日受欢迎,但也面临严峻的考验。据统计,1994 年全国国产彩电销量为 1100 万台,而目前全国的彩电生产能力已达 2 000 万台以上。

从上述论断中得不出以下哪项推论?

A. 彩电生产厂家之间的竞争将不可避免
B. 彩电生产厂家应通过规模经济降低成本
C. 国产彩电目前是买方市场
D. 中国如加入世界贸易组织(WTO),国内家电业将会受到进一步冲击

[解题分析] 正确答案:D

从题干中可以推出,中国如果加入世界贸易组织,国内彩电业将会受到进一步冲击,但推不出国内家电业将会受到进一步的冲击,否则就会犯"以偏概全"

的逻辑错误。选项A、B、C能从题干中推出。所以,正确答案是D。

例题12 我的家具是美的,房子的装修是美的,墙上的画是美的,所以,我的家是美的。

以下哪个选项存在着与题干相同的谬误?

A. 你可以一直骗某些人,也可以有时骗所有的人,但不可能一直骗所有的人

B. 银河系约有一百万颗行星有存在生命的可能,因此,要排除其他星球有生命存在的可能,需进行一百万次宇宙探险

C. 每个竞选市长的人乍一看都具备当选的资格,所以,不经过一番考察而排除其中的任何一个都是错误的

D. 每个候选人都有机会被指定为三个委员会成员中的一个,所以,有可能所有候选人都被指定为委员会成员

[解题分析] 正确答案:D

题干的谬误是合成的谬误。选项D的谬误也是合成的谬误,因而正确选项是D。

例题13 下列论证中没有谬误的是哪个选项?

A. 许多人在他们的有生之年里,每隔几年就会根据个人经济状况或其他变化改变自己的遗嘱。当这些人因粗心大意而忘记注明立遗嘱的时间时,就为执行者带来了困难:执行者常常不知道在几份未注明日期的遗嘱中哪一份是最后的遗嘱。所以,留遗嘱的人必须写明遗嘱的时间

B. 现在似乎很清楚的是,所预言的最初为教学使用的个人电脑的重要角色无法变成现实。只要留心一下过去的一年中教学用电脑销售量的戏剧性下降,就可以证明时尚已过

C. 很清楚,政府关于减少汽车尾气排放的立法已经部分地获得了成功。因为事实表明,20个大城市空气主要污染物的含量比立法前已大为减少

D. 所有心理的、精神的功能都能在神经生物学中得到解释。要达到这个目标,就要对神经的基本功能及其相互作用有清楚的理解。到目前为止,人类所掌握的大量知识对有关神经的基本功能以及诸如视觉、记忆等心理特征能做出较好的理解,因此,精神的、心理的功能即将在神经生物学上得到全面的阐释

[解题分析] 正确答案:C

A、B、D都犯了以偏概全的错误。A只是根据写多份遗嘱的人的情况,就要求所有写遗嘱的人怎样做,是以偏概全。B只是根据一年的销售量来推断时尚已经过去,

也是以偏概全。D的错误是缺乏神经相互作用方面的依据，同样是以偏概全。

二、同步练习

1. 商家为了推销商品，经常以"买一赠一"的广告招徕顾客。以下哪项最能说明这种推销方式的实质？（　　）

   A. 商家最喜欢这种推销方式

   B. 顾客最喜欢这种推销方式

   C. 这是一种亏本的推销方式

   D. 这是一种以偷换概念的方法推销商品的手段

2. 在法西斯当政的德国，有人说："希特勒并不愚蠢。如果他愚蠢，就不会有那么大的名气。"后来有人告发他说"希特勒愚蠢"，并因此而被处极刑。

   以下哪项，与上面的告发者所用的手法相似？（　　）

   A. 某人说："我有张飞之粗，而无张飞之细。"有人分析说："他这是掩盖自己粗中有细的特点。"

   B. 某学生说："'只有勤奋学习，才能考上重点高中。"另一学生说："他认为他一定能考上重点高中。"

   C. 某商店老板说："我卖的酒没有掺水。要是我的酒掺了水，能这么好喝吗？"一位稽查人员说："他已承认他的酒掺了水。"

   D. 某人与另一个人约定："如果天不下雨，我就去图书馆。"结果，天没有下雨，他去了图书馆。另一个人就责备他没有信守约定

3. 法庭上正在对一名犯罪嫌疑人张某进行审讯，其辩护律师说："张某大学毕业，有较高的文化层次，并且有一位美丽的妻子和一个可爱的女儿，他怎么可能铤而走险去抢劫银行呢！"

   以下哪项中的手法与该辩护律师的手法相似？（　　）

   A. "小王在这个问题上的错误认识，与他不注重世界观的改造有一定的联系。"

   B. "今年庄稼收成不好，固然有自然灾害方面的原因，难道我们主观上就没有责任吗？"

   C. "李某只承认有挪用公款的行为，而拒不承认贪污行为，这是一种避重就轻的做法。"

   D. "老李历史上犯过错误，受到组织上的处理，他不可能对本企业的发展

提出合理化的建议。"

4. "人多力量大""众人拾柴火焰高",这些名言证明了人口的增加是有利于社会发展的。

上述推断的主要缺陷在于:(　　)。

A. "人多力量大"肯定了人力资源的作用,是重视人才的表现

B. 不同的人对社会的贡献是不一样的,应当指明主要应增加哪一类人口

C. 人口越少,消耗掉的社会资源就越少

D. 名言并非真理,不能由名言简单地证明上述结论

5. 认真学习逻辑知识,加强逻辑训练,可以有效地提高人们的逻辑思维水平和增强逻辑思维能力。小林平时注重逻辑知识的学习和逻辑思维的训练,可想而知,他的思维是有条理和逻辑性的。

上面的论述犯了以下哪项错误?(　　)

A. 转移论题　　B. 自相矛盾　　C. 以偏概全　　D. 推不出。

6. 某学院最近进行了一项有关奖学金对学习效率是否有促进作用的调查,结果表明:获得奖学金的学生比那些没有获得奖学金的学生的学习效率平均要高出25%。调查的内容包括自习的出勤率、完成作业所需要的平均时间、日平均阅读量等许多指标。这充分说明,奖学金对帮助学生提高学习效率的作用是很明显的。

以下哪项如果为真,最能削弱以上的论证?(　　)

A. 获得奖学金的同学通常有好的学习习惯和高的学习效率

B. 获得奖学金的同学可以更容易改善学习环境来提高学习效率

C. 学习效率低的同学通常学习时间长而缺少正常的休息

D. 对学习效率的高低跟奖学金的多少的关系的研究应当采取定量方法进行

7. 19世纪有一位英国改革家说,每一个勤劳的农夫,都至少拥有两头牛。那些没有牛的,通常是些好吃懒做的人。因此,他的改革方式便是国家给每一个没有牛的农夫两头牛,这样整个国家就没有好吃懒做的人了。这位改革家明显犯了一个逻辑错误。

以下哪项论证中出现的逻辑错误与题干中出现的类似?(　　)

A. 瓜熟蒂落,所以瓜熟是蒂落的原因

B. 这是一本好书,因为它的作者曾获诺贝尔奖

C. 你是一个犯过罪的人,有什么资格说我不懂哲学?

D. 有些发达国家一周只工作差不多四天或实行弹性工作制，为了缩短与发达国家的差距，我国也应该照此办理

8. 某人在所在企业破产后，打定主意重新找一份工资较高的工作，一天他看到一幅招聘广告："本公司现有员工 19 名，现诚聘 1 名技术工人。本公司人均月收入 3200 元以上。"于是，他高兴地去应聘，并很幸运地被录取了，但他第一个月拿到的正常月薪只有 500 元。他说该广告公司的招工广告说谎，但该广告确实没有说谎。

增加以下哪项最能解释上述事实？（　　）

A. 这个公司本月效益不太好

B. 他的工作小有瑕疵

C. 他与公司经理关系不大好

D. 该公司的平均工资是这样计算出来的：经理月薪 25000 元，经理女秘书月薪 15000 元，两名中层主管月薪 10000 元，其他员工月薪 500 元。

9. 在 20 世纪 70 年代后期美国纽约市的财政危机中，联邦政府内部曾争论是否要给纽约市以财政援助。一位对此持反对意见的经济学家质问道："是不是以后纽约市每次遇到财政麻烦，联邦政府都要解囊？"

这位经济学家的质问可以受到反驳，因为它：（　　）。

A. 使用了带有歧义的概念

B. 假如除了他，每个人都同意纽约市应该受到援助

C. 诉诸情感而不是遵循逻辑

D. 依赖第二手资料而不是依据第一手资料

10. 一项全球范围的调查显示：近 10 年来，吸烟者的总数基本保持不变；每年只有 10% 的吸烟者改变自己的品牌，即放弃原有的品牌而改吸其他品牌；烟草制造商用在广告上的支出占其毛收入的 10%。在 Z 烟草公司的年终董事会上，董事 A 认为，上述统计表明，烟草业在广告上的收益正好等于其支出，因此，此类广告完全可以不做。

以下哪项，构成对董事 A 的结论的最有力质疑？（　　）

A. 董事 A 的结论忽略了：对广告开支的有说服力的计算方法，应该计算其占整个开支的百分比，而不应该计算其占毛收入的百分比

B. 董事 A 的结论忽视了：近年来各种品牌的香烟的价格都有了很大的变动

C. 董事 A 的结论基于一个错误的假设：每个吸烟者在某个时候只喜欢一种品牌

D. 董事 A 的结论忽视了：世界烟草业是一个由处于竞争状态的众多经济实体组成的

11. 林教授是湖北人，考试时他只把满分给湖北籍的学生。例如，上学期他教的班级中只有张红和李娜得了满分，她们都是湖北人。

以下哪项最可能用来指出上述论证的逻辑漏洞？（　　）

A. 以偏概全　　B. 循环论证　　C. 自相矛盾　　D. 倒置因果

12. 某国每年对全国吸烟情况做调查，结果表明：最近三年来，吸烟的中学生人数在逐年下降。于是，调查组的领导得出结论：吸烟的青少年人数在逐年减少。

以下哪项如果为真，将使调查组领导所下结论不能成立？（　　）

A. 由于经费紧张，下一年不再对中学生做此调查

B. 香烟的价格在下降

C. 大部分吸烟的青少年都不是中学生

D. 这三年来，社会上帮助吸烟者戒烟的协会、组织在增加

13. 最近由于在蜜橘成熟季节出现持续干旱，四川蜜橘的价格比平时同期上涨了 3 倍，这就大大提高了橘汁酿造业的成本，估计橘汁的价格将有大幅度的提高。

以下哪项如果是真的，最能削弱上述结论？（　　）

A. 去年橘汁的价格是历年最低的

B. 其他替代原料可以用来生产仿橘汁

C. 最近的干旱并不如专家们估计的那么严重

D. 除了四川外，其他省份也可以提供蜜橘

14. 英国哲学家伯特兰·罗素有一个关于归纳主义火鸡的故事。在火鸡饲养场里，有一只火鸡发现，第一天上午 9 点主人给它喂食。然而作为一个卓越的归纳主义者，它并不马上做出结论。它不断收集有关上午 9 点给它喂食这一经验事实的大量观察。而且，它是在多种情况下进行这些观察的：雨天和晴天，热天和冷天，星期三和星期四……它每天都在自己的记录表中加进新的观察陈述。最后，它的归纳主义良心感到满意，它进行归纳推理，得出了下面的结论："主人总是在上午 9 点钟给我喂食。"可是，事情并不像它所想象的那样简单和乐观。在圣诞节前夕，当主人没有给它喂食，而是把它宰杀的时候，它通过归纳概括而得到的结论终于被无情地推翻了。大概火鸡临终前也会因此而感到深深遗憾。

在这则故事中，火鸡的归纳及其失败类似于下面哪项？（　　）

A. 在过去很长一段时间里，人们认为地球不动，太阳绕地球转，直到科学的发展推翻这一结论

B. 在过去很长一段时间里，由于人们一直不曾看见白色以外颜色的天鹅，认为天鹅都是白色的，直到澳洲发现黑天鹅才推翻这一结论

C. 过去人们一直在物理上绝对相信"以太"的存在，直到爱因斯坦相对论提出以后，才推翻"以太"存在说

D. 一个识字的人出于对他所读不懂的书的神秘感，而认为"所有的书都是好的"，当然这个结论是不成立的

15. 据对一批企业的调查显示，这些企业总经理的平均年龄是57岁，而在20年前，同样的这些企业的总经理的平均年龄大约是49岁。这说明，目前企业中总经理的年龄呈老化趋势。

以下哪项，对题干的论证提出的质疑最为有力？（　　）

A. 题干中没有说明，20年前这些企业关于总经理人选是否有年龄限制

B. 题干中没有说明，这些总经理任职的平均年数

C. 题干中的信息，仅仅基于有20年以上历史的企业

D. 20年前这些企业的总经理的平均年龄，仅是个近似数字

16. 新民住宅小区扩建后，新搬入的住户纷纷向房产承销公司投诉附近机场噪声太大令人难以忍受。然而，老住户们并没有声援，说他们同样感到噪声巨大。尽管房产承销公司宣称不会置住户的健康于不顾，但还是决定对投诉不准备采取措施。他们认为机场的噪声并不大，因为老住户并没有投诉。

下列哪项如果为真，最能表明房产承销公司对投诉不采取措施的做法是错误的？（　　）

A. 房产承销商们的住宅并不在该小区，所以不能体会噪声的巨大危害

B. 有些老住户自己配备了耳塞来解决这个问题，他们觉得挺有效果的

C. 老住户觉得自己并没有与房产承销商有什么联系，也没有太大的矛盾

D. 老住户认为噪声并不巨大而没有声援投诉，是因为他们的听觉长期受噪音影响已经迟钝失灵

17. 雌性斑马和它们的幼小子女离散后，可以在相貌体形相近的成群斑马中很快又聚集到一起。研究表明，斑马身上的黑白条纹是它们互相辨认的标志，而

幼小斑马不能将自己母亲的条纹与其他成年斑马区分开来。显而易见，每个母斑马都可以辨别出自己后代的条纹。

上述论证采用了以下哪种论证方法？（　　）

　　A. 通过对发生机制的适当描述，支持关于某个可能发生现象的假说

　　B. 在对某种现象的两种可供选择的解释中，通过排除其中的一种，来确定另一种

　　C. 论证一个普遍规律，并用来说明一特殊情况

　　D. 根据两组对象有某些类似的特性，得出它们具有一个相同特性

18. 居民苏女士在菜市场看到某摊位出售的鹌鹑蛋色泽新鲜、形态圆润，且价格便宜，于是买了一箱。回家后发现有些鹌鹑蛋打不破，甚至丢在地上也摔不坏，再细闻已经打破的鹌鹑蛋，有一股刺鼻的消毒液味道。她投诉至菜市场管理部门，结果一位工作人员声称鹌鹑蛋目前还没有国家质量标准，无法判定它有质量问题，所以他坚持这箱鹌鹑蛋没有质量问题。

以下哪项与该工作人员做出结论的方式最为相似？（　　）

　　A. 不能证明宇宙是没有边际的，所以宇宙是有边际的

　　B. "驴友论坛"还没有论坛规范，所以管理人员没有权力删除帖子

　　C. 小偷在逃跑途中跳入 2 米深的河中，事主认为没有责任，因此不予施救

　　D. 并非外星人不存在，所以外星人存在

思考题

1. 什么是谬误？它可以分为哪些种类？
2. 常见的非形式谬误有哪些？它们产生的原因是什么？
3. 研究谬误问题有何意义？

参 考 文 献

[1] 金岳霖. 逻辑. 北京：生活·读书·新知三联书店，1937.
[2] 金岳霖. 形式逻辑. 北京：人民出版社，1979.
[3] 陈波. 逻辑哲学导论. 北京：中国人民大学出版社，2000.
[4] 塔斯基. 逻辑与演绎科学方法论导论. 周礼全等译. 北京：商务印书馆，1963.
[5] 苏佩斯. 逻辑导论. 北京：中国社会科学出版社，1984.
[6] 杨武金. MPA 逻辑应试指导. 北京：北京师范大学出版社，2001.
[7] 周礼全. 逻辑——正确思维和成功交际的理论. 北京：人民出版社，1994.
[8] 吴家国. 普通逻辑. 上海：上海人民出版社，1993.
[9] 宋文坚. 逻辑学. 北京：人民出版社，1998.
[10] 宋文坚. 新逻辑教程. 北京：北京大学出版社，1992.
[11] 诸葛殷同等著. 形式逻辑原理. 北京：人民出版社，1982.
[12] 中国人民大学哲学系逻辑教研室编. 逻辑学. 北京：中国人民大学出版社，1996.
[13] 汉密尔顿. 数理逻辑. 上海：华东师范大学出版社，1986.
[14] 王宪均. 数理逻辑引论. 北京：北京大学出版社，1982.
[15] 胡世华，陆钟万. 数理逻辑基础. 北京：科学出版社，上册. 1981. 下册. 1982.
[16] 宋文淦. 符号逻辑基础. 北京：北京师范大学出版社，1993.
[17] 张尚水. 数理逻辑导引. 北京：中国社会科学出版社，1990.
[18] 胡耀鼎，张清字著. 数理逻辑. 北京：中国标准出版社，1985.
[19] 陈慕泽. 数理逻辑教程. 上海：上海人民出版社，2001.
[20] 周礼全. 模态逻辑引论. 上海：上海人民出版社，1986.
[21] 周北海. 模态逻辑导论. 北京：北京大学出版社，1997.
[22] 王维贤，李先焜，陈宗明. 语言逻辑引论. 武汉：湖北教育出版社，1989.
[23] 陈宗明. 汉语逻辑概论. 北京：人民出版社，1993.
[24] 江天骥. 归纳逻辑导论. 长沙：湖南人民出版社，1987.
[25] 邓生庆. 归纳逻辑——从古典向现代类型的演进. 成都：四川大学出版社，1991.
[26] 陈晓平. 归纳逻辑与归纳悖论. 武汉：武汉大学出版社，1994.
[27] 斯蒂芬·里德. 对逻辑的思考—逻辑哲学导论. 沈阳：辽宁教育出版社，1998.
[28] 江天骥. 科学哲学名著选读. 武汉：湖北人民出版社，1988.
[29] [美] 赫利尔. 简明逻辑学导论. 陈波，宋文淦，熊立文等译. 北京：世界图书出版公司，2010.
[30] [美] 柯匹，科恩. 逻辑学导论. 张建军，潘天群等译. 北京：中国人民大学出版社，2007.

习题答案

第一章

1. C 2. B 3. B

第二章

1. C	2. D	3. A	4. B	5. C	6. A	7. B	8. A
9. A	10. C	11. C	12. B	13. D	14. D	15. D	16. B
17. A	18. D	19. B	20. B	21. C	22. C	23. C	24. B
25. C	26. C	27. B	28. D	29. A	30. B	31. B	32. C
33. A	34. B	35. C	36. B	37. D	38. A	39. C	40. B
41. B	42. D	43. C	44. A	45. A	46. C	47. D	48. A
49. B	50. D	51. A	52. C	53. B	54. C	55. D	

第三章

1. B	2. D	3. B	4. B	5. D	6. A	7. C	8. C
9. C	10. C	11. B	12. C	13. B	14. A	15. A	16. A
17. B	18. A	19. B	20. C	21. A	22. A	23. B	24. D
25. A	26. A	27. B	28. C	29. B	30. A	31. B	32. D
33. A	34. B	35. B	36. B	37. B	38. C	39. A	40. D
41. B	42. A	43. A	44. D	45. B	46. C	47. C	48. D
49. A	50. C	51. A	52. C	53. D	54. A	55. D	

第四章

1. D	2. B	3. C	4. A	5. D	6. A	7. B	8. A
9. A	10. D	11. B	12. D	13. A	14. D	15. D	16. A
17. B	18. C	19. D	20. D	21. C	22. D	23. D	24. D
25. B	26. B	27. B	28. B	29. D	30. A	31. D	32. D
33. B	34. D	35. C	36. D	37. B	38. C	39. C	40. D
41. B	42. B	43. D	44. C	45. A	46. B	47. C	48. D
49. A	50. D	51. D	52. B	53. D	54. C	55. D	56. D
57. A	58. D	59. C	60. D	61. A	62. A		

第五章

1. A	2. A	3. D	4. D	5. C	6. A	7. B	8. C
9. A	10. A	11. C	12. C	13. B	14. C	15. D	16. C
17. A	18. B	19. C	20. C	21. A	22. B	23. C	24. D
25. B	26. B	27. D	28. D	29. B	30. A	31. A	32. B
33. C	34. C	35. C	36. C	37. A	38. B	39. A	40. D
41. A	42. B	43. C	44. A	45. A	46. B	47. C	48. C
49. A	50. B	51. A	52. D	53. B	54. B	55. C	56. A
57. C	58. A	59. A	60. A	61. D	62. D	63. B	64. A
65. C	66. D	67. B	68. A				

第六章

1. A	2. C	3. A	4. A	5. C	6. C	7. A	8. A
9. D	10. A	11. A	12. D	13. B	14. A	15. C	16. B
17. C	18. B	19. C	20. C	21. A	22. B	23. C	24. B

25. D	26. B	27. A	28. D	29. D	30. B	31. A	32. A
33. A	34. D	35. B	36. C	37. A	38. C	39. D	40. A
41. D	42. D	43. D	44. B	45. C	46. D	47. D	48. B
49. A	50. B	51. A	52. C	53. B	54. D	55. D	56. D
57. C	58. B	59. D	60. D	61. B	62. D	63. A	64. A
65. B	66. B	67. A	68. C	69. D	70. C	71. D	72. B
73. C	74. D	75. D	76. B	77. B	78. B	79. C	80. C
81. C							

第七章

1. A	2. D	3. D	4. A	5. D	6. C	7. C	8. D
9. B	10. D	11. C	12. B	13. A	14. C	15. A	16. B
17. C	18. B	19. C	20. C	21. B	22. D	23. C	24. C
25. A	26. C	27. D	28. A				

第八章

1. B	2. A	3. C	4. B	5. C	6. A	7. A	8. A
9. A	10. D	11. D	12. D	13. B	14. D	15. D	16. B
17. B	18. A	19. D	20. B	21. C	22. C	23. B	24. D
25. C	26. D	27. B					

第九章

1. B	2. B	3. A	4. B	5. A	6. C	7. B	8. C
9. D	10. A	11. A	12. C	13. D	14. C		

第十章

1. D 2. C 3. D 4. D 5. D 6. A 7. D 8. D
9. C 10. D 11. A 12. C 13. D 14. B 15. C 16. D
17. B 18. A